LE NOUVEL ENTRAÎNEZ-VOUS

révisions

niveau débutant

450

nouveaux
exercices

Anne-Marie JOHNSON
Flore CUNY

NHÀ XUẤT BẢN TỔNG HỢP THÀNH PHỐ HỒ CHÍ MINH

Direction éditoriale
Michèle Grandmangin

Responsables de projet
Édition multi-supports
Pierre Carpentier

Assistante d'édition
Anne-Florence Pélissier-Buys

Conception graphique/Mise en page
DESK

Ce livre de révisions, de la collection *Le Nouvel Entraînez-vous*, est destiné à un public de **faux débutants** en français langue étrangère. Il se destine tout particulièrement aux apprenants désireux de vérifier leurs acquis ou en situation de préparation à une certification en langue française.

L'objectif de l'entraînement est d'amener l'apprenant à **maîtriser les compétences de communication** « comprendre » et « écrire » indispensables au niveau **A2 du DELF** et au **niveau A2 du cadre européen de référence**.

L'entraînement est structuré en 12 dossiers thématiques chacun illustré par un titre permettant de cibler le thème général abordé. Chaque dossier est ensuite découpé en plusieurs parties qui présentent des **objectifs communicatifs** précis.

L'organisation de l'ouvrage vise à aider l'apprenant à développer des **compétences linguistiques et communicatives** autour d'un thème lexical spécifique. Le lexique est abordé dans les exercices de **vocabulaire** mais est aussi repris dans les exercices ayant trait à la **grammaire**, l'**orthographe** et la **prononciation**, permettant ainsi un renforcement de la mémorisation. Cette organisation répond à une conception pédagogique qui, à chaque énoncé, veut apporter à l'apprenant une réflexion sur le **plan syntaxique** et sur le **plan sémantique**.

Les exercices s'organisent selon un **parcours d'apprentissage construit**. L'apprenant commence par comprendre des sons, des mots et des expressions simples utilisées couramment en français. Progressivement, il est amené à comprendre des phrases et des dialogues de plus en plus complexes et à produire des énoncés plus élaborés. A la fin de chaque dossier thématique, **un bilan** permet une évaluation de l'acquisition des compétences linguistiques et communicatives spécifiquement abordées.

Les activités proposées sont **variées** et exploitent des typologies d'exercices connues des apprenants : exercices de réécriture, de mise en relation, de remise en ordre, QCM,... Chaque exercice est introduit par une **consigne brève et concise** accompagnée d'un exemple.

Cet ouvrage permet de travailler **en classe** sur le renforcement de faits de langue particuliers. Il peut ainsi servir de complément à une méthode et aider à l'assimilation des acquisitions faites en classe. Par ailleurs, afin de faciliter l'entraînement des étudiants en situation d'**auto-apprentissage**, les corrigés des exercices peuvent être consultés à partir d'un livret placé à l'intérieur du livre.

Ce livre est accompagné d'un **CD audio** ainsi que d'un **livret** contenant les **corrigés** des exercices et la **transcription des enregistrements**. Une version de cet ouvrage existe également sur **CD-ROM**.

SOMMAIRE

I. BONJOUR, VOUS ALLEZ BIEN ?

A SALUER, SE PRÉSENTER, PRÉSENTER QUELQU'UN

1 **Rayez ce qui ne convient pas.**

Exemple : Il parle / ~~s'appelle~~ français.

a. Lui, il / elle est étudiant.

b. Comment allez / vas-tu ?

c. Comment est-ce que vous vous appelez / habitez ?

d. Quel a / est votre nom ?

e. Bonjour, moi je m' / t' appelle Lucie.

f. Quel / Quelle est votre prénom ?

g. Il est indonésienne / italien.

h. Salut, moi je suis / j'ai espagnole.

2 **Reliez pour faire une phrase (parfois plusieurs possibilités).**

a. Tu t'	1. bien ?
b. Vous allez	2. étudiants, et vous ?
c. Je suis	3. Berg.
d. Elle s'appelle Anita	4. appelles comment ?
e. Laurie, elle	5. sont françaises.
f. Nous sommes	6. parlent espagnol ou italien ?
g. Julia et Anne	7. est de Chicago.
h. Ils	8. coréenne.

3 **Soulignez les mots féminins.**

Exemple : <u>allemande</u>

a. canadienne

b. dame

c. il

d. enchanté

e. lui

f. amusante

g. elle

h. désolée

4 Mettez les mots dans l'ordre pour faire une phrase. Attention à la ponctuation et aux majuscules !

Exemple : et/suis/je/?/Nathalie/vous/Moi,/Korsky,
→ **Moi, je suis Nathalie Korsky, et vous ?**

a. appelles/t'/tu/?/Comment

→ ....

b. ?/Je/Bernard,/vous/suis/et

→ ....

c. Ophélie,/je/Moi,/toi/et/appelle/m'/?

→ ....

d. bien/vous/Lemaire/êtes/?/Pardon,/monsieur

→ ....

e. et/Oui,/italienne,/suis/?/vous/je

→ ....

f. ça/et/toi/va,/?/Oui,

→ ....

g. bien/Legrand/./Oui,/je/Carl/suis

→ ....

h. madame/Elle/anglais/,/?/parle/Chauvine/

→ ....

5 *Qui parle ?* Cochez la bonne réponse.

Exemple : Je suis belge. 1. ☐ un homme 2. ☐ une femme 3. ☒ on ne sait pas

a. Je suis étranger. 1. ☐ un homme 2. ☐ une femme 3. ☐ on ne sait pas

b. Enchantée ! 1. ☐ un homme 2. ☐ une femme 3. ☐ on ne sait pas

c. Je suis suisse. 1. ☐ un homme 2. ☐ une femme 3. ☐ on ne sait pas

d. Désolé. 1. ☐ un homme 2. ☐ une femme 3. ☐ on ne sait pas

e. Pardon, excusez-moi. 1. ☐ un homme 2. ☐ une femme 3. ☐ on ne sait pas

f. Oui, j'habite ici. 1. ☐ un homme 2. ☐ une femme 3. ☐ on ne sait pas

g. Je suis grecque. 1. ☐ un homme 2. ☐ une femme 3. ☐ on ne sait pas

h. Oui, ça va bien. 1. ☐ un homme 2. ☐ une femme 3. ☐ on ne sait pas

6 Notez de 1 à 8 pour mettre les phrases du dialogue dans l'ordre chronologique.

a. – Ah ! D'Espagne ? D'où ? De Madrid ? ( )

b. – Merci beaucoup. Vous parlez espagnol ? ( )

c. – Moi ? Je m'appelle Carlos Velez, je viens d'Espagne. ( )

d. – Bonjour. Moi, je suis Patricia Carnot, et vous ? *(1)*

e. – Non, désolée. Je ne parle pas espagnol. Mais je parle italien. ( )

f. – Oui, je suis française. Vous parlez bien français. ( )

g. – Italien ? Moi aussi. Bravo ! ( )

h. – Oui, de Madrid. Et vous, vous êtes française ? ( )

7 *Les langues.* **Reliez pour faire des phrases.**

a. En Iran, on parle ——————————————— 1. sont le français, l'italien et l'allemand.

b. En Suisse, les langues officielles 2. le français.

c. En Belgique, on parle 3. la langue officielle est l'arabe.

d. Au Brésil, la langue officielle 4. le français, le néerlandais et l'allemand.

e. Au Bénin, on parle 5. l'anglais et le français.

f. Au Qatar, 6. le grec.

g. En Grèce, on parle 7. le persan.

h. Au Canada, on parle 8. est le portugais.

8 **Cochez les phrases correctes.**

Exemple :   **1.** ☐ Léontine, elle est treize ans. **2.** ☒ Léontine, elle a treize ans.

a. **1.** ☐ Bonjour, je m'appelle Sophie.   **2.** ☐ Au revoir, je m'appelle Sophie.

b. **1.** ☐ C'est une femme, elle est coréen.   **2.** ☐ C'est une femme, elle est coréenne.

c. **1.** ☐ Il vient de le Japon, il est japonais.   **2.** ☐ Il vient du Japon, il est japonais.

d. **1.** ☐ Monsieur, s'il vous plaît,   **2.** ☐ Monsieur, s'il vous plaît,
d'où venez-vous ?   d'où viens-tu ?

e. **1.** ☐ Il est un italien.   **2.** ☐ Il est italien.

f. **1.** ☐ C'est la France ? Mais non c'est   **2.** ☐ C'est une France ? Mais non c'est
l'Allemagne.   l'Allemagne.

g. **1.** ☐ Quel est sont nom ? Antoine ?   **2.** ☐ Quel est son nom ? Antoine ?

h. **1.** ☐ Excusez-vous, vous êtes bien Anatole ? **2.** ☐ Excusez-moi, vous êtes bien Anatole ?

9 **Rayez ce qui ne convient pas.**

Exemple :   Je vais ~~Madrid~~ / à Madrid.

a. – Vous parlez français ? – Oui, un peu. / Oui, un français.

b. – Il est belge ? – Oui, il est. / Non, pas du tout.

c. – De quelle nationalité êtes-vous ? – La Suisse. / Suisse.

d. – D'où viennent-elles ? – De Paris. / Du Paris.

e. – Je suis Paul. – Enchanté. / Étranger.

f. – Il est grec, lui / elle ?

g. – Ils sont italiens ? – Oui, des italiens. / Oui, ils sont de Rome.

h. – Qui est-ce ? – Il est Laurent. / C'est Laurent.

10 **Cochez la forme correcte.**

Exemple :   **1.** ☐ Je s'appelle Sophie.

2. ☒ Je m'appelle Sophie.

3. ☐ Je m'appelle Sophie et Stéphanie.

a. **1.** ☐ Comment ils appellent, Durand ?

2. ☐ Est-ce qu'ils s'appellent Thomas Durand ?

3. ☐ Ils s'appellent Durand ?

b. **1.** ☐ – Stéphanie, c'est vous ? – Oui, c'est elle.

   2. ☐ – Stéphanie, c'est vous ? – Oui, c'est moi.

   3. ☐ – Stéphanie, c'est vous ? – Oui, c'est vous.

c. **1.** ☐ Moi, je suis de Lille et vous ?

   2. ☐ Moi, je suis à France et vous ?

   3. ☐ Moi, je suis français et nous ?

d. **1.** ☐ Lui, il est italien.

   2. ☐ Lui, elle est italienne.

   3. ☐ Lui, ils est italien.

e. **1.** ☐ Vous venez de Istanbul ?

   2. ☐ Vous venez de Hanoi ?

   3. ☐ Vous venez de Amsterdam ?

f. **1.** ☐ – Comment s'appelle-t-il ? – Je ne suis pas, désolée.

   2. ☐ – Comment s'appelle-t-il ? – Je ne sais pas, désolée.

   3. ☐ – Comment s'appelle-t-il ? – Non, je ne suis pas désolée.

g. **1.** ☐ Lui, il ne parle pas l'anglais.

   2. ☐ Lui, elle ne parle pas l'italienne.

   3. ☐ Lui, vous ne parlez pas le russe.

h. **1.** ☐ La France.

   2. ☐ Le Paris.

   3. ☐ Le Lyon.

11   Rayez ce qui ne convient pas.

Exemple : Elle est ~~mexicain~~ / mexicaine.

a. Laura, elle est italienne / italien.

b. Emir, il est turque / turc.

c. Peter est anglaise / anglais.

d. Elle, elle est grecque / grec.

e. Ils sont chinois / chinoise.

f. Il est bien belge / portugaise ?

g. Mademoiselle Ma est chinoise / coréen.

h. Elles sont suisses / japonais ?

12   Séparez les mots, mettez les majuscules, les accents et la ponctuation.

Exemple : ilestdirecteurdunebanqueaMilan

    → *Il est directeur d'une banque à Milan.*

a. cestmonsieurmarteauilestboulanger → ....

b. noussommescelibataires → ....

c. ellehabitedansunemaisonamarseille → ....

d. estcequevousavezdescartespostales → ....

e. quelageavezvous → ....

f. unamietrangervisitelafrance → ....

g. brianparlebienlanglaisetunpeulefrançais → ....

h. ohpardonexcusezmoi → ....

13 | **Reliez les mots qui riment.**

a. information
b. prénom
c. brésilienne
d. classique
e. danse
f. la
g. dame
h. le

1. non
2. pas
3. exposition
4. madame
5. musique
6. France
7. italienne
8. je

14 | **Complétez avec** *il est* **ou** *c'est* **(attention aux majuscules !).**

Exemple :   Allô ! ***C'est*** toi, Ursule ?

a. .... Amélie ?

b. .... là, Alexandre ?

c. .... toi, Céline ?

d. Comme .... triste !

e. Ah bon ? .... fini ?

f. .... fermé, le cinéma ?

g. Samir, ... pianiste.

h. .... Etienne, ... médecin.

15 | **Écoutez le dialogue et notez si les affirmations sont vraies (V) ou fausses (F).**

Exemple :   Ils sont italiens. *(F)*

a. Christian Gajac habite à Nice. ( )

b. Christian Gajac est professeur. ( )

c. Elena est une femme. ( )

d. Elena est une touriste. ( )

e. Elle parle le russe. ( )

f. Christian parle bien le russe. ( )

g. Christian parle l'anglais. ( )

h. La réunion est à Paris. ( )

16 **Mettez les mots dans l'ordre pour faire des phrases.**

Exemple : pas/la/aiment/et/vous/?/musique/n'/Ils/classique,

→ *Ils n'aiment pas la musique classique, et vous ?*

a. opéra/adore/?/vous/l'/J'/et

→ ....

b. au/./je/Moi,/aller/préfère/cinéma

→ ....

c. chinois/aller/moi,/./au/restaurant/j'/Et/aime

→ ....

d. la/./publicités/Je/déteste/télévision/à/les

→ ....

e. d'/Poulain,/c'/un/Amélie/film/est/./l'/héroïne

→ ....

f. aussi/lire/aime/./beaucoup/J'

→ ....

g. musées,/préfère/Elle/elle/mais/./bien/aime/expositions/les/les

→ ....

h. !/adore/télévision/sport/le/Il/à/la

→ ....

17 **Écoutez et cochez la bonne prononciation : [s] ou [z] ?**

Exemple : **1.** ☐ [s]   **2.** ☒ [z]

a. **1.** ☐ [s]   **2.** ☐ [z]
b. **1.** ☐ [s]   **2.** ☐ [z]
c. **1.** ☐ [s]   **2.** ☐ [z]
d. **1.** ☐ [s]   **2.** ☐ [z]
e. **1.** ☐ [s]   **2.** ☐ [z]
f. **1.** ☐ [s]   **2.** ☐ [z]
g. **1.** ☐ [s]   **2.** ☐ [z]
h. **1.** ☐ [s]   **2.** ☐ [z]

18 **Lisez le texte et notez si les affirmations sont vraies (V) ou fausses (F).**

« Je m'appelle Kayoko, je suis japonaise, et je viens de Kyoto. J'ai 28 ans et je suis styliste. Je veux apprendre le français pour travailler chez Shimamura. Je parle bien l'anglais et un peu l'espagnol. J'habite maintenant à Paris et j'adore me promener au bord de la Seine. J'ai un petit chien, Yuki. Je cherche une amie française pour aller au cinéma et au restaurant. À bientôt ! »

Exemple : Kayoko est une femme. *(V)*

a. Kayoko habite à Kyoto. (   )

b. Elle est coréenne. (   )

c. Elle ne parle pas l'anglais. ( )

d. Kayoko parle un peu l'espagnol. ( )

e. Yuki est l'amie de Kayoko. ( )

f. Yuki parle le français. ( )

g. Kayoko cherche une amie. ( )

h. Elle aime aller au restaurant. ( )

19 **Rayez l'intrus.**

Exemple : ~~Je vais très mal.~~ / Ça va. / Ça va très bien.

a. je déteste / j'aime / j'adore

b. regarder / voir / parler

c. nationalité / française / France

d. chanter / parler / écrire

e. un livre / une radio / lire

f. Je m'appelle Sophie. / Mon nom est Sophie. / Je ne suis pas Sophie.

g. oui / si / non

h. italienne / Italie / italien

20 **Complétez le dialogue avec les mots suivants :** *êtes, dommage, ne, aussi, de, aimez, beaucoup, déteste, mieux.*

Exemple : – Bonjour, je suis Fabien Boulez et vous, vous **êtes** ?

a. – Moi ? Je suis Marina Cannela, vous êtes .... Rennes ?

b. – Oui, et vous .... ?

c. – Non, moi je suis de Naples, mais je .... suis pas italienne.

d. – Vous .... la danse ?

e. – Oui, ... et j'aime aussi la musique, pas vous ?

f. – Oui, j'aime beaucoup ça, mais j'aime .... l'opéra.

g. – L'opéra ? Je .... !

h. – Quel .... !

21 **Lisez le texte et notez si les affirmations sont vraies (V) ou fausses (F).**

Sylvie est péruvienne, elle aime beaucoup les musées et adore les expositions. Elle déteste le sport et aime voyager. Elle n'aime pas jouer aux cartes.

Georges adore la télévision, il regarde les reportages, les informations. Il aime écouter de la musique mais il déteste danser.

Isabelle aime beaucoup la radio mais déteste les publicités. Elle aime aussi la télévision, mais elle préfère le cinéma.

Exemple : Isabelle et Georges aiment la télévision. *(V)*

a. Sylvie est brésilienne. ( )

b. Georges aime écouter de la musique. ( )

c. Sylvie déteste les musées. ( )

d. Isabelle n'aime pas la radio. ( )

e. Sylvie n'aime pas jouer aux cartes. ( )

f. Isabelle n'aime pas la télévision. ( )

g. Georges regarde les reportages. ( )

h. Sylvie n'aime pas voyager. ( )

22 | Reliez pour faire des phrases (parfois plusieurs possibilités).

a. J'

b. Vous aimez

c. Ils préfèrent

d. Ils ne mangent pas

e. Elles regardent

f. Nous

g. Elle est

h. Je ne lis pas

1. un film à la télévision.

2. célibataire.

3. adore le chocolat, pas toi ?

4. les journaux.

5. jouer aux cartes avec vous.

6. visitons la Suisse.

7. la musique classique, je crois ?

8. de chocolat.

23 | Cochez si c'est positif ou négatif.

Exemple : Ça va bien, et vous ?   **1.** ☒ positif   **2.** ☐ négatif

a. Pas très bien.   **1.** ☐ positif   **2.** ☐ négatif

b. Enchanté.   **1.** ☐ positif   **2.** ☐ négatif

c. Ah ! Non, désolé.   **1.** ☐ positif   **2.** ☐ négatif

d. Nous adorons la peinture.   **1.** ☐ positif   **2.** ☐ négatif

e. – Vous aimez ? – Non, pas du tout. **1.** ☐ positif   **2.** ☐ négatif

f. Ah ! Si, moi j'adore.   **1.** ☐ positif   **2.** ☐ négatif

g. D'accord !   **1.** ☐ positif   **2.** ☐ négatif

h. Bienvenue !   **1.** ☐ positif   **2.** ☐ négatif

24 | Complétez les phrases avec *et, est, on, ont* (attention aux majuscules !).

Exemple : **On** préfère aller au cinéma.

a. Il .... italien, ... lui, portugais.

b. .... aime regarder la télévision.

c. Ils .... un ami belge.

d. J'aime le cinéma .... j'aime lire.

e. Elles .... un problème.

f. Tu aimes la musique .... la danse ?

g. .... vient de Brest .... lui, de Nantes.

h. Je vais bien .... toi ?

25 | Soulignez les mots féminins.

Exemple : exposition

a. télévision

b. nationalité

c. Mexique

d. sport

e. culture

f. voyage

g. informations

h. sculpture

26 **Notez de 1 à 8 pour mettre les phrases du dialogue dans l'ordre chronologique.**

a. – Je viens de Roumanie. De Bucarest. ( )

b. – Je comprends... Mais tu es français ? ( )

c. – Voilà, je te présente Pietru. *(1)*

d. – C'est ça. Je suis français et je m'appelle François. ( )

e. – Non, François. C'est mon prénom. ( )

f. – Français ? ( )

g. – Salut, Pietru. Tu viens d'où ? ( )

h. – De Bucarest ! Moi, c'est François. Enchanté. ( )

27 **Rayez la dernière lettre si elle ne se prononce pas.**

Exemple : deuX

a. neuf

b. sept

c. l'enfant

d. dix

e. cinq

f. huit

g. est

h. allemand

28 **Soulignez les mots au pluriel.**

Exemple : italiens

a. nationalité

b. aux

c. sports

d. détestent

e. adores

f. avez

g. mode

h. journaux

29 Notez de 1 à 8 pour mettre les phrases du dialogue dans l'ordre chronologique.

a. – Enchantée. Vous êtes danois ? ( )

b. – Oui, je connais. Vous parlez anglais ? ( )

c. – Bonjour, je m'appelle Hélène Morin, et vous ? *(1)*

d. – Stockholm ! C'est une belle ville ! ( )

e. – Moi, je suis Peter Svanson. ( )

f. – Non, je suis suédois. J'habite à Stockholm. ( )

g. – Mieux que le français. ( )

h. – Vous connaissez ? ( )

30 Lisez et complétez la fiche de renseignements.

Message de   Alma

Bonjour, je suis Alma Stefanaggi et je suis italienne. Je suis née à Naples le 23 juillet 1969. Je parle anglais, allemand et italien. J'habite à Beaune, rue des Vins et mon numéro de téléphone est le 03 25 42 04 36. Je prends des cours de danse et de piano. J'aime le théâtre et la peinture.

Exemple : Nom : *Stefanaggi*

a. Prénom : ....

b. Adresse : ....

c. Nationalité : ....

d. Lieu et date de naissance : ....

e. Numéro de téléphone : ....

f. Loisirs : ....

g. Centres d'intérêts : ....

h. Langues parlées : ....

Bilans

31 Séparez les mots, mettez les accents, la ponctuation et les majuscules.

vousetesanglaiseouamericaine

Vous êtes anglaise ou américaine ?

*bonjourjemappellelisajesuisitalienneetjetudielefrançaisaparisjeparleaussilanglaisetu
npeulespagnoljaimebienletheatreetlacuisinechinoisejedetestelesescargotsetlabierecom
mentvousappelezvousmanuelvousaimezlesspaghettiscestmaspecialite*

....

....

....

....

....

....

....

....

....

....

32 Lisez le texte et notez si les affirmations sont vraies (V) ou fausses (F).

Je suis allemande et je m'appelle Suzanne. J'ai 29 ans et je vais en Italie tous les ans. Je parle l'italien et un peu l'espagnol. J'ai un travail passionnant, je suis directrice de théâtre. J'aime beaucoup la musique, la littérature, la peinture, l'art en général. J'aime aussi beaucoup la nature et les promenades dans la montagne et dans la campagne. Je veux apprendre le français pour rencontrer des amis.

Exemple : Suzanne est allemande. *(V)*

a. *Elle a 26 ans. (   )*

b. *Elle a un travail passionnant. (   )*

c. *Suzanne habite en Italie. (   )*

d. *Elle parle l'espagnol. (   )*

e. *Elle n'aime pas la musique. (   )*

f. *Elle aime la littérature et la peinture. (   )*

g. *Elle déteste la nature. (   )*

h. *Elle ne veut pas apprendre le français. (   )*

II. MON NUMÉRO DE TÉLÉPHONE, C'EST LE...

A SAVOIR COMPTER, DIRE L'HEURE

33 **Rayez ce qui ne convient pas.**

Exemple :   Quelle heure est / ~~a~~ -t-il ?

a. C'est ton / ta montre ?

b. Tu veux / peux un nouveau réveil ?

c. C' a / est mon sac, là.

d. Le film est au / à 20 heures.

e. Le TGV est au / en retard, ce soir.

f. Le métro s'arrête de fonctionner vers midi / minuit.

g. Justine, elle n'a / il n'y a pas de montre.

h. Les Gardenau ? Ils dînent vers / au 20 heures, je crois.

34 *Quelle heure est-il ?* **Cochez la bonne réponse.**

Exemple :   18 h   **1.** ☒ dix-huit heures   **2.** ☐ six heures du matin

a. 16 h 40	**1.** ☐ seize heures quarante	**2.** ☐ dix-sept heures moins vingt
b. 12 h	**1.** ☐ midi	**2.** ☐ minuit
c. 00 h	**1.** ☐ zéro heure	**2.** ☐ minuit
d. 17 h 55	**1.** ☐ dix-huit heures moins cinq	**2.** ☐ dix-sept heures cinquante-cinq
e. 13 h 45	**1.** ☐ treize heures quarante-cinq	**2.** ☐ treize heures et quart
f. 10 h 30	**1.** ☐ dix heures trente	**2.** ☐ dix heures trente du soir
g. 9 h 15	**1.** ☐ neuf heures et quinze	**2.** ☐ neuf heures quinze
h. 5 h	**1.** ☐ cinq heures	**2.** ☐ dix-sept heures

35 **Complétez avec un des deux mots proposés.**

Exemple :   Vous *avez* l'heure, s'il vous plaît ? (avez/pouvez)

a. Oui, il .... trois heures. (est/sont)

b. Du .... ou du soir ? (midi/matin)

c. Il .... quelle heure ? (est/et)

d. .... heure. (Une/Un)

e. Quelle heure est- .... ? (il/elle)

f. Il est .... (minuit/du soir)

g. Tu viens, je suis libre, ... après-midi. (cet/ce)

h. Ah ! Ça je ne .... pas ! (connais/sais)

36 | **Reliez.**

a. cinq heures (du matin)
b. 6 h 30
c. 16 h 15
d. 22 h
e. trois heures moins le quart
f. 12 h
g. 00 h
h. 16 h 30

1. dix heures (du soir)
2. 2 h 45
3. 5 h
4. midi
5. seize heures trente
6. six heures et demie
7. minuit
8. quatre heures et quart (de l'après-midi)

37 | **Rayez les lettres qui ne se prononcent pas.**

Exemple : trente-deu~~x~~

a. trois
b. quarante-deux
c. vingt-quatre
d. trente-sept
e. cinquante-six
f. soixante-deux
g. soixante-dix-sept
h. quatre-vingt-treize

38 | **Notez à quels moments de la journée correspondent ces heures :** *matin, midi, après-midi, soir, nuit.*

Exemple : après minuit ***nuit***

a. entre 7 et 8 h ....
b. avant 6 h ....
c. à 12 h ....
d. entre 14 et 18 h ....
e. de 3 à 4 h ....
f. après 14 h ....
g. vers 20 h ....
h. vers 15 h ....

39 | **Écoutez la conversation et complétez.**

Exemple :   – Je suis épuisée. Vivement ce ***soir*** !

a. – Tu finis .... quelle heure ce soir ?
b. – .... 21 heures.
c. – .... 21 heures ? Mais c'est bien .... Vous travaillez .... quelle heure .... quelle heure ?
d. – Eh bien, le ...., on commence à travailler .... 11 h et on termine .... 21 h avec une petite pause.

17

e. – Et elle dure .... de temps cette petite pause ?

f. – Oh ! Pas ...., une heure, deux heures...

g. – Deux heures ! ! Mais tu travailles .... ?

h. – Eh bien, ... justement. Salut !

40 **Écoutez et soulignez les nombres que vous entendez.**

Exemple : <u>63</u>, 23, 73

a. 32, 22, 42

b. 99, 109, 89

c. 76, 26, 66

d. 15, 75, 35

e. 25, 45, 95

f. 66, 46, 56

g. 86, 70, 36

h. 12, 22, 92

41 **Écoutez et rayez l'intrus qui se distingue phonétiquement des autres.**

Exemple : 10 - ~~8~~ - 6

a. 3 - 13 - 16

b. 20 - 80 - 60

c. 90 - 30 - 40

d. 12 - 82 - 72

e. 1 - 11 - 21

f. 20 - 16 - 1

g. 70 - 80 - 90

h. 25 - 75 - 55

B PRENDRE CONTACT AU TÉLÉPHONE

42 **Cochez la ou les bonnes réponses.**

Exemple : 81 ou 21 ?

    1. ☐ Quatre-vingt-un ou vingt un ?

    2. ☐ Quatre-vingt et un ou vingt et un ?

    3. ☒ Quatre-vingt-un ou vingt et un ?

a. Mon numéro de téléphone, est le 03 72 93 99 80.

    1. ☐ Zéro trois, soixante-douze, quatre-vingt-treize, quatre-vingt-dix-neuf, quatre-vingts.

    2. ☐ Zéro trois, soixante-douze, quatre-vingt-treize, quatre-vingt-dix-neuf, quatre-vingt.

    3. ☐ Zéro trois, soixante-douze, quatre-vingt-treize, quatre-vingts-dix-neuf, quatre-vingts.

b. Pour appeler la police il faut faire le 17, pour les pompiers c'est le 18.

    1. ☐ Le dix sept, le dix huit.

    2. ☐ Le dix-sept, le dix-huit.

    3. ☐ Le dix sept, le dix-huit.

c. Combien ? 70 ou 90 ?

   1. ☐ Soixante-dix ou quatre-vingt-dix ?

   2. ☐ Septante ou octante ?

   3. ☐ Soixante-dix ou quatre-vingts-dix ?

d. Le téléphone portable de Pierre, c'est le 07 43 34 02 40.

   1. ☐ Zéro sept, quarante trois, trente quatre, zéro deux, quatorze.

   2. ☐ Zéro sept, quarante-trois, trente-quatre, zéro deux, quarante.

   3. ☐ Zéro sept, quarante trois, trente-quatre, zéro deux, quarante.

e. Le SAMU, c'est le 15 ou le 999 ?

   1. ☐ Le quinze ou le neuf-cent-quatre-vingt-dix-neuf ?

   2. ☐ Le quinze ou le neuf cent quatre-vingt-dix-neuf ?

   3. ☐ Le quinze ou le neuf cent quatre vingt dix-neuf ?

f. 46 euros pour une place d'opéra !

   1. ☐ Quarante six euros.

   2. ☐ Quarante-six euros.

g. Vous pouvez m'appeler au 22 45 70 99 10.

   1. ☐ Vingt-deux, quarante-cinq, soixante-dix, quatre-vingt-dix-neuf, dix.

   2. ☐ Vingt-deux, quarante-cinq, soixante-dix, quatre-vingts-dix-neuf, dix.

   3. ☐ Deux cent vingt-quatre, cinquante-sept, zéro neuf, neuf cent dix.

h. Vous êtes bien au 01 43 42 55 10 mais nous sommes absents.

   1. ☐ Zéro un, quarante-trois, quarante-deux, cinquante-cinq, dix.

   2. ☐ Zéro un, quarante trois, quarante deux, cinquante cinq, dix.

   3. ☐ Zéro un, quarante-trois, quarante deux, cinquante-cinq, dix.

43 **Soulignez les mots dans lequel vous entendez le son [e].**

   Exemple : Vous <u>allez</u> bien ?

a. Pour aller où ?

b. C'est pas mal !

c. Il est minuit.

d. Et alors ?

e. Euh…

f. Regarde !

g. Ça y est !

h. Un peu.

44 **Écoutez et rayez l'intrus qui se distingue phonétiquement des autres.**

   Exemple : ~~é~~, être, est

a. été, parler, italienne

b. peu, Monsieur, laid

c. neuf, jeune, belle

d. jeu, je, j'ai

e. vrai, me, avez

f. euh, j'ai, restaurant

g. être, mettre, leur

h. ce, les, mes

45 Notez de 1 à 8 pour mettre les phrases du dialogue dans l'ordre chronologique.

a. – Oui, c'est cela, prenez mes coordonnées. Alors c'est Madame Tamapo au 01 43 55 17 60. ( )

b. – Pas Mademoiselle, Madame. ( )

c. – Allô, bonjour, je voudrais parler à Monsieur Pomato, s'il vous plaît ? *(1)*

d. – Monsieur Pomato est en voyage, Mademoiselle. ( )

e. – Pardon, Monsieur Tomato ou Pomato ? J'ai les deux sur ma liste. ( )

f. – Alors, Madame Tamapo au 01 43 55 17 60, c'est noté. Au revoir, Madame ! ( )

g. – Pomato, avec un p comme Paris. ( )

h. – Excusez-moi, Madame, alors. Je vous répète : Monsieur Pomato n'est pas là, mais je peux prendre vos coordonnées peut-être ? ( )

46 Rayez ce qui ne convient pas.

Exemple : Madame, s'il vous plaît, ~~ton~~ / votre numéro de téléphone ?

a. Salut / Bonjour Cécile, vous pouvez me donner votre numéro de téléphone ?

b. Monsieur Bouillot, j'ai votre numéro de téléphone fixe mais pas ton / votre portable.

c. Enchanté / Désolé de vous déranger, Marc est là, s'il vous plaît ?

d. Non, il n'est pas là pour vous / ce soir.

e. Vous avez un numéro de tax / fax ?

f. Vous connaissez son adresse et son / sa profession, s'il vous plaît ?

g. Son prénom est Paul et il suis / est anglais.

h. Allô, je voudrais dire / parler à Delphine, s'il vous plaît.

47 Complétez les phrases avec : *bien, parler, s'appelle, ont, suis, habite, n'... pas, comprends.*

Exemple : Allô, bonjour, je pourrais *parler* à Pierre, s'il vous plaît ?

a. Non, moi j' .... à Londres.

b. C'est mon livre, ce .... est .... ton livre.

c. Pardon ! Vous pouvez .... plus lentement, s'il vous plaît ?

d. Ils .... le téléphone, alors ils peuvent téléphoner.

e. Je ne .... pas.

f. Elle et moi, on .... Dupuis.

g. Au revoir, oui, j'ai .... votre numéro.

h. Je .... bien chez Antoine ?

48 Reliez les questions et les réponses (parfois plusieurs possibilités).

a. – Ça va ? ————————————————————— 1. – Alors, je répète : 02 36 36 41 17.

b. – Je voudrais parler à Léa Pil, s'il vous plaît ? 2. – Oui, une minute. Il arrive.

c. – Quel est ton numéro de téléphone ? 3. – Pas mal, et toi ?

d. – Tu peux répéter, s'il te plaît ? 4. – Ah ! C'est toi, comment tu vas ?

e. – Tu peux me passer Antoine, s'il te plaît ? 5. – Non, pas du tout. Qui est-ce ?

f. – Allô, c'est Charlotte ! 6. – Oui, c'est moi.

g. – Qu'est-ce qu'il dit ? 7. – Je ne sais pas, je ne comprends pas.

h. – Vous connaissez Bruno Longin ? 8. – C'est le 02 34 36 41 17.

49 Écoutez la conversation au téléphone et complétez le texte.

Exemple : – ***Allô***, bonjour, c'est Julie...

a. – Ah ! ...., ce n'est pas ...., moi c'est Lili.

b. – Non, non. Je suis Julie, et je .... parler à Jules, s'il vous plaît ?

c. – Ne .... pas. Jules, téléphone, c'est pour toi.

d. – .... est-ce ?

e. – .... Julie.

f. – Julie ? Mais je ne .... pas de Julie ! Passe-moi le téléphone !

g. – ...., vous êtes ?

h. – Julie, ... Beburu.

50 Notez de 1 à 8 pour mettre les phrases du dialogue dans l'ordre chronologique.

a. – Vos coordonnées ? Oui, bien sûr ! ( )

b. – Oui, c'est le 04 56 78 90 12. ( )

c. – Allô, bonjour, je voudrais parler à Jean-Georges Chislet, s'il vous plaît ? ***(1)***

d. – C'est noté. Je transmets le message à Monsieur Chislet. Au revoir, Madame. ( )

e. – Monsieur Chislet n'est pas là pour le moment, Madame, mais je peux peut-être vous aider ? ( )

f. – Je suis donc Chantal Paix, Paix comme la paix P.A.I.X. ( )

g. – Et... Vous avez un numéro de téléphone ? ( )

h. – Euh, je ne sais pas c'est personnel... Est-ce que je peux vous laisser mes coordonnées ? ( )

51 Écoutez et complétez les sigles.

Exemple : R**SV**P

a. R.........

b. S.........

c. ....V.........

d. ....T.........

e. Q.........

f. ....G

g. ....D

h. I

---

52 **Complétez les phrases avec :** *alphabet, ville, indicatif, rue, connaissance, renseignement, monnaie, lentement, voiture, plaît.*

Exemple : Il y a 26 lettres dans notre ***alphabet***.

a. Tu peux répéter plus .... ?

b. Enchanté de faire votre .... !

c. Je prends toujours ma .... pour aller en ....

d. Ils habitent dans une petite ....

e. Ça vous .... ?

f. C'est quoi la .... du japon ? C'est le yen ?

g. Je fais quel .... pour l'Espagne ?

h. Allô, bonjour ! C'est pour un ....

---

53 **Notez de 1 à 8 pour mettre les phrases du dialogue dans l'ordre chronologique.**

a. – Blague ou pas, je vous laisse là. On sonne, le téléphone encore une fois. ( )

b. – Qui ça, moi ? Ce n'est pas clair, ça ! ( )

c. – Comment ça ce n'est pas clair ! Vous m'appelez, c'est donc à moi de vous demander qui est là ! ( )

d. – Allô, allô, qui est à l'appareil ? *(1)*

e. – Certainement pas, c'est vous qui m'appelez ! ( )

f. – Ah ! Je vois... ( )

g. – C'est sans doute une blague. Ça ne me plaît pas du tout. ( )

h. – C'est moi. ( )

C DONNER SES COORDONNÉES

54 **Séparez les mots, remettez les majuscules, les accents et la ponctuation.**

Exemple : icijosephpinpanjevoudraisparlerajeansilvousplait

→ ***Ici, Joseph Pinpan, je voudrais parler à Jean, s'il vous plaît.***

a. excusezmoijevoudraischangerdelargenteneuros

→ ....

b. cenesontpassescoordonnees

→ ....

c. cestamusantoucestennuyeuxpourvousdapprendreunelangue

→ ....

d. jemappellefrançoisattendezjepelle

→ ....

e. monadresseemailcesttoutenminuscules

→ ....

f. ditescestvotrelivrela

→ ....

g. vousnavezpasletelephone

→ ....

h. casecritcommentvousetes

→ ....

55 **Écoutez. Vous entendez [s] ou [z] ? Cochez la bonne réponse.**

Exemple : **1.** ☒ [s]   **2.** ☐ [z]

a. **1.** ☐ [s]   **2.** ☐ [z]

b. **1.** ☐ [s]   **2.** ☐ [z]

c. **1.** ☐ [s]   **2.** ☐ [z]

d. **1.** ☐ [s]   **2.** ☐ [z]

e. **1.** ☐ [s]   **2.** ☐ [z]

f. **1.** ☐ [s]   **2.** ☐ [z]

g. **1.** ☐ [s]   **2.** ☐ [z]

h. **1.** ☐ [s]   **2.** ☐ [z]

56 **Quelles sont vos coordonnées ? Complétez avec :** *rue, 44, coordonnées, répéter, lentement, pouvez, à, au, nom, prénom, habite, mon, c'est.*

Exemple : **Mon** numéro de téléphone, **c'est** le 03 34 43 23 13.

a. Nom : Placard

Prénom : Paule

Adresse : 3, ... des Tonneaux

33 000 Bordeaux

b. Nom : Petard

Prénom : Richard

Adresse : ...., boulevard de la mer

44 000 La Baule

c. Vos ...., s'il vous plaît ?

d. Vous pouvez .... plus ...., s'il vous plaît ?

e. Je ne comprends pas. Vous .... épeler ?

f. – D'accord, vous habitez rue de la commune, mais .... quel numéro ?

– .... numéro 10.

g. Votre nom et votre adresse, s'il vous plaît ?

Mon .... c'est Bernardeau et mon .... c'est

Catherine. Catherine Bernardeau.

Mon adresse, c'est le 10, avenue Duroc, 59 000 Lille.

h. J' .... à Nantes, 5, boulevard de l'océan.

57 Répondez aux questions négativement.

Exemple : – Vous avez une voiture ?

– Non, nous **n'avons pas de voiture**.

a. – Vous avez des bandes dessinées ?

– Non, nous ....

b. – Il y a une boulangerie ici ?

– Non, il ....

c. – Vous avez des baguettes ?

– Désolé, je ....

d. – Thomas, il a des enfants ?

– Non, il ....

e. – Il y a un théâtre ici ?

– Non, il ....

f. – Vous avez des vacances ?

– Non, je ....

g. – Vous avez du temps ?

– Non, je ....

h. – Tu as de l'argent ?

– Non, je ....

58 Savez-vous épeler ? Cochez la bonne réponse.

Exemple :   « Zéro », ça s'écrit avec   **1.** ☒ un e accent aigu.   **2.** ☐ un e accent grave.

a. « La Rochelle », vous pouvez épeler, s'il vous plaît ?

1. ☐ L majuscule, a, plus loin r majuscule, o, c, h, e, deux l, e.

2. ☐ L majuscule, a, trait d'union, r, o, c, h, e, l, l, e.

b. « Français », ça s'écrit avec :

1. ☐ un c cédille.

2. ☐ deux s.

c. Et 33 ?

1. ☐ Avec un trait d'union.

2. ☐ Trente plus loin trois.

d. « Allô » ça prend un accent ?

1. ☐ Oui, un accent circonflexe sur le o.

2. ☐ Oui, un accent complexe sur le o.

e. « Paris » avec ou sans majuscule ?

1. ☐ Avec majuscule.

2. ☐ Sans majuscule.

f. J'arrive.

1. ☐ J apostrophe.

2. ☐ J s'apostrophe.

g. J'épelle : D de Denise, u de Ursule, b de Benoît, o de Olivier, u de Ursule, c de Camille, a accent circonflexe, l de Laurence, e accent grave.

   1. ☐ Duboucale.

   2. ☐ Duboucâlè.

h. « Mars », ça s'écrit comment ?

   1. ☐ Ça s'écrit comme ça se prononce.

   2. ☐ Ça se dit comme ça se prononce.

---

59 **Rayez ce qui ne convient pas.**

Exemple : C'est encore mon téléphone qui sonne / ~~parle~~ !

a. Quelles sont vos coordonnées / adresse ?

b. C'est une amie, c'est mon / ma amie.

c. Tu viens ce soir au cinéma ? Désolé, je ne peux pas venir / aller, j'ai mon cours de français.

d. Ce soir ? Une minute / moment, je regarde mon agenda.

e. À ton avis, il est bien ce restaurant / hôtel ?

f. Je dois changer le message sur mon / son répondeur, je suis en vacances.

g. Mon / Ton adresse ? Oui, je vous la donne, j'habite…

h. Heureux de faire ma / sa connaissance.

---

60 **Reliez pour faire des phrases.**

a. C'est sa   1. votre numéro de fax ?

b. Tous les jours, je vérifie   2. au chocolat.

c. Quel est   3. cet hiver.

d. Et leurs   4. à Cécile.

e. Je déménage   5. son français.

f. Elle veut perfectionner   6. nouvelle adresse ?

g. Je voudrais un pain   7. mon courrier électronique.

h. Allô, je voudrais parler   8. enfants ?

---

61 **Complétez avec :** *C'est*, *Ce*, *Cet* **ou** *Cette*.

Exemple : **Cette** enquête est longue.

a. .... été, on part !

b. .... téléphone !

c. .... Émile qui arrive.

d. .... Étienne, il est sympathique, non ?

e. .... comme ça, désolé.

f. .... elle.

g. .... Louis !

h. .... accent !

62 Singulier ou pluriel ? Écoutez et cochez la bonne réponse.

Exemple : **1.** ☐ singulier   **2.** ☒ pluriel

a. **1.** ☐ singulier   **2.** ☐ pluriel
b. **1.** ☐ singulier   **2.** ☐ pluriel
c. **1.** ☐ singulier   **2.** ☐ pluriel
d. **1.** ☐ singulier   **2.** ☐ pluriel
e. **1.** ☐ singulier   **2.** ☐ pluriel
f. **1.** ☐ singulier   **2.** ☐ pluriel
g. **1.** ☐ singulier   **2.** ☐ pluriel
h. **1.** ☐ singulier   **2.** ☐ pluriel

63 Écoutez les questions et notez de 1 à 8 pour indiquer l'ordre dans lequel vous les entendez.

a. C'est où, Angers ? (   )
b. C'est à quelle heure, le film ? (   )
c. C'est à toi, ce cédérom ? *(1)*
d. C'est toi, Sophie ? (   )
e. Qui est-ce ? Ophélie ? (   )
f. Il est quelle heure ? (   )
g. Comment tu t'appelles ? (   )
h. Qu'est-ce que tu dis ? (   )

Bilans

64 Lisez et notez si les affirmations sont vraies (V) ou fausses (F).

> **Isabelle :** « Je me lève à 5 heures, puis je me lave. Vers 6 heures, je prends mon petit déjeuner. À 7 heures, je prends mon bus pour arriver au travail vers 8 heures. Je déjeune vers 13 heures. À 18 heures, je rentre chez moi. En général, je dîne vers 20 heures, puis je me couche vers 11 heures du soir. »
>
> **Georges :** « À 6 heures je prends mon petit déjeuner. Entre 7 heures et 13 heures, je dors. Je me lève à 13 heures pour déjeuner, entre 13 et 18 heures je m'occupe de la maison. Je dîne vers 20 heures puis à 23 heures, je pars travailler. »

À 5 h, Isabelle se lève et Georges prend son petit déjeuner. *(F)*

a. *À 6 h, Isabelle et Georges prennent leur petit déjeuner.* (   )
b. *Isabelle prend son bus à 8 h.* (   )
c. *Entre 7 h et 13 h Georges sort.* (   )
d. *Isabelle et Georges déjeunent à la même heure.* (   )

e. *Georges dort entre 13 h et 18 h. (   )*

f. *À 18 h, Isabelle rentre chez elle. (   )*

g. *Isabelle et Georges déjeunent à 20 h. (   )*

h. *À 23 h, ils se couchent. (   )*

65 **Complétez le dialogue avec :** *ne, épeler, comme, merci, là, bonjour, vos, ça, même, revoir, de, prononce, comment, pas, je, peux, c'.*

– Allô, (1) .... madame. C'est bien l'hôtel « Le Parc » ?

– Oui, c'est (2) .... Bonjour monsieur. Je (3) ....
vous aider ?

– Oui, (4) .... voudrais... monsieur Pindar, s'il vous plaît.

– Vous pouvez (5) .... ?

– Pardon, je (6) .... comprends pas, je ne suis (7) ....
français.

– (8) .... ça s'écrit, Pindar ?

– P.I.N.D.A.R. Ça s'écrit (9) .... ça se (10) ....,
je crois.

– Bon, je regarde. Un moment, s'il vous plaît... Je ne vois pas (11) ....
monsieur Pindar...

– Euh... (12) .... est peut-être Bindar.

– Ah ! Ce n'est pas la (13) .... chose ! Attendez, je regarde
encore. Voilà. C'est la chambre 326. Mais monsieur Bindar n'est pas
(14) .... Vous voulez laisser (15) .... coordonnées ?

– Non, (16) .... Je rappellerai. Au (17) ....,
madame.

III. ON SORT, CE SOIR ?

A DEMANDER UNE INFORMATION

66 Reliez pour faire des phrases (plusieurs solutions possibles).

a. Qu'est-ce que c'
b. Qu'est-ce que tu
c. Qu'est-ce que
d. Elle veut ou elle ne veut
e. Tu ne peux pas ou tu
f. Est-ce que c'est
g. C'est lui ou c'est
h. Quand partez

1. c'est, ça ?
2. elle ?
3. est ?
4. possible ?
5. -vous ?
6. pas ?
7. veux, Frédéric ?
8. ne veux pas ?

67 Réécrivez ces phrases en supprimant les mots inutiles.

Exemple : Elle me apprend le français.
→ ***Elle apprend le français.***

a. Élodie, quelle est la sa profession ?

→ ....

b. Manuel, il vient de du Mexique ?

→ ....

c. Tu penses à de Marion souvent ?

→ ....

d. Il vient de le du partir.

→ ....

e. Est-ce que il tu sors, ce soir ?

→ ....

f. Tu veux se noter le numéro ?

→ ....

g. Il est de la quelle nationalité ?

→ ....

h. Est-ce le c' intéressant ?

→ ....

68 Écoutez les phrases. Cochez si vous entendez *ne... pas* ou *n'... pas*.

Exemple : **1.** ☐ ne... pas   **2.** ☒ n'... pas

a. **1.** ☐ ne... pas   **2.** ☐ n'... pas
b. **1.** ☐ ne... pas   **2.** ☐ n'... pas
c. **1.** ☐ ne... pas   **2.** ☐ n'... pas
d. **1.** ☐ ne... pas   **2.** ☐ n'... pas
e. **1.** ☐ ne... pas   **2.** ☐ n'... pas
f. **1.** ☐ ne... pas   **2.** ☐ n'... pas
g. **1.** ☐ ne... pas   **2.** ☐ n'... pas
h. **1.** ☐ ne... pas   **2.** ☐ n'... pas

69 Mettez les mots dans l'ordre pour faire une phrase.

Exemple :   ne/Rome/part/cet/Il/?/après-midi/pas/pour

→ ***Il ne part pas pour Rome cet après-midi ?***

a. en/tu/Quand/est/-/ce/?/Islande/que/vas

→ ....

b. université/Tu/quelle/à/l'/?/études/matière

→ ....

c. souvent/Il/boire/café/un/va/./au/verre

→ ....

d. peux/poser/une/Je/question/?/vous

→ ....

e. qu'/arriver/en/?/France/elle/vient/Est/-/ce/d'

→ ....

f. le/Il/dans/./a/légumes/y/des/frais/frigo

→ ....

g. que/de/ce/roman/?/Qu'/tu/est/-/ce/penses

→ ....

h. peux/te/Je/demander/?/chose/quelque

→ ....

70 Singulier ou pluriel ? Écoutez et cochez la bonne réponse.

Exemple : **1.** ☐ singulier   **2.** ☒ pluriel

a. **1.** ☐ singulier   **2.** ☐ pluriel
b. **1.** ☐ singulier   **2.** ☐ pluriel
c. **1.** ☐ singulier   **2.** ☐ pluriel
d. **1.** ☐ singulier   **2.** ☐ pluriel
e. **1.** ☐ singulier   **2.** ☐ pluriel
f. **1.** ☐ singulier   **2.** ☐ pluriel
g. **1.** ☐ singulier   **2.** ☐ pluriel
h. **1.** ☐ singulier   **2.** ☐ pluriel

21 **Positif ou négatif ? Cochez la bonne réponse.**

Exemple : Bravo ! **1.** ☒ positif **2.** ☐ négatif

a. C'est super ! **1.** ☐ positif **2.** ☐ négatif

b. Quelle horreur ! **1.** ☐ positif **2.** ☐ négatif

c. C'est fantastique. **1.** ☐ positif **2.** ☐ négatif

d. C'est beau, ça ! **1.** ☐ positif **2.** ☐ négatif

e. Merveilleux, ce roman. **1.** ☐ positif **2.** ☐ négatif

f. Je regrette. **1.** ☐ positif **2.** ☐ négatif

g. Félicitations ! **1.** ☐ positif **2.** ☐ négatif

h. C'est impossible ! **1.** ☐ positif **2.** ☐ négatif

22 **Notez de 1 à 8 pour mettre les phrases du dialogue dans l'ordre chronologique.**

a. – Il est à quelle heure, votre train ? (   )

b. – Bonjour, Monsieur, je voudrais un... **(1)**

c. – Voilà votre billet : voiture 16, place 42. (   )

d. – Mais je dois prendre mon train ! (   )

e. – Oui, en seconde, non fumeur, s'il vous plaît. (   )

f. – Un instant, Mademoiselle. (   )

g. – Il part dans cinq minutes. Pour Bordeaux. (   )

h. – Dans cinq minutes ? Bon je fais vite... En seconde classe ? (   )

23 **Reliez pour faire des phrases (parfois plusieurs possibilités).**

a. Ça s'appelle

b. Ça sert à

c. Est-ce que

d. Vous pouvez me donner

e. Il a des

f. Est-ce que je

g. Quand est-ce que vous partez

h. Qu'est-ce qu'il y a

1. pourrais voir Fabienne, s'il vous plaît ?

2. problèmes, Luc ?

3. dans cette boîte ?

4. vous voulez du thé ?

5. son numéro de portable.

6. quoi ?

7. comment, ça ?

8. à Chicago ?

24 **Complétez avec *e*, *é* ou *è*.**

Exemple : Tu v**e**ux un caf**é** ?

a. L'...tudiante ach...te un dictionnaire.

b. Qu... dit...s-vous ?

c. Je n... comprends pas son attitud... .

d. Il pr...f...re Michelle.

e. Ils veulent aller en Br...tagn... .

f. Amédé et Désiré ach...tent du th... .

g. Un p...u d... lait, s'il vous plaît.

h. Où est c... num...ro de t...l...phone ?

25 **Réécrivez les phrases en complétant les mots, et en mettant les accents.**

Exemple : J'achet... de... fleur... pour Sarah ?

→ ***J'achète des fleurs pour Sarah ?***

a. Qu'es...-ce ... vous voul... encor... ?

→ ....

b. Je voudr... des information... sur cet... activite.

→ ....

c. Nou... prefer... aller a pied.

→ ....

d. Ils vien... du Senegal.

→ ....

e. La, je vien... de terminer l'activite.

→ ....

f. Mai... ou est-ce qu'elle es..., cet... cle ?

→ ....

g. Apres ce... visite, je prefere .... reposer.

→ ....

h. Le cafe ... Flore, c'... un cafe celebre ?

→ ....

26 **Reliez pour faire des phrases (parfois plusieurs possibilités).**

a. Il vient de	1. arrive-t-elle ?
b. Je vais	2. arriver ce matin.
c. D'où	3. l'employée.
d. Ils viennent d'	4. Thaïlande.
e. Elles vont	5. au restaurant grec ce soir.
f. Caroline pose une question	6. araignées.
g. Il a peur des	7. au travail à pied.
h. On parle à	8. à Sébastien.

77 Lisez le texte et notez si les affirmations sont vraies (V) ou fausses (F).

Je m'appelle Virginie, j'ai 25 ans et je suis étudiante.
Je donne des cours de mathématiques aux enfants de 9 à 12 ans.
Le prix est de 20 euros de l'heure. Je peux me déplacer. Je peux aussi
garder vos enfants quand vous sortez le soir ou le mercredi après-midi.

Téléphonez-moi le soir au 06 56 85 23 63.

À bientôt et merci.

06 56 85 23 63	06 56 85 23 63	06 56 85 23 63	06 56 85 23 63	06 56 85 23 63	06 56 85 23 63	06 56 85 23 63	06 56 85 23 63	06 56 85 23 63	06 56 85 23 63	06 56 85 23 63	06 56 85 23 63

Exemple :   Virginie est un jeune homme. *(F)*

a. Elle est étudiante en physique. (   )

b. Elle donne des cours de français. (   )

c. Les cours sont pour les enfants. (   )

d. Elle propose des cours de maths. (   )

e. Les cours sont gratuits. (   )

f. Elle peut donner les cours chez elle. (   )

g. Ça coûte 20 euros le mercredi après-midi. (   )

h. Elle peut aussi garder les enfants. (   )

78 Reliez les mots qui riment (parfois plusieurs possibilités).

a. informations   1. à

b. est-ce que   2. compassion

c. renseignement   3. belle

d. quelle   4. gentille

e. quand   5. qu'est-ce que

f. va   6. avant

g. euro   7. comment

h. fille   8. bureau

29 **Complétez avec :** *quelle, quels, quelles, comment, quand* **(2 fois)**, *où, d'où, qui* **(attention aux majuscules !).**

    Exemple : À **quelle** heure partez-vous ?

a. C'est ...., son anniversaire ?

b. .... sont leurs acteurs préférés ?

c. .... est-ce, la nouvelle collègue de Boris ?

d. Tu viens .... ? De Brest ?

e. C'est .... Toulouse ? Triste ou sympathique ?

f. .... est mon téléphone portable ?

g. .... fleurs préférez-vous ?

h. .... arrivez-vous à Genève, lundi ou mardi ?

80 **Écoutez. Cochez si vous entendez** *est-ce que* **ou** *qu'est-ce que* **?**

    Exemple :   **1.** ☐ est-ce que   **2.** ☒ qu'est-ce que

a. **1.** ☐ est-ce que   **2.** ☐ qu'est-ce que

b. **1.** ☐ est-ce que   **2.** ☐ qu'est-ce que

c. **1.** ☐ est-ce que   **2.** ☐ qu'est-ce que

d. **1.** ☐ est-ce que   **2.** ☐ qu'est-ce que

e. **1.** ☐ est-ce que   **2.** ☐ qu'est-ce que

f. **1.** ☐ est-ce que   **2.** ☐ qu'est-ce que

g. **1.** ☐ est-ce que   **2.** ☐ qu'est-ce que

h. **1.** ☐ est-ce que   **2.** ☐ qu'est-ce que

81 **Cochez si la personne parle à quelqu'un qu'elle connaît, qu'elle ne connaît pas, ou si on ne sait pas.**

    Exemple : Tu as quelle heure ?

              1. ☒ elle connaît   **2.** ☐ elle ne connaît pas   **3.** ☐ on ne sait pas

a. Tu as un stylo, s'il te plaît ?

    1. ☐ elle connaît   **2.** ☐ elle ne connaît pas   **3.** ☐ on ne sait pas

b. Bon, ça y est ? C'est fini ?

    1. ☐ elle connaît   **2.** ☐ elle ne connaît pas   **3.** ☐ on ne sait pas

c. Excusez-moi, Monsieur, à quelle heure commence le cours, s'il vous plaît ?

    1. ☐ elle connaît   **2.** ☐ elle ne connaît pas   **3.** ☐ on ne sait pas

d. Où se trouve la gare ?

    1. ☐ elle connaît   **2.** ☐ elle ne connaît pas   **3.** ☐ on ne sait pas

e. Excusez-moi, Madame, pouvez-vous m'indiquer le chemin pour aller à la gare, s'il vous plaît ?

    1. ☐ elle connaît   **2.** ☐ elle ne connaît pas   **3.** ☐ on ne sait pas

f. Elle est où cette gare ?

    1. ☐ elle connaît   **2.** ☐ elle ne connaît pas   **3.** ☐ on ne sait pas

g. Tu habites où ?

    1. ☐ elle connaît   **2.** ☐ elle ne connaît pas   **3.** ☐ on ne sait pas

h. Tu me passes le programme ?

    1. ☐ elle connaît   **2.** ☐ elle ne connaît pas   **3.** ☐ on ne sait pas

---

82 **Rayez l'intrus.**

    Exemple : Vous dînez / déjeunez / ~~chantez~~ avec moi ?

a. C'est facile / compliqué / difficile.

b. Je parle français / doucement / turc.

c. Tu me passes le sel / la carte / le menu ?

d. Il mange du jambon / du poulet / du vin.

e. On prend le métro / le bus / le parapluie ?

f. Vous prenez un dessert / un désert / un gâteau ?

g. Vous m'apportez la note / l'addition / de l'eau ?

h. Quand ? Aujourd'hui ou ici / jeudi / samedi ?

B PARLER DE SES ACTIVITÉS QUOTIDIENNES

---

83 **Rayez les *p, h, s, t, d* qui ne se prononcent pas.**

Que fait Éric ? Le matin, il se lève à sept heures. Il fait sa toilette, il boit un petit café. Ensuite, il part au travail. À midi, il mange dans le restaurant « L'atelier gourmand ». Vers dix-huit heures, il se promène sur les boulevards ou il fait du sport. Puis il rentre chez lui pour le dîner. Il va souvent au théâtre ou au concert. Il adore la musique, surtout classique. Le week-end, Éric sort tard et va quelquefois au cinéma le dimanche après-midi.

---

84 **Écoutez et cochez la phrase que vous entendez.**

    Exemple : **1.** ☐ Elle se peigne.   **2.** ☒ Elle se baigne.

a. **1.** ☐ Il aime Julie.   **2.** ☐ Il l'aime, Julie.

b. **1.** ☐ Sa maman l'habille.   **2.** ☐ Sa maman s'habille.

c. **1.** ☐ Elle se pose des questions. **2.** ☐ Elle me pose des questions.

d. **1.** ☐ Il est jeune.   **2.** ☐ Il déjeune.

e. **1.** ☐ D'où êtes-vous ?   **2.** ☐ Vous êtes fou ?

f. **1.** ☐ Elle dort à minuit, elle mange à midi. **2.** ☐ Elle sort à midi, elle range à minuit.

g. **1.** ☐ Il déteste les livres.   **2.** ☐ Il déteste lire.

h. **1.** ☐ Il pleut.   **2.** ☐ Il pleure.

85 Écoutez. Combien y a-t-il de personnes ? Une ? Plusieurs ? On ne sait pas ? Cochez la bonne réponse.

Exemple :   **1.** ☐ une   **2.** ☒ plusieurs   **3.** ☐ on ne sait pas

a. **1.** ☐ une   **2.** ☐ plusieurs   **3.** ☐ on ne sait pas
b. **1.** ☐ une   **2.** ☐ plusieurs   **3.** ☐ on ne sait pas
c. **1.** ☐ une   **2.** ☐ plusieurs   **3.** ☐ on ne sait pas
d. **1.** ☐ une   **2.** ☐ plusieurs   **3.** ☐ on ne sait pas
e. **1.** ☐ une   **2.** ☐ plusieurs   **3.** ☐ on ne sait pas
f. **1.** ☐ une   **2.** ☐ plusieurs   **3.** ☐ on ne sait pas
g. **1.** ☐ une   **2.** ☐ plusieurs   **3.** ☐ on ne sait pas
h. **1.** ☐ une   **2.** ☐ plusieurs   **3.** ☐ on ne sait pas

86 *Laura est jeune fille au pair.* **Lisez son mémo et complétez les phrases.**

MÉMO

Lundi 26 avril

8 h
6 h Réveil
7 h Réveiller Pauline et Thomas
7 h 15 Pantalon bleu pour Thomas, robe verte pour Pauline
Chocolat au lait, tartines ou céréales

12 h
8 h Toilette
8 h 15 Départ pour l'école
8 h 30/12 h Tâches ménagères
Après-midi libre Cours de Français

16 h
16 h 30 Sortie de l'école, goûter et devoirs
17 h Piano pour Pauline, danse pour Thomas

20 h
20 h Repas tous ensemble

Mardi 27 avril

8 h

Anniversaire Flore

12 h

16 h

20 h

Exemple :   Le *réveil* de Laura sonne à 6 heures.

a. Laura se lève très tôt, vers .... heures du matin chaque jour sauf le dimanche.

b. Elle .... les enfants, Pauline et Thomas.

c. Pauline et Thomas .... puis ils prennent ensemble un .... Ils passent ensuite à la salle de ....

d. Laura emmène les enfants à .... en voiture.

e. Elle rentre à la ...., prépare le déjeuner, range la maison et .... le ménage.

f. L'après-midi, elle prend des .... de français.

g. À 16 h 30, elle va chercher les enfants à l'............................... Ils rentrent à la maison, prennent leur .... et font leurs .... À 17 h,

Pauline a un cours de .... et Thomas fait de la ....

h. Les parents de Pauline et Thomas rentrent du ...., ils .... tous ensemble.

87 **Reliez pour faire des phrases.**

a. On va au cinéma à   1. séance de yoga.
b. La piscine, tu   2. pas à la gym avec toi.
c. Ce soir, j'ai ma   3. aller au cirque.
d. Nous allons souvent au   4. 20 heures ?
e. Désolée, je ne vais   5. pas ça.
f. Cette exposition, c'est   6. intéressant ?
g. Mes enfants adorent   7. aimes ça ?
h. La patinoire ? Moi, je n'aime   8. théâtre.

88 **Mettez les mots dans l'ordre pour faire une phrase.**

Exemple :   sors/Je/./tard/soir/ce
→ ***Je sors tard ce soir.***

a. travaille/Il/./l'/la/hôpital/nuit/à
→ ....

b. tu/ce/week-end/?/fais/est/-/ce/Qu'/que
→ ....

c. se/./tous/jours/Il/lève/les/7/heures/à
→ ....

d. de/pas/Il/n'/bus/ici/./a/y
→ ....

e. théâtre/est/Cette/très/surprenante/de/./pièce
→ ....

f. travail/le/./métro/pour/au/aller/prend/Elle
→ ....

g. hongrois/./Ma/parle/secrétaire/bien/le/très
→ ....

h. comique/?/non/Ce/est/film/amusant,/très
→ ....

89 **Écoutez. C'est une question ou une exclamation ? Cochez la bonne réponse.**

Exemple :   **1.** ⊠ question   **2.** ☐ exclamation

a. **1.** ☐ question   **2.** ☐ exclamation
b. **1.** ☐ question   **2.** ☐ exclamation
c. **1.** ☐ question   **2.** ☐ exclamation

d. **1.** ☐ question   **2.** ☐ exclamation
e. **1.** ☐ question   **2.** ☐ exclamation
f. **1.** ☐ question   **2.** ☐ exclamation
g. **1.** ☐ question   **2.** ☐ exclamation
h. **1.** ☐ question   **2.** ☐ exclamation

90 **Notez de 1 à 8 pour mettre les phrases du dialogue dans l'ordre chronologique.**

a. – Parler ? De quoi ? (   )
b. – Allô, c'est moi. **(1)**
c. – Comment ça ? Qu'est-ce que tu fais ? (   )
d. – Ah... Bonjour Catherine... Qu'est-ce qui se passe ? (   )
e. – Non, je ne vois pas. Et puis, je n'ai pas le temps. (   )
f. – Oh rien. Je veux juste parler un peu. (   )
g. – Je travaille. Et beaucoup ! (   )
h. – De toi, de moi. Tu vois ? (   )

91 **Complétez avec** *on, nous, nos* **(attention aux majuscules !).**
    Exemple :   *On* va au Portugal bientôt.

a. .... sortons tous les soirs, et vous ?
b. .... veut des sous, pas vous ?
c. .... avons des vacances en août.
d. .... se moque de nous !
e. .... photos sont magnifiques.
f. Maman, ... va au match dimanche ?
g. .... part quand en Belgique ?
h. .... y va !

92 **Reliez les mots qui riment.**

a. Allemagne   1. vent
b. bonsoir   2. pouvoir
c. horreur   3. sœur
d. ton   4. avez
e. après   5. prêt
f. mes   6. veuf
g. avant   7. campagne
h. neuf   8. montons

37

93 Séparez les mots, mettez les apostrophes, les accents, les majuscules et la ponctuation.

Exemple : elleshabilleapreslepetitdejeuner

→ ***Elle s'habille après le petit déjeuner.***

a. chaquematinilchantesousladouche

→ ....

b. tuprendsdutheouducafeaupetitdejeuner

→ ....

c. ellesortdelhopitalasixheuresetelleprendlebus

→ ....

d. monsieurbonvanestreceptionnistealhoteldesvoyageurs

→ ....

e. desoleemaisilnhabitepasacetteadresse

→ ....

f. madamemorinfaitlemenagetouslesjours

→ ....

g. ilneveutpasdiresonage

→ ....

h. cestunesurprisetresagreable

→ ....

94 Réécrivez ces phrases en supprimant les mots inutiles.

Exemple : Il y a les des verres sur avant la table.

→ ***Il y a des verres sur la table.***

a. Il est le médecin ? Non, pas dentiste.

→ ....

b. Il y a de la télévision dans sur cette chambre ?

→ ....

c. Je cherche un du restaurant l'italien.

→ ....

d. C'est il est un professeur américain.

→ ....

e. Il peut veux dépenser les 1200 euros par un mois.

→ ....

f. Qu'est-ce qui que vous tu faites après les des cours ?

→ ....

g. Oui, pour tu vous, c'est le gratuit.

→ ....

h. Je j'ai de une bonne adresse pour tu toi.

→ ....

95 Rayez ce qui ne convient pas.

Exemple : Le soir / ~~matin~~ je dîne tard.

a. On dîne à quelle heure ce soir / la soirée ?

b. – Qu'est-ce qu'on mange ce soir ? – Du poulet / À 20 h.

c. Je prends du / le bus.

d. À / De quelle heure tu te couches ?

e. Je me lave la / ma figure.

f. Adèle se / me lève à 7 h et moi à 8 h.

g. Le matin au petit déjeuner, je prends le / du thé.

h. Je me / se réveille à 8 h.

96 Écoutez. Vous entendez le son [ã] ou le son [õ] ? Cochez la bonne réponse.

Exemple : **1.** ☒ [ã]   **2.** ☐ [õ]

a. **1.** ☐ [ã]   **2.** ☐ [õ]

b. **1.** ☐ [ã]   **2.** ☐ [õ]

c. **1.** ☐ [ã]   **2.** ☐ [õ]

d. **1.** ☐ [ã]   **2.** ☐ [õ]

e. **1.** ☐ [ã]   **2.** ☐ [õ]

f. **1.** ☐ [ã]   **2.** ☐ [õ]

g. **1.** ☐ [ã]   **2.** ☐ [õ]

h. **1.** ☐ [ã]   **2.** ☐ [õ]

C EXPRIMER LA DURÉE, S'INFORMER SUR LES DATES ET LES HORAIRES

97 La phrase exprime-t-elle une durée ou un moment limité ? Cochez la bonne réponse.

Exemple : C'est le jour de mon anniversaire. **1.** ☐ durée **2.** ☒ moment limité

a. Je t'appelle ce soir. **1.** ☐ durée **2.** ☐ moment limité

b. Il passe te voir ce soir. **1.** ☐ durée **2.** ☐ moment limité

c. Elle travaille toute la matinée. **1.** ☐ durée **2.** ☐ moment limité

d. Vous regardez la télévision dans la journée ? **1.** ☐ durée **2.** ☐ moment limité

e. Le matin, elle se lève puis déjeune. **1.** ☐ durée **2.** ☐ moment limité

f. Le soir, elle se couche à 23 h. **1.** ☐ durée **2.** ☐ moment limité

g. Nous passons nos soirées à manger. **1.** ☐ durée **2.** ☐ moment limité

h. Le soir, nous dînons ensemble. **1.** ☐ durée **2.** ☐ moment limité

98 Écoutez. Combien y a-t-il de personnes ? Une ? Plusieurs ? On ne sait pas ? Cochez la bonne réponse.

Exemple : **1.** ☐ une **2.** ☐ plusieurs **3.** ☒ on ne sait pas

a. **1.** ☐ une **2.** ☐ plusieurs **3.** ☐ on ne sait pas

b. **1.** ☐ une **2.** ☐ plusieurs **3.** ☐ on ne sait pas

c. **1.** ☐ une **2.** ☐ plusieurs **3.** ☐ on ne sait pas

d. **1.** ☐ une **2.** ☐ plusieurs **3.** ☐ on ne sait pas

e. **1.** ☐ une **2.** ☐ plusieurs **3.** ☐ on ne sait pas

f. **1.** ☐ une **2.** ☐ plusieurs **3.** ☐ on ne sait pas

g. **1.** ☐ une **2.** ☐ plusieurs **3.** ☐ on ne sait pas

h. **1.** ☐ une **2.** ☐ plusieurs **3.** ☐ on ne sait pas

99 Trouvez deux mots qui commencent par...

Exemple : pré............ : pré**senter**, pré**férer**

a. all...................../ all...........................

b. par...................../ par...........................

c. mai...................../ mai...........................

d. tél...................../ tél...........................

e. trav...................../ trav...........................

f. ven...................../ ven...........................

g. app...................../ app...........................

h. dem...................../ dem...........................

100 Cherchez l'erreur : rayez les mots qui ne conviennent pas.

Exemple : Nous jouons au tennis ~~à~~ / de 15 h à 16 h.

a. Aujourd'hui, nous sommes lundi / week-end.

b. Je suis en / au vacances vendredi.

c. Il est né en / au XXe siècle.

d. Nous sommes janvier / au mois de janvier.

e. Ils discutent en / pendant une heure.

f. Ne bouge pas, je reviens en / dans dix minutes.

g. Le matin je me brosse les / mes dents trois minutes.

h. Je le connais pour / depuis six mois.

101 Temps précis ou imprécis ? Cochez la bonne réponse.

Exemple : On se voit dans la semaine. 1. ☐ précis 2. ☒ imprécis

a. À bientôt ! 1. ☐ précis 2. ☐ imprécis

b. À ce soir, 20 heures. 1. ☐ précis 2. ☐ imprécis

c. Je te vois lundi prochain, vers midi. 1. ☐ précis 2. ☐ imprécis

d. Tu viens aux alentours de midi ? 1. ☐ précis 2. ☐ imprécis

e. Mon train est à midi pile. 1. ☐ précis 2. ☐ imprécis

f. Je t'appelle ce soir. 1. ☐ précis 2. ☐ imprécis

g. Tu peux venir à 16 heures. 1. ☐ précis 2. ☐ imprécis

h. J'ai un rendez vous à 17 heures. 1. ☐ précis 2. ☐ imprécis

102 Complétez avec : *dure, de, à, finis, temps, commence, pause, pendant, depuis.*

Exemple : Il va à la gym *de* 20 heures à 21 heures.

a. Paul, tu .... quand tes devoirs ?

b. Ça .... longtemps, cette conversation.

c. La ...., c'est dans 15 minutes ?

d. Il parle toujours .... des heures au téléphone !

e. La piscine est ouverte de 9 heures .... 21 heures.

f. Il .... quand son nouveau travail ?

g. Il est à Berlin .... 1999.

h. Désolée, je n'ai pas le .... aujourd'hui.

103 Rayez ce qui ne convient pas.

Exemple : ~~Entre~~ / ~~Jusqu'à~~ / Ça fait une heure que j'ai commandé de l'eau.

a. Depuis / Pour / Il y a un an que je t'attends.

b. Il est malade depuis / il y a / en hier.

c. Il fait beau pour / ça fait / depuis la semaine dernière.

d. Je n'ai pas mangé depuis / en / dans ce matin.

e. Ça fait / Depuis / Pour un an que j'apprends le japonais.

f. Il y a / Vers / Depuis un an qu'elle est à Paris.

g. Depuis quel / quand / où es-tu là ?

h. Encore / Il y a / Pour deux heures qu'il est parti.

Bilans

104 **Écoutez et répétez de plus en plus vite !**

    a. *Raphaëlle retrouve René Rateau rue du restaurant russe.*

    b. *Pardon, Pierre répète ton prénom pour de bon !*

    c. *Tes deux dames détestent danser, dis donc !*

    d. *Bonjour, bonsoir, c'est bien bizarre !*

    e. *Tout dépend de ton adresse.*

    f. *Une minuscule virgule sur un mur.*

    g. *Tiens, Thomas Truc traverse la rue tout droit.*

    h. *Je joue du jazz jeudi dans la journée.*

105 *La vie quotidienne.* **Écoutez et soulignez les formes que vous entendez dans le texte.**

    Exemple : <u>Je me réveille</u>

    a. *Je me lève.*

    b. *Je me rase.*

    c. *Je mange.*

    d. *Je bois.*

    e. *Je comprends.*

    f. *Je marche.*

    g. *Je rentre.*

    h. *Je me couche.*

106 **Remplacez** *je* **par** *il* **dans le texte suivant.**

    « Qu'est-ce que je fais chaque jour qui fait ce jour comme les autres jours ? Chaque jour je me réveille et après je me lève. Parfois, je me lève avant de me réveiller et alors je sais, je sais que ce jour est un jour différent, et il n'y en a pas beaucoup dans la vie des jours différents. Après le réveil, je pense déjà à manger, à manger mon petit déjeuner. (C'est pour cela que je me réveille, je sais que chaque jour apporte au moins trois merveilles, le petit déjeuner, le déjeuner, le dîner.) Pendant le petit déjeuner, je bois mon café, et c'est là que tout commence, que la journée commence. Je comprends alors qu'on est lundi, mardi, mercredi, jeudi ou vendredi, et que la vie m'appelle. Je me lave, je sors, j'attends le bus, je monte dans le bus, je cherche une place. J'arrive à mon travail, je travaille, je dis bonjour, je dis au revoir. Je reprends le bus, je rentre chez moi, je dîne, je mets mon pyjama, je regarde la télévision pour oublier la journée. Puis je me couche. Je me réveille et tout recommence. »

....

....

IV. C'EST OÙ LE MUSÉE PICASSO ?

A DEMANDER SON CHEMIN, S'ORIENTER, DEMANDER CONFIRMATION

107 **Cochez la bonne question.**

Exemple : Vous tournez à gauche deux fois.
  1. ☐ Je tourne une fois à gauche et une fois à droite, c'est bien cela ?
  2. ☒ Je tourne à gauche combien de fois ?

a. La poste ? À cette heure-ci, elle est fermée mon garçon !
  1. ☐ Où se trouve la poste ouverte 24 h sur 24 ?
  2. ☐ Est-ce que j'ai le temps d'aller à la poste ?

b. Oui, le mardi, les musées sont fermés.
  1. ☐ Le jour de fermeture pour les musées, c'est bien le mardi ?
  2. ☐ Les musées ne sont pas ouverts le mardi ?

c. La gare ? C'est à deux pas d'ici, continuez tout droit et elle est devant vous.
  1. ☐ Excusez-moi, la gare s'il vous plaît ?
  2. ☐ Je déteste cette gare, pas toi ?

d. Ah ! Non, vous êtes dans la mauvaise direction !
  1. ☐ Excusez-moi, je suis bien devant la Mairie ?
  2. ☐ Excusez-moi, la Mairie c'est bien par là ?

e. Oh, c'est très simple ! Prenez la première à droite et c'est là. Le musée est superbe !
  1. ☐ Monsieur, s'il vous plaît, pour aller au musée ?
  2. ☐ Monsieur, s'il vous plaît, le musée ?

f. Oui, je cherche la station de taxis et comme je ne suis pas d'ici, je suis un peu perdue.
  1. ☐ Pardon, Madame, on peut vous aider ?
  2. ☐ Vous êtes d'ici ?

g. Non désolé, je ne connais pas.
  1. ☐ Vous me connaissez ?
  2. ☐ Le Carrefour de l'Odéon, vous connaissez ?

h. La sortie est sur votre droite.
  1. ☐ Pardon, Madame, où se trouve la sortie ?
  2. ☐ Pardon, Madame, vous voulez la sortie ?

108 **Réécrivez les phrases en supprimant les mots inutiles (attention aux majuscules !).**

Exemple : – On il vient par d'où ce cet vin ? – De le de l' d'Australie.

→ **– Il vient d'où ce vin ? – D'Australie.**

a. – Le la livre est dessus dans sur la le télévision. – Oui, il est sous dessus la télévision.

→ ....

b. – Par d' où est ma mon agenda ? – Dans en ta ton voiture.

→ ....

c. Sa son petit déjeuner est sur dessus dans a la le table ?

→ ....

d. Le la Beijing est tout près à côté de loin de du Paris.

→ ....

e. Sur à la dans la le télévision, ça fait il y a un le film intéressant.

→ ....

f. Claude passe ses les vacances en dans à la Bretagne.

→ ....

g. – Ou d'où vas viens-tu ? – De Rome.

→ ....

h. Dans au en Allemagne et en dans au Angleterre, on boit de la du bière.

→ ....

 109 **Réécrivez les phrases en ajoutant les accents nécessaires.**

Exemple : Il y a un cafe par ici?

→ *Il y a un café par ici ?*

a. Comment je fais pour aller a la pharmacie ?

→ ....

b. Pour aller de l'ecole a l'usine, s'il vous plait ?

→ ....

c. Ou se trouve le nouveau cinema ?

→ ....

d. Je prends quel chemin pour venir chez toi ?

→ ....

e. Ou est la boulangerie ?

→ ....

f. Est-ce que vous savez ou est la mairie ?

→ ....

g. Le cafe, c'est bien la deuxieme a gauche ?

→ ....

h. L'hotel de ville, c'est a gauche ou a droite ?

→ ....

110 **Reliez pour faire des phrases.**

a. On achète du pain
b. On regarde un film
c. On boit un verre
d. On dîne
e. On achète des médicaments
f. On se marie
g. On dort
h. On change de l'argent

1. au cinéma.
2. à la mairie.
3. à la banque.
4. à la boulangerie.
5. à la pharmacie.
6. à l'hôtel.
7. au restaurant.
8. au café.

111 **Reliez : trouvez le contraire.**

a. devant
b. à gauche
c. loin de
d. se lever
e. la matinée
f. la semaine
g. sortir
h. dessus

1. à droite
2. se coucher
3. le week-end
4. rentrer
5. dessous
6. la soirée
7. derrière
8. près de

112 **Reliez pour faire des phrases.**

a. Pardon, la
b. Excusez moi, pour aller
c. Monsieur, s'il vous plaît, je
d. Je prends la deuxième rue à gauche,
e. Tu prends tout droit après le feu, tu
f. La première ou
g. D'abord vous tournez à gauche,
h. Vous allez à

1. c'est ça ?
2. au musée ?
3. la mairie ?
4. ne peux pas te tromper.
5. puis vous traversez...
6. pharmacie, s'il vous plaît ?
7. la deuxième rue sur ma droite ?
8. cherche le musée.

113 **Le lieu est-il précis ou imprécis ? Cochez la bonne réponse.**

Exemple :   Je dîne ce soir au restaurant, tu sais, celui qui est en face de l'opéra.
        1. ☒ précis   **2.** ☐ imprécis

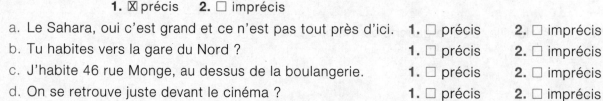

a. Le Sahara, oui c'est grand et ce n'est pas tout près d'ici.   **1.** ☐ précis   **2.** ☐ imprécis
b. Tu habites vers la gare du Nord ?   **1.** ☐ précis   **2.** ☐ imprécis
c. J'habite 46 rue Monge, au dessus de la boulangerie.   **1.** ☐ précis   **2.** ☐ imprécis
d. On se retrouve juste devant le cinéma ?   **1.** ☐ précis   **2.** ☐ imprécis

e. La pharmacie est dans le coin.   **1.** ☐ précis   **2.** ☐ imprécis

f. La Corée oui, c'est loin, à des milliers de kilomètres.   **1.** ☐ précis   **2.** ☐ imprécis

g. Tu travailles en banlieue ?   **1.** ☐ précis   **2.** ☐ imprécis

h. Elle est à l'étranger.   **1.** ☐ précis   **2.** ☐ imprécis

---

114 *À l'office du tourisme.* **Notez de 1 à 8 pour mettre les phrases du dialogue dans l'ordre chronologique.**

a. – Mais, bien sûr. Alors, nous sommes ici. ( )

b. – Merci beaucoup. Je voudrais savoir où se trouve l'hôtel du midi et le musée de la ville. ( )

c. – Je prends donc deux fois à gauche, vous êtes sûre ? ( )

d. – Oui, c'est bien cela. Pour vous rendre au musée, tournez à gauche en sortant d'ici puis prenez la deuxième à gauche. Le musée est en face de la poste, c'est très facile. ( )

e. – Bonjour, Madame, je ne connais pas la ville, avez-vous un plan à me donner ? *(1)*

f. – Pour aller à l'hôtel du midi, vous allez prendre tout droit devant vous, vous allez tomber sur la place du midi. L'hôtel du midi est juste devant vous. ( )

g. – Bien sûr que je suis sûre ! ( )

h. – Je prends tout droit, place du midi, c'est bien cela. ( )

---

115 **Reliez les phrases synonymes.**

a. Elle revient du restaurant.

b. Elle va au Portugal.

c. Elle habite à Paris.

d. Elle vient de la gare.

e. Elle est à la maison.

f. Elle arrive de Bamako.

g. Elle sort du cinéma.

h. Elle ne vit plus chez ses parents.

1. Elle n'y habite plus.

2. Elle y est.

3. Elle en vient.

4. Elle y va.

5. Elle en revient.

6. Elle y habite.

---

116 **Soulignez les liaisons obligatoires.**

Exemple : Elle invite di<u>x a</u>mis à dîner ce soir.

a. Sur le plan, vous êtes ici.

b. C'est une ville intéressante.

c. Le prochain arrêt, s'il vous plaît ?

d. Dans une rue ?

e. On est exactement là.

f. Avec toutes ces avenues, je suis perdue !

g. Ces hommes hollandais connaissent le chemin.

h. Elle va chaque année en Irlande.

117 **Écrivez les nombres en lettres.**

Exemple :   Il a gagné 2 000 000 d'euros ? C'est vrai ?

→ *deux millions*   ·

a. Dans mon village, il y a 4 000 habitants. C'est peu.

→ ....

b. Dans son village il y a 1 000 habitants. C'est encore moins.

→ ....

c. Il y a combien d'habitants à Rennes ? Environ 200 000.

→ ....

d. Il y a 2 115 757 Parisiens.

→ ....

e. La deuxième ville de France, c'est Marseille avec 797 701 habitants.

→ ....

f. La troisième ville, c'est Lyon avec 445 263 habitants.

→ ....

g. Amboise, c'est une petite ville de 15 000 habitants.

→ ....

h. En France, il y a 58 millions de Français ?

→ ....

118 **Reliez pour faire des phrases (parfois plusieurs possibilités).**

a. C'est la première rue à   1. Saint Antoine.
b. Il y a combien d'habitants dans   2. le pont.
c. C'est tout près   3. cette ville ?
d. C'est derrière la   4. piscine.
e. C'est dans le faubourg   5. gauche.
f. Au coin de la rue,   6. de chez moi.
g. Il faut traverser   7. il y a une banque.
h. C'est après la   8. pharmacie.

119 **Complétez les phrases avec :** *quelle, où, comment* (2 fois), *pourquoi, quel, qu'* **(attention aux majuscules !).**

Exemple :   Je dois passer par *où* ?

a. .... on fait pour aller en ville d'ici ?
b. .... est-ce que je peux trouver un taxi ?
c. .... est-ce que je peux faire ici ?
d. .... vous expliquer ? Vous allez tout droit...
e. .... le bus et pas le métro ?
f. .... chemin je prends pour venir chez vous ?
g. .... rue vous dites ?
h. .... est-ce que vous dites ?

120 *Avez-vous bien compris ?* **Cochez si c'est positif ou négatif.**

    Exemple : Oui, c'est cela, n'est-ce pas ?   **1.** ☒ positif   **2.** ☐ négatif

a. Oui, c'est tout près !   **1.** ☐ positif   **2.** ☐ négatif

b. Ah non, vous avez mal compris.   **1.** ☐ positif   **2.** ☐ négatif

c. Pas tout à fait. Je vous explique...   **1.** ☐ positif   **2.** ☐ négatif

d. Ah ! Non, pas comme ça !   **1.** ☐ positif   **2.** ☐ négatif

e. La rue St Nicolas, ce n'est pas celle-là.   **1.** ☐ positif   **2.** ☐ négatif

f. Je ne suis pas sûre de comprendre.   **1.** ☐ positif   **2.** ☐ négatif

g. C'est bien cela.   **1.** ☐ positif   **2.** ☐ négatif

h. Je ne suis pas d'accord.   **1.** ☐ positif   **2.** ☐ négatif

121 **Complétez les phrases avec les prépositions** *de, du, à, au* **(attention aux majuscules !).**

    Exemple : **Du** matin **au** soir, les bus fonctionnent.

a. Je vais ...... la banque ...... la poste.

b. Je travaille ...... lundi ...... vendredi.

c. Vous partez en voyage ...... quand ...... quand ?

d. Il fait chaud ...... juin ...... août.

e. Il va ...... métro ...... la gare.

f. Nous allons ...... Brest ...... Nantes.

g. ...... la poste ...... restaurant, il y a combien de mètres ?

h. Vous êtes ouvert ...... quelle heure ...... quelle heure ?

B   COMPRENDRE, EXPLIQUER UN ITINÉRAIRE, UN PLAN

122 **Complétez avec le verbe qui convient, à la forme qui convient (parfois plusieurs possibilités).**

    Exemple : Le restaurant *est* entre la poste et la boulangerie. *(suivre, être, prendre)*

a. Pour venir chez moi, tu .... tout droit. *(prendre, tourner, venir)*

b. Pour aller à la poste, tu .... à gauche. *(être, tourner, passer)*

c. J' .... à côté de l'église. *(prendre, tourner, habiter)*

d. Elle .... au centre-ville. *(habiter, préférer, traverser)*

e. Le café .... sur la place de la mairie. *(être, se trouver, habiter)*

f. Où faut-il .... ? *(prendre, tourner, suivre)*

g. Tu .... la rue jusqu'au bout. *(prendre, être, suivre)*

h. Comment .... jusque-là ? *(aller, arriver, être)*

Reliez les questions et les réponses (parfois plusieurs possibilités).

a. – La 2ᵉ à droite, c'est cela ?

b. – Pardon, la rue de quoi ?

c. – Où ça ?

d. – Je ne suis pas sûr de comprendre, vous pouvez répéter ?

e. – Je peux vous renseigner ?

f. – Vous dites bien de prendre tout droit ?

g. – La place du marché ou la place du berger ?

h. – Le jardin public est bien sur la place du berger, n'est-ce pas ?

1. – Je répète... rue des Ursulines.

2. – Oui, je dis bien de prendre tout droit.

3. – Vous allez tout droit.

4. – Oui, c'est cela.

5. – La rue des Ursulines.

6. – Oui, c'est gentil.

7. – Oui, sur la place du berger.

8. – La place du marché.

 Notez de 1 à 8 pour mettre les phrases du dialogue dans l'ordre chronologique.

a. – Alors, le chemin pour la banque de l'hôtel de ville ? Je ne connais pas, mais c'est sûrement sur la place de l'hôtel de ville. (   )

b. – Monsieur, je vous demande pardon... *(1)*

c. – En tout cas, je peux vous indiquer comment aller jusque la place de l'hôtel de ville. Alors, vous prenez la rue qui est en face, vous voyez celle-ci, vous allez tout droit jusqu'à la poste, au coin de la poste vous tournez à gauche, c'est sûrement là... C'est clair ? (   )

d. – Euh, c'est possible ! Je ne sais pas ! (   )

e. – Oui ? (   )

f. – C'est tout près, venez avec moi, je ne suis pas pressée et je travaille juste en face. (   )

g. – Je ne suis pas d'ici et j'ai un rendez-vous à la banque de l'hôtel de ville. Pourriez-vous m'indiquer le chemin, s'il vous plaît ? (   )

h. – Euh, oui, c'est à peu près clair. Je vous remercie, au revoir monsieur... Oh là là ! C'est compliqué ! Madame, s'il vous plaît ? La banque de l'hôtel de ville ? (   )

125 Observez le plan et complétez les phrases avec le nom des bâtiments.

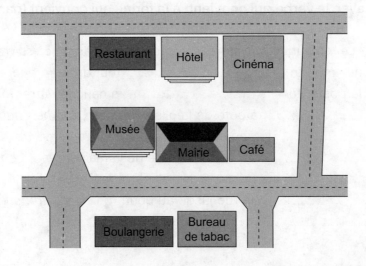

Exemple :   La *mairie* est à droite du *musée* et à gauche du *café* .

a. Le .... est en face de la ....

b. La .... est à côté du .... et en face du

....

c. Derrière le ...., se trouve le ....

d. À droite du .... se trouve l' ....

e. À droite de l' ...., il y a un ....

f. Le .... est devant le ....

g. L' .... est derrière la ....

h. La .... est entre le .... et le

....

126 **Notez de 1 à 8 pour mettre les phrases du dialogue dans l'ordre chronologique.**

a. – Pas tout, non. Tu ne veux pas me faire un plan ? (   )

b. – Mais il est 14 h... (   )

c. – Ah, la, la ! Je dois aller chez le dentiste, chez Samama, je déteste ça et je ne sais plus où c'est. *(1)*

d. – Si, alors ici c'est la maison, là l'avenue Georges Brassens, le 2e feu et le dentiste. Tiens. (   )

e. – Euh... je ne sais pas moi, pas longtemps, dix minutes. (   )

f. – Oh, ça va ! J'ai le temps, mon rendez-vous n'est qu'à 14 h, je vais manger un peu, me brosser les dents...(   )

g. – Il faut combien de temps pour y aller ? (   )

h. – C'est très facile. Tu prends la rue Georges Brassens, tu sais où elle est ? Bon, ensuite, au 2e feu, tu tournes à droite et c'est le premier immeuble sur la gauche. Tu as compris ? (   )

127 **Complétez les phrases avec le mot qui convient.**

Exemple :   Le marché est dans le *quartier* de la gare. *(quartier / côté)*

a. La boulangerie est à .... de la mairie. *(devant / droite)*

b. La pharmacie est .... de la gare. *(près / derrière)*

c. La mairie est .... votre gauche. *(à côté de / sur)*

d. La gare est en .... de la poste. *(face / devant)*

e. La poste est .... la gare. *(devant / loin)*

f. Pour aller à la parfumerie continuez .... jusqu'au prochain feu. *(tout droit / tout près)*

g. Le café, vous .... allez souvent ? *(y / en)*

h. Oui, la cathédrale est dans le .... ville. *(milieu / centre)*

128 Notez de 1 à 8 pour mettre les phrases du dialogue dans l'ordre chronologique.

a. – Deux itinéraires ? Bon attends. Arrête-toi et regarde la carte avec moi. Tu veux prendre les petites routes ou l'autoroute ? ( )

b. – Prends « Toutes directions », alors. C'est plus sûr. ( )

c. – On arrive bientôt à Bilouverne. Je vais où maintenant ? **(1)**

d. – Tu ne connais pas la région... mais on n'est pas là pour faire du tourisme ! On doit être ce soir à St Mordicus pour la réunion !! Il est déjà 16 h. ( )

e. – Euh, après Bilouverne, tu prends la direction Le Mans. ( )

f. – Plus sûr ? Pas tellement, regarde maintenant, je fais quoi, il y a deux itinéraires, je tourne à gauche ou à droite ? ( )

g. – Je ne vois pas « Le Mans ». Il y a « Toutes directions » ou « Saint-Martin ». ( )

h. – Les petites routes, c'est sympa et puis je ne connais pas la région. ( )

129 Réécrivez les phrases en ajoutant les accents nécessaires.

Exemple : Allo, bonjour !

→ ***Allô, bonjour !***

a. Allo, j'ai l'honneur de vous connaitre ?

→ ....

b. Oui, monsieur. Je suis Jules Rafard, je vous appelle pour une enquete sur notre ville ? Vous voulez bien repondre ?

→ ....

c. Oui, bien sur. → ....

d. Vous habitez pres du theatre ?

→ ....

e. Oui, tout a cote. → ....

f. Vous allez au theatre au mois d'aout ?

→ ....

g. Je ne vais pas au theatre, moi, monsieur. Je n'aime pas le theatre, je deteste le theatre !

→ ....

h. Ah ! Excusez-moi mais je ne suis pas sur de parler a la bonne personne. Vous n'etes pas Michel ?

→ ....

130 *À l'agence de voyage.* **Notez de 1 à 8 pour mettre les phrases du dialogue dans l'ordre chronologique.**

a. – Un peu compliqué et un peu long non ? Est-ce que c'est cher ? ( )

b. – De Beaune à Madrid, attendez je regarde dans l'ordinateur. Vous partez quand ? ( )

c. – D'abord vous allez prendre le train pour Bordeaux, ensuite vous changez et prenez le Bordeaux-Hendaye, enfin à Hendaye, vous traversez la frontière et montez dans le train Irun-Madrid. ( )

d. – Oui, vous partez d'où ? (   )

e. – Oui, c'est assez cher, c'est 300 euros l'aller simple. Alors, vous partez ou vous restez ? (   )

f. – De Beaune. J'habite à Beaune donc je pars de Beaune. (   )

g. – Bonjour, Madame, je voudrais me rendre à Madrid en train. *(1)*

h. – Le plus tôt possible. (   )

131 Séparez les mots, mettez la ponctuation, les majuscules, les apostrophes et les accents.

pourvenirnousvoiralacampagnecenestpascompliquequandvousarrivezdanslevillagevous
traversezlepontpuisvousallezvoirlaplaceaveclegliseetlhoteldesvoyageursadroitedelhotelily
aunepetiteruevousprenezcetterueetvousmarchezpendantenvirondixminutesvousallezvoir
unemaisonavecunjardindevantcestlavousetesarrives

....

....

....

....

....

....

....

132 Écoutez et complétez les phrases.

Exemple :   La *pharmacie* , c'est bien la première à *droite* ?

a. Pour aller à la ...., tournez à .... puis continuez la rue. Vous tombez juste dessus.

b. La ...., c'est un peu plus loin sur votre ....

c. L' .... est à ...., droit devant vous.

d. Le .... ? Prenez la deuxième à ....

e. Le ...., ce n'est pas loin, la ville est petite, c'est au feu à ....

f. Le ...., je crois qu'à cette heure-ci il est fermé, mais prenez la deuxième à ....

g. L' ...., alors, euh..., juste après le feu à ....

h. Alors, pour aller au ...., vous prenez la première à .... puis encore la première à .... Vous voulez que je répète ?

133 Notez de 1 à 8 pour mettre les phrases du dialogue dans l'ordre chronologique.

a. – Bon d'accord pour les indications, alors écris. D'abord, tu vas passer devant une boulangerie, où ils font du très bon pain, puis devant une pharmacie. Mais là, ils ne sont pas sympas du tout ! Ensuite un cinéma, il y a toujours des bons films, et enfin juste après le cinéma, c'est le café où on a rendez-vous. (   )

53

b. – C'est là ? Je continue tout droit pendant combien de temps ? ( )

c. – Mais tu ne vas pas te perdre, puisque je te dis que c'est tout droit. ( )

d. – Alors, je t'explique, à partir de chez toi, tu prends à gauche jusqu'à la rue Duroc et tu continues tout droit et c'est là. *(1)*

e. – Un quart d'heure… c'est long ! Ah, non ! J'ai peur de me perdre. Tu dois me donner plus d'indications. ( )

f. – C'est tout droit mais c'est long. ( )

g. – Je ne sais pas… environ un quart d'heure ! ( )

h. – Bon, boulangerie, pharmacie, cinéma. C'est bien ça ? Tu compliques tout avec tes commentaires !! ( )

134 **Cochez si les personnes se connaissent, ne se connaissent pas ou si on ne sait pas.**

Exemple : Non, ce n'est pas loin, regardez la boulangerie, c'est juste en face.

    1. ☐ se connaissent

    2. ☐ ne se connaissent pas

    3. ☒ on ne sait pas

a. Je ne comprends rien, tu ne sais pas m'expliquer.

  1. ☐ se connaissent   **2.** ☐ ne se connaissent pas   **3.** ☐ on ne sait pas

b. Ce n'est pas possible ! Tu ne sais pas lire une carte.

  1. ☐ se connaissent   **2.** ☐ ne se connaissent pas   **3.** ☐ on ne sait pas

c. Je ne suis pas sûre d'avoir bien compris, Madame, je ne suis pas d'ici.

  1. ☐ se connaissent   **2.** ☐ ne se connaissent pas   **3.** ☐ on ne sait pas

d. Vous pouvez répétez s'il vous plaît ? Je n'entends pas très bien avec le bruit de la rue.

  1. ☐ se connaissent   **2.** ☐ ne se connaissent pas   **3.** ☐ on ne sait pas

e. Pardon, la rue Dagobert, s'il vous plaît ?

  1. ☐ se connaissent   **2.** ☐ ne se connaissent pas   **3.** ☐ on ne sait pas

f. J'explique encore une fois mais écoute-moi, cette fois ci.

  1. ☐ se connaissent   **2.** ☐ ne se connaissent pas   **3.** ☐ on ne sait pas

g. Non ! Regarde ! Tourne le plan dans le sens de la rue, bon alors, tu vois bien que le boulevard Beaumarchais donne sur la place de la Bastille !

  1. ☐ se connaissent   **2.** ☐ ne se connaissent pas   **3.** ☐ on ne sait pas

h. Le plan, quel plan ? Je n'ai pas de plan, regarde dans le sac !

  1. ☐ se connaissent   **2.** ☐ ne se connaissent pas   **3.** ☐ on ne sait pas

135 **Écoutez et cochez si la personne demande une direction ou une confirmation.**

Exemple : **1.** ☐ une direction   **2.** ☒ une confirmation

a. **1.** ☐ une direction   **2.** ☐ une confirmation

b. **1.** ☐ une direction   **2.** ☐ une confirmation

c. **1.** ☐ une direction   **2.** ☐ une confirmation

d. **1.** ☐ une direction   **2.** ☐ une confirmation

e. **1.** ☐ une direction   **2.** ☐ une confirmation

f. **1.** ☐ une direction   **2.** ☐ une confirmation

g. **1.** ☐ une direction   **2.** ☐ une confirmation

h. **1.** ☐ une direction   **2.** ☐ une confirmation

136 Écoutez. Cochez si la réponse est positive ou négative.

Exemple :   **1.** ☐ positive   **2.** ☒ négative

a. **1.** ☐ positive   **2.** ☐ négative

b. **1.** ☐ positive   **2.** ☐ négative

c. **1.** ☐ positive   **2.** ☐ négative

d. **1.** ☐ positive   **2.** ☐ négative

e. **1.** ☐ positive   **2.** ☐ négative

f. **1.** ☐ positive   **2.** ☐ négative

g. **1.** ☐ positive   **2.** ☐ négative

h. **1.** ☐ positive   **2.** ☐ négative

C   PARLER DE SES ACTIVITÉS PROCHAINES

137 Notez de 1 à 8 pour mettre les phrases du dialogue dans l'ordre chronologique.

a. – Mercredi, non, je pars en Inde. ( )

b. – On peut se voir demain ? **(1)**

c. – Tu pars en Inde mercredi, mais pour combien de temps ? ( )

d. – Mardi, ce n'est pas possible, j'ai des rendez-vous jusqu'à 7 h du soir. ( )

e. – Demain ? Je ne crois pas, je travaille toute la journée mais mardi si tu veux ? ( )

f. – Bon alors, mercredi ? ( )

g. – Quelle chance ! ( )

h. – Un mois. Je vais à Ahmedabad, chez Swati. ( )

138 *Qu'est-ce qu'elle va faire ?* **Faites des phrases comme dans l'exemple.**

Exemple :   Dans deux jours ? *(voir un film, cinéma)*

→ ***Elle va voir un film au cinéma.***

a. Dans une heure ? *(prendre, train)*

→ ....

b. Dans deux heures ? *(arriver, Lyon)*

→ ....

c. À midi ? *(déjeuner, restaurant, ami)*

→ ....

d. À 13 h ? *(se promener, ville)*

→ ....

e. À 14 h ? *(rentrer, maison)*

→ ....

f. À la maison ? *(se reposer)*

→ ....

g. Ce soir ? *(sortir, bar)*

→ ....

h. Cet après-midi ? *(travailler)*

→ ....

139 **Complétez le dialogue avec :** *joli, très, village, pas, promener, loin, comment, venir, quoi, va.*

    Exemple : – C'est comment ton **village** ?

a. – C'est un .... village. Il y a un café et une poste. Et une belle rivière.

b. – C'est .... d'ici ?

c. – Non, pas .... loin. C'est environ à 80 kilomètres.

d. – Et il s'appelle ...., ce village ?

e. – Courçay. Tu ne connais .... C'est tout petit.

f. – Et tu vas faire ...., à Courçay, ce week-end ?

g. – Je vais me .... avec des amis, on va discuter, ça .... être sympa.

h. – Je peux .... avec toi ?

140 **Notez de 1 à 8 pour mettre les phrases du dialogue dans l'ordre chronologique.**

a. – Aujourd'hui, on est lundi. (   )

b. – Demain, demain euh... Je travaille chez moi le matin et l'après-midi, et le soir je vais au cinéma. Demain, ce n'est pas possible ! Et mercredi ou jeudi, tu peux ? (   )

c. – Et demain, c'est possible ? (   )

d. – Ah ! Le lundi je ne peux pas, j'ai un cours de russe ! (   )

e. – Ah ! Non ! Mercredi je suis à Lyon et jeudi à Dijon. Vendredi soir ? (   )

f. – Tu veux dîner chez moi ce soir ? **(1)**

g. – C'est d'accord pour vendredi soir. (   )

h. – Ce soir ? On est quel jour aujourd'hui ? (   )

141 **Rayez ce qui ne convient pas.**

    Exemple : Est-ce qu'il y a un docteur parmi / ~~entre~~ les voyageurs ?

a. Nous nous levons à environ / vers huit heures.

b. Il est environ / vers dix heures.

c. Il est en concert du / à partir du 6 mars.

d. Ce train va jusqu'à / de Moscou.

e. Ce train va de / jusqu'à Paris à Moscou.

f. Entre / Parmi la musique classique et le jazz, je choisis le jazz.

g. Appelle-moi ce soir, je suis chez moi / à chez moi.

h. À partir / Dès aujourd'hui je me lève tôt.

142 **Cochez si les phrases évoquent le passé, le présent ou le futur.**

Exemple : Elle va voir Martine demain. **1.** ☐ passé **2.** ☐ présent **3.** ☒ futur

a. Je viens te voir ce soir. **1.** ☐ passé **2.** ☐ présent **3.** ☐ futur

b. Ce soir, je regarde un film. **1.** ☐ passé **2.** ☐ présent **3.** ☐ futur

c. Ce soir, je vais regarder un film. **1.** ☐ passé **2.** ☐ présent **3.** ☐ futur

d. Il vient juste de partir ! **1.** ☐ passé **2.** ☐ présent **3.** ☐ futur

e. Elle attend le bus. **1.** ☐ passé **2.** ☐ présent **3.** ☐ futur

f. Elle t'attend jusqu'à minuit. **1.** ☐ passé **2.** ☐ présent **3.** ☐ futur

g. Elle va t'attendre après minuit. **1.** ☐ passé **2.** ☐ présent **3.** ☐ futur

h. Elle t'attend demain midi. **1.** ☐ passé **2.** ☐ présent **3.** ☐ futur

143 **Cochez si les noms de pays sont masculins ou féminins.**

Exemple : Alors ? C'est vraiment beau l'Écosse ?

1. ☐ masculin **2.** ☒ féminin

a. Vous allez en Pologne bientôt ? **1.** ☐ masculin **2.** ☐ féminin

b. Tu vas aux États-Unis demain ? **1.** ☐ masculin **2.** ☐ féminin

c. Ce soir, je vais en Angleterre. **1.** ☐ masculin **2.** ☐ féminin

d. Vous allez au Canada cet été ? **1.** ☐ masculin **2.** ☐ féminin

e. Tu es en Italie jusqu'à quand ? **1.** ☐ masculin **2.** ☐ féminin

f. Je passe mes vacances en Espagne. **1.** ☐ masculin **2.** ☐ féminin

g. Au Japon, on mange bien. **1.** ☐ masculin **2.** ☐ féminin

h. Je viens de Suède. **1.** ☐ masculin **2.** ☐ féminin

144 **Cochez l'expression synonyme.**

Exemple : Le lundi, je regarde la télévision.

1. ☒ Chaque lundi, je regarde la télévision.

2. ☐ Lundi, je regarde la télévision.

a. Attention le train va partir !

1. ☐ Il va partir demain.

2. ☐ Il part tout de suite.

b. Qu'est-ce que tu fais comme travail ?

1. ☐ Pierre, qu'est-ce que tu fais ?

2. ☐ Qu'est-ce que tu fais dans la vie ?

c. Vous pouvez venir à partir de 19 h.
   1. ☐ Vous pouvez venir après 19 h.
   2. ☐ Vous pouvez venir avant 19h.

d. Premièrement, vous tournez à gauche, deuxièmement à droite et troisièmement à gauche.
   1. ☐ D'abord, vous tournez à gauche, ensuite à droite, enfin à gauche.
   2. ☐ Ensuite, vous tournez à gauche, d'abord à droite, enfin à gauche.

e. Ils vont aux États-Unis tous les ans.
   1. ☐ Ils vont aux États-Unis cette année.
   2. ☐ Ils vont aux États-Unis chaque année.

f. Il y a une école près d'ici.
   1. ☐ Il y a une école à côté d'ici.
   2. ☐ Il y a une école loin d'ici.

g. Aujourd'hui nous sommes le premier mai ou le deux mai ?
   1. ☐ Aujourd'hui nous sommes le un mai et ou le deux mai ?
   2. ☐ Aujourd'hui nous sommes le premier jour de mai ou le deuxième jour de mai ?

h. Elle travaille depuis midi.
   1. ☐ Elle travaille depuis midi et maintenant elle ne travaille plus.
   2. ☐ Elle travaille depuis midi et elle continue à travailler.

145 **Cochez la question qui convient.**

   Exemple : Si, je vais aller à la piscine mardi.
   1. ☒ Tu ne vas pas à la piscine mardi ?
   2. ☐ Tu vas à la piscine mardi ?

a. Ce week-end, on va aller à la mer.
   1. ☐ Qu'est-ce que vous faites ce week-end ? **2.** ☐ Qu'est-ce que vous faites à la mer ?

b. Tous les matins, il se rase.
   1. ☐ Georges, tu te rases ?   **2.** ☐ Quand est-ce qu'il se rase, Georges ?

c. Non, il veut y aller en avril prochain.
   1. ☐ Il vient d'aller à Prague ?   **2.** ☐ D'où vient-il ?

d. Oui, j'en ai besoin.
   1. ☐ Tu as besoin de vacances ?   **2.** ☐ Tu es fatiguée ?

e. Si, je m'en vais.
   1. ☐ Tu pars quand ?   **2.** ☐ Tu ne pars pas, j'espère ?

f. Aujourd'hui, il y a du soleil.
   1. ☐ Il fait quel temps chez vous ? **2.** ☐ Qu'est-ce qu'il fait ?

g. Cet après-midi, il ne va rien faire.
   1. ☐ Qu'est-ce qu'il vient de faire ? **2.** ☐ Qu'est-ce qu'il va faire ?

h. Non, je vais arrêter le jogging.
   1. ☐ Tu fais du jogging ou du tennis ? **2.** ☐ Tu continues à faire du sport ?

146 Écoutez les annonces et cochez si elles expriment le présent ou le futur.

Exemple : **1.** ☐ présent   **2.** ☒ futur

a. **1.** ☐ présent   **2.** ☐ futur

b. **1.** ☐ présent   **2.** ☐ futur

c. **1.** ☐ présent   **2.** ☐ futur

d. **1.** ☐ présent   **2.** ☐ futur

e. **1.** ☐ présent   **2.** ☐ futur

f. **1.** ☐ présent   **2.** ☐ futur

g. **1.** ☐ présent   **2.** ☐ futur

h. **1.** ☐ présent   **2.** ☐ futur

147 Lisez l'interview et notez si les affirmations sont vraies (V) ou fausses (F).

> – Sandra Lafontaine, bonsoir. Nous sommes le 8 mai. Vous venez de terminer votre dernier film, *Un rêve d'automne.*
> – Oui, nous venons juste de finir. Je suis très fatiguée...
> – Vous ne semblez pas fatiguée ! Vous êtes très belle, comme d'habitude !
> – Merci, mais c'est très difficile de faire des films. Je tourne beaucoup de films en ce moment. Je suis très occupée.
> – Et quels sont vos projets ?
> – Je vais aller tourner un nouveau film en Égypte. Je vais être Cléopâtre ! C'est un très beau rôle !
> – Certainement... Mais, vous n'allez pas vous reposer un peu ?
> – Si, après... Je vais aller aux Bahamas. En septembre prochain. Désolée, mais ce soir, je dois partir pour la première de mon film.
> – Très bien. Sandra Lafontaine, je vous remercie.

a. Sandra Lafontaine est journaliste ? *(V)*

b. La journaliste pose des questions à une chanteuse. ( )

c. Le film est fini depuis longtemps. ( )

d. L'actrice va arrêter de faire du cinéma. ( )

e. Sandra Lafontaine travaille beaucoup. ( )

f. L'actrice part aux Bahamas demain. ( )

g. Elle va être un personnage célèbre. ( )

h. Ce soir, elle est libre. ( )

148 Complétez les phrases.

Exemple : Je suis *en* vacances bientôt.

a. Il va partir au Brésil .... 15 .... 23 novembre.

b. L'année ...., on va .... du ski ?

c. Elle ne .... jamais de petit déjeuner.

d. Tu vas .... Paris .... Marseille en train ?

e. Les Champs Élysées, c'est .... droit ?

f. .... sont tes projets pour l'année prochaine ?

g. Vous prenez le bus n° 91 .... Port-Royal.

h. Nous allons partir tout de suite .... le film, nous ne pouvons pas participer au débat.

Bilans

 Reliez pour faire des phrases.

a. Pour aller chez moi, c'est très   1. de suite à gauche.

b. Tu prends l'autoroute A 10, direction   2. Bordeaux.

c. Ensuite, tu prends la   3. sortie « Tours centre ».

d. Tu tournes tout de suite à   4. un pont sur la Loire.

e. Tu vas traverser   5. de l'église ? C'est là.

f. À la sortie du pont, tu tournes tout   6. 500 mètres.

g. Tu continues pendant environ   7. facile.

h. Tu vois la maison à côté   8. gauche à la sortie de l'autoroute.

 Rayez ce qui ne convient pas.

Exemple : Quelle heure ~~es~~ / as -tu ?

a. Après / Avant de me laver, je prends mon petit-déjeuner.

b. Vers / À 8 h 30 pile, je sors attendre le bus.

c. Je viens te voir dans / avant la semaine.

d. Tu travailles dès / de 14 heures à 24 heures.

e. J'ai rendez-vous de / à 10 h.

f. Nous sommes au / au mois de juillet.

g. Il y a de la neige en / au printemps.

h. Je travaille huit heures dans / par jour.

V. C'EST MOINS CHER ICI...

A RECONNAÎTRE, DÉCRIRE UNE PERSONNE

151 **Cochez la phrase correcte.**

Exemple : **1.** ⊠ Elle est comment physiquement ?

2. ☐ Elle regarde comment physiquement ?

a. **1.** ☐ Ses cheveux sont marron, non ?   **2.** ☐ Ses cheveux sont bruns, non ?

b. **1.** ☐ Il va bien aujourd'hui ?   **2.** ☐ Il est ça va aujourd'hui ?

c. **1.** ☐ C'est une jolie femme rousse.   **2.** ☐ C'est une femme jolie rousse.

d. **1.** ☐ La fille brune, c'est belle.   **2.** ☐ La fille brune est belle.

e. **1.** ☐ Cet homme est beaucoup sympathique.   **2.** ☐ Cet homme est très sympathique.

f. **1.** ☐ Pierre est plus intelligent que Paul.   **2.** ☐ Pierre est intelligent plus que Paul.

g. **1.** ☐ Alice, c'est quelqu'un de gentille.   **2.** ☐ Alice est une personne gentille.

h. **1.** ☐ C'est un très gentil espagnol étudiant.   **2.** ☐ C'est un étudiant espagnol très gentil.

152 **Reliez pour faire des phrases (parfois plusieurs possibilités).**

a. C'est l'ami de Charlotte   1. la femme brune, là-bas ?

b. Elle a autant de chance   2. comme sa mère.

c. Sara a les yeux bleus   3. et de Samira.

d. C'est   4. que toi.

e. Comment est-elle   5. toi, très sympa.

f. Elle ressemble   6. qui le garçon blond ?

g. Tu vois   7. à son père.

h. Il est comme   8. exactement ?

153 **Rayez ce qui ne convient pas.**

Exemple : Quel bel / ~~beau~~ homme !

a. Le garçon brun, s'est / c'est mon copain.

b. Elle fait / a les cheveux comment ?

c. Elle a / est comment Sophie maintenant ?

d. Elle ressemble autant / aussi à toi qu'à moi.

e. Elle est plus / autant intelligente que lui.

f. Elle mange aussi / autant que toi.

g. Dominique est comme / aussi blonde que Pierre.

h. Tu es exactement comme / pareil elle.

154 Lisez les petites annonces, et reliez celles qui se correspondent en utilisant les numéros de référence.

Rencontres

Annonce A10 : Je suis Marie, j'ai 25 ans, je suis jolie et très sportive, j'aime lire et j'aime écouter de la musique.

Annonce B10 : C'est Jean, j'aime les petites femmes aux yeux noirs. On peut se rencontrer au café de Paris. J'ai les cheveux courts et une tête sympathique.

Annonce C10 : J'ai quarante ans et j'aime les hommes à moustaches. Je fais partie du club des femmes qui aiment les hommes à moustaches, la semaine prochaine nous faisons une fête : les hommes à moustaches sont les bienvenus.

Annonce D10 : *Je viens d'emménager à Lille, j'ai 40 ans et je voudrais te rencontrer pour découvrir la ville et sortir le soir.*

Annonce E10 : Je suis la femme de ta vie, j'ai 70 ans, je suis encore belle et je t'attends depuis toujours.

Annonce F10 : *Je suis grand et brun, j'ai de très grands pieds, je suis libre tous les jours. Ci joint photos de mes pieds et lettre de motivation.*

Annonce G10 : *Je suis très riche et j'aime les rousses, je t'attends.*

Annonce H10 : Je suis étudiante et j'ai de beaux cheveux longs.

Annonce 101 : *Homme de 50 ans, cheveux longs et moustaches, cherche femme mince ou grosse, grande ou petite, jolie ou pas jolie, à moustaches ou sans moustaches pour amitié.*

Annonce 102 : J'ai 35 ans, plutôt jolie femme, cherche homme pour sorties à Lille.

Annonce 103 : *Cherche modèle grand brun aux grands pieds pour photos publicitaires pour la marque Niku, envoyer photos et lettre de motivation. Pas sérieux s'abstenir.*

Annonce 104 : Bonjour, c'est moi Pauline, je suis blonde aux yeux noirs, de petite taille. Je voudrais rencontrer un homme aux cheveux courts pour vie à deux.

Annonce 105 : Agence Pomponette, cherche homme ou femme aux cheveux longs pour enquête.

Annonce 106 : *Je m'appelle Pierre, j'ai 25 ans, de taille moyenne. J'aime la lecture et les concerts. Je cherche une jeune femme du même âge, sportive et jolie.*

Annonce 107 : *Je suis bernard Dillman, « jeune » homme de 70 ans, bien conservé, cheveux blancs et taille mince cherche la femme de ma vie, Marie Françoise, rencontrée en 1936 à l'école publique d'Épinal.*

Annonce 108 : Belle femme, jeune, souriante, séduisante, 1 m 70, cheveux roux et yeux doux, cherche homme très riche pour toute la vie.

a. annonce A10

b. annonce B10

c. annonce C10

d. annonce D10

e. annonce E10

f. annonce F10

g. annonce G10

h. annonce H10

1. annonce 101

2. annonce 102

3. annonce 103

4. annonce 104

5. annonce 105

6. annonce 106

7. annonce 107

8. annonce 108

155 Transformez les phrases en mettant le ou les adjectifs entre parenthèses à la bonne place.

Exemple : L'homme et l'enfant s'aimaient beaucoup. *(vieil)*

→ *Le vieil homme et l'enfant s'aimaient beaucoup.*

a. J'aime beaucoup les premiers films d'Almodovar. (deux)

→ ....

b. Ghandi est un homme. (grand)

→ ....

c. C'est une brune qui a de beaux yeux. (grande, bleus)

→ ....

d. Il a de longs cheveux et de beaux yeux. (châtains, noirs)

→ ....

e. Tu viens chez moi, mardi ? (prochain)

→ ....

f. Cette actrice est superbe. (jeune)

→ ....

g. Elle a une robe. (jolie)

→ ....

h. C'est une femme qui boit de la bière. (rousse, rousse)

→ ....

156 Notez de 1 à 8 pour mettre les phrases du dialogue dans l'ordre chronologique.

a. – Non, pas du tout ! Sa nouvelle copine a les cheveux blonds et longs et puis elle est beaucoup plus grande qu'elle ! ( )

b. – Elle n'est pas si grande que ça, alors. Moi je mesure 2 mètres ! ( )

c. – Ce n'est pas sa nouvelle copine ? ( )

d. – Non. Qui est-ce ? Tu parles de la fille aux cheveux courts qui discute avec Marc ? ( )

e. – Je ne sais pas moi, elle mesure peut-être 1 m 90. ( )

f. – Tu la connais cette fille ? *(1)*

g. – Elle est beaucoup plus grande ? Elle mesure combien ? ( )

h. – Oui, celle aux cheveux courts et frisés. ( )

157 Cochez si la description de la personne est positive, négative ou neutre.

Exemple : Il est plutôt sympathique, ce monsieur.

1. ☒ positive 2. ☐ négative 3. ☐ neutre

a. C'est une personne très stressée. 1. ☐ positive 2. ☐ négative 3. ☐ neutre

b. Il a vraiment mauvais caractère. 1. ☐ positive 2. ☐ négative 3. ☐ neutre

c. Qu'est-ce qu'il est sympa ce prof de sport ! 1. ☐ positive 2. ☐ négative 3. ☐ neutre

d. C'est un homme charmant, non ? 1. ☐ positive 2. ☐ négative 3. ☐ neutre

e. Monsieur Martin ? C'est un grand blond, non ? 1. ☐ positive 2. ☐ négative 3. ☐ neutre

f. Quelle hypocrite, cette fille ! 1. ☐ positive 2. ☐ négative 3. ☐ neutre

g. Elles restent toujours calmes et disponibles. 1. ☐ positive 2. ☐ négative 3. ☐ neutre

h. Il est de taille moyenne et il a les yeux verts. 1. ☐ positive 2. ☐ négative 3. ☐ neutre

158 **Reliez pour faire des phrases.**

a. C'est un grand voyageur,   1. il mesure 1 m 90.

b. C'est une femme seule   2. lui ressemble, Tom Crasse.

c. C'est un grand homme,   → 3. il connaît beaucoup de pays.

d. C'est un homme grand,   4. ça lui va bien.

e. Un seul homme   5. il m'appelle chaque jour.

f. Il a une nouvelle coiffure,   6. elle n'a pas de famille, pas d'amis.

g. Elle va acheter une voiture neuve,   7. l'autre est trop vieille.

h. C'est un très bon ami,   8. il fait beaucoup pour son pays.

159 **Notez de 1 à 8 pour mettre les phrases du dialogue dans l'ordre chronologique.**

a. – Un petit brun avec un blouson et une casquette ? On va passer une annonce tout de suite, madame, on va le retrouver. (   )

b. – C'est mon fils, Arnaud, je ne le retrouve pas et... (   )

c. – « Chers clients, votre attention s'il vous plaît. Le petit Arnaud, avec un blouson rouge et une casquette cherche sa maman. Elle l'attend à l'accueil. » (   )

d. – Pardon monsieur, vous êtes de la sécurité du magasin ? **(1)**

e. – Il a quel âge, votre fils ? (   )

f. – Oui, madame, qu'est-ce qu'il se passe ? (   )

g. – Merci beaucoup, Monsieur. (   )

h. – Il a six ans. Il est brun avec un blouson rouge et une casquette. (   )

160 **Écoutez le dialogue et notez si les affirmations sont vraies (V) ou fausses (F).**

Exemple :   Lise va être médecin. **(F)**

a. Antoine et Lise sont des amis. (   )

b. Antoine est un petit enfant. (   )

c. Lise est la sœur d'Antoine. (   )

d. Lise est plus petite qu'Antoine. (   )

e. Lise ressemble à sa mère. (   )

f. Lise a les yeux aussi noirs que ceux de son père. (   )

g. Antoine ressemble à sa mère. (   )

h. Antoine a choisi la même profession que son père. (   )

161 **Rayez ce qui ne convient pas.**

Exemple :   Des cheveux roux / raides / ~~allongés~~.

a. Des cheveux frisés / ridés / longs.

b. Un visage allongé / carré / ondulé.

c. Des cheveux courts / petits / barbus.

d. Un homme brun / marron / de couleur.

e. Une jeune fille a 6 ans / 15 ans / 35 ans.

f. Une jeune femme a 6 ans / 30 ans / 70 ans.

g. Il a 6 ans : c'est un petit garçon / un homme / un vieux monsieur.

h. Il n'a pas de cheveux : il est chauve / pauvre.

162 **Écoutez et notez si les affirmations sont vraies (V) ou fausses (F).**

Exemple : Nicolas et Félix se connaissent bien. **(V)**

a. Félix est souvent amoureux. (   )

b. Nicolas est surpris. (   )

c. Félix prend le bus pour aller travailler. (   )

d. La femme est blonde et élégante. (   )

e. Félix veut le chien de Nicolas demain matin. (   )

f. La jeune femme promène son chien. (   )

g. Félix est stressé par cette rencontre. (   )

h. Nicolas ne veut pas prêter son chien à Félix. (   )

163 **Complétez les phrases avec :** *cheveux, rond, blanc, jeune, lunettes, grande, que* **(2 fois)**, *brun, aussi*.

Exemple : Elle est ***aussi*** petite que lui.

a. Elle a les .... très longs.

b. Thomas est assez ...., il pèse 15 kilos à un an.

c. Il est moins grand .... toi, mais il est plus grand .... moi.

d. C'est l'homme avec les .... noires.

e. Il s'appelle comment le petit garçon .... qui parle à la directrice ?

f. Il est âgé mais il n'a pas un seul cheveu ....

g. La .... mince, c'est Olive.

h. Le garçon près de la fenêtre, il fait très ....

164 **Lisez ce texte et complétez les fiches.**

> Mes trois amies sont Marie, Charlotte et Sarah. Je vais vous les décrire : Marie est plus petite que Sarah. Charlotte est de taille moyenne comme Sarah et elles sont brunes toutes les deux. Marie est blonde, charmante et elle a les yeux bleus comme Charlotte. Sarah est calme, elle a les yeux verts, les cheveux courts, comme Marie. Charlotte est un peu nerveuse. Elle a les cheveux longs et bouclés.

Prénom : Marie

Taille : ....

Yeux : ....

Cheveux : ....

Caractère : ....

Prénom : Sarah
Taille : ....
Yeux : ....
Cheveux : ....
Caractère : ....

Prénom : Charlotte
Taille : ....
Yeux : ....
Cheveux : ....
Caractère : ....

B DÉCRIRE UN VÊTEMENT

165 **Mettez les mots dans l'ordre pour faire une phrase.**

Exemple : n'/Je/!/pas/ce/tout/aime/bleu/pull/du/grand

→ *Je n'aime pas du tout ce grand pull bleu !*

a. Florence/la/?/tu/que/soirée/Qu'/de/est/pour/-/mets/ce

→ ....

b. noir/?/Vous/avec/joli/une/voulez/ceinture/pantalon/ce/essayer

→ ....

c. et/jupes/trop/Elle/pas/?/n'/étroites,/toi/aime/les

→ ....

d. très/tu/?/Ce/vert/ne/à/manteau/pas/est/mode,/trouves/la

→ ....

e. chez/?/la/les/pour/vous/habillez/soirée/Delatour/-/Comment/vous

→ ....

f. nouvelles/rouges/Ses/magnifiques/sont/chaussures/!/absolument

→ ....

g. chemise/Sa/est/!/démodée/complètement

→ ....

h. bien/J'/pantalon,/adore/nouveau/ton/va/il/te/très/bien/!

→ ....

166 **Notez si les affirmations sont vraies (V) ou fausses (F).**

Exemple : Pour dormir, je mets un blouson. *(F)*

a. Un pantalon a des manches. (   )

b. Une chemise a des manches longues ou courtes. (   )

c. Je sors, c'est l'hiver, j'enfile mon manteau. (   )

d. Je mets un pyjama ou une chemise de nuit pour me coucher. (   )

e. J'ai froid, je mets un pull « ras du cou » ou pull à col roulé. ( )

f. Un costume, c'est une veste plus une chemise. ( )

g. Je mets un peignoir pour travailler. ( )

h. Il fait beau, je porte un imperméable. ( )

167 **Complétez le dialogue avec les mots suivants :** *chaussures, cuir, acheter, et, magasins, long, marron, démodées, plus, veux, précise, ou.*

> *Exemple :* – Tu sais, je dois absolument acheter des **chaussures** d'hiver.

a. – Ah bon, tu n'as .... de chaussures ?

b. – Si, mais elles sont .... Tu viens avec moi ?

c. – Euh, tu sais... Je n'aime pas trop aller dans les .... de chaussures.

d. – S'il te plaît, ça ne va pas être .... Je sais ce que je veux.

e. – Tu as une idée .... ?

f. – Je voudrais des bottes en ...., noires ou ....

g. – Noires .... marron ? Tu vois, tu ne sais pas ce que tu ....

h. – D'accord. J'ai compris. Je vais .... des bottes noires .... des bottes marron. À ce soir !

168 **Rayez ce qui ne convient pas.**

> *Exemple :* Un caleçon peut être en soie / ~~en bois~~ / ~~en cuir~~.

a. Une chemise peut être en coton / en lin / en cuir.

b. Du jaune et du rouge, ça fait : du violet / du marron / de l'orange.

c. Du jaune et du bleu ça fait : du vert / du noir / du blanc.

d. Un tissu peut être à carreaux / à fleurs / à triangles.

e. Un tissu peut être à pois / ronds / à balles.

f. Un tissu peut être à rayures / à lignes / à tranches.

g. Du rouge et du blanc, ça fait : du violet / du rose / du rouge.

h. Du bleu et du blanc, ça fait : du bleu clair / du bleu ciel / du bleu marine.

169 **Cochez si l'énoncé évoque quelque chose de positif ou négatif.**

> *Exemple :* Ce café est trop fort pour moi. **1.** ☐ positif **2.** ☒ négatif

a. Le chemisier de Céline est très beau. **1.** ☐ positif **2.** ☐ négatif

b. Trop, c'est trop ! **1.** ☐ positif **2.** ☐ négatif

c. C'est trop petit, je ne peux pas le mettre. **1.** ☐ positif **2.** ☐ négatif

d. C'est très amusant, cette histoire. **1.** ☐ positif **2.** ☐ négatif

e. C'est trop difficile, cet exercice ! **1.** ☐ positif **2.** ☐ négatif

f. C'est très loin, mais je veux y aller. **1.** ☐ positif **2.** ☐ négatif

g. Elle est trop belle pour lui. **1.** ☐ positif **2.** ☐ négatif

h. Ces jupes sont trop grandes pour moi. **1.** ☐ positif **2.** ☐ négatif

170 Complétez avec *très* ou *beaucoup*.

Exemple : Elle a **beaucoup** de vêtements dans son armoire.

a. Le costume gris est .... à la mode cette saison.

b. Il y a .... de robes en coton dans ce magasin.

c. Il est fatigué, alors il dort ....

d. .... de personnes s'habillent comme ça.

e. Choisir une cravate, c'est parfois .... difficile.

f. Il y a .... de magasins dans ce quartier.

g. Elle est .... contente de cette nouvelle veste.

h. Nous sommes .... heureux de vous recevoir pour dîner.

 Notez de 1 à 8 pour mettre les phrases du dialogue dans l'ordre chronologique.

a. – Ton nouveau jean... Pourquoi pas ? Je vais l'essayer. (   )

b. – Écoute, tu es très compliquée, tu me fatigues. Tu veux mon nouveau jean ? (   )

c. – Tu peux mettre ta jupe beige en laine ? (   )

d. – Ah non ! C'est trop habillé, ça ne va pas ! (   )

e. – Non ! Je ressemble à un mouton avec cette jupe. Il me faut quelque chose de plus féminin, tu connais Bruno ! (   )

f. – C'est pas mal mais ce n'est vraiment pas habillé et encore moins féminin. (   )

g. – Oh là là ! Tu ne veux pas m'aider ? Je dîne ce soir chez Bruno et je ne sais pas quoi me mettre ! *(1)*

h. – Ah ! Tu veux quelque chose de féminin... Et ta robe noire par exemple ? (   )

172 Rayez l'intrus.

Exemple : pantalon, jupe, ~~pull~~

a. tee-shirt, chemise, chapeau

b. chaussures, chaussettes, lunettes

c. chapeau, casquette, pantalon

d. chaussettes, moustaches, cheveux

e. bouche, nez, pied

f. gros, grand, jeune

g. blond, rouge, châtain

h. orange, rond, triangle

 Notez de 1 à 8 pour mettre les phrases du dialogue dans l'ordre chronologique.

a. – Je n'aime pas beaucoup le gris foncé. Vous avez ce costume en gris clair ? (   )

b. – Non ! Ce n'est pas trop grand. C'est très à la mode comme ça. Il vous va très bien. Vous le prenez ? (   )

c. – Est-ce que je peux vous aider, monsieur ? *(1)*

d. – Je vois... un costume sobre. Nous avons ce nouveau modèle en gris foncé. (   )

e. – Je prends une taille médium en général. ( )

f. – *(Quelques minutes plus tard.)* Qu'est-ce que vous en pensez ? J'aime bien la couleur, mais c'est un peu grand, non ? ( )

g. – Oui, bien sûr. Vous faites quelle taille ? ( )

h. – Oui, je cherche un costume classique, pour le travail. ( )

174 **Séparez les mots, mettez les majuscules, les accents et la ponctuation.**

Exemple : ellenaimepasdutoutcettejupeverteenvelours

→ ***Elle n'aime pas du tout cette jupe verte en velours.***

a. ceteteonvavoirbeaucoupdepetitschemisiersafleurs

→ ....

b. questcequevouspreferezlesjupescourtesoulesjupeslongues

→ ....

c. leschaussuresencuircestplussolidequeleschaussuresenplastique

→ ....

d. ilesttresbizarretoussesvetementssontviolets

→ ....

e. ilasoixantedixcravatesensoiedanssonplacard

→ ....

f. jenesaispasquoimettrepourallleracettefetechezlesmauriac

→ ....

g. pauljeneveuxplustevoiravecceteeshirtsale

→ ....

h. jenecomprendspascesvetementssontmoinsbeauxmaisaussichers

→ ....

175 **Rayez ce qui ne convient pas.**

Exemple : Il a de très beaux yeux ~~châtain~~ / marron.

a. Il porte toujours des costumes à laine / en laine.

b. C'est le jeune homme à lunettes / en lunettes.

c. Elle est toujours en jeans / à jeans.

d. J'ai une nouvelle père / paire de chaussures.

e. Christian, quel beau marron / brun !

f. J'aime les couleurs claires / belles.

g. Annie, elle est vraiment chic, elle est toujours mal / bien habillée.

h. Isabelle, quel beau sourire / souris !

176 **Écoutez et cochez ce que vous entendez.**

Exemple : **1.** ☒ Ah ! Mon beau sapin !   **2.** ☐ Ah ! Mon beau châtain !

a. **1.** ☐ Quelle belle prune !   **2.** ☐ Quelle belle brune !

b. **1.** ☐ Encore une nouvelle coiffure !   **2.** ☐ Encore une nouvelle voiture !

c. **1.** ☐ Qu'est-ce que tu portes aujourd'hui ?   **2.** ☐ Qu'est-ce que tu apportes aujourd'hui ?

d. **1.** ☐ Je lis *La Peste*.   **2.** ☐ Je plie ma veste.

e. **1.** ☐ Il voit tout rouge.   **2.** ☐ Il boit du rouge.

f. **1.** ☐ Un maillot de bain.   **2.** ☐ Un kilo de pain.

g. **1.** ☐ Un petit glaçon.   **2.** ☐ Un petit garçon.

h. **1.** ☐ Un beau chemisier.   **2.** ☐ Un beau cerisier.

177 **Notez de 1 à 8 pour mettre les phrases du dialogue dans l'ordre chronologique.**

a. – Plutôt grande alors. Son âge ? ( )

b. – Moi ? ( )

c. – Oui, bon, bon... Vous pouvez me faire une rapide description physique de la personne ?
( )

d. – Femme. Sa taille ? Moyenne, euh, enfin je ne sais pas un peu comme moi. ( )

e. – La trentaine ! Mais encore très jolie pour son âge. ( )

f. – Mais, mais... C'est vous ! ( )

g. – Oh oui, alors de très beaux yeux bleus, un adorable sourire, une chevelure blonde
superbe, un ensemble rouge très chic... ( )

h. – Vous allez me décrire la personne ! Je commence : homme ou femme ? Taille ? *(1)*

178 **Écoutez le reportage et notez si les affirmations sont vraies (V) ou fausses (F).**

Exemple : La journaliste présente des vêtements d'hiver. *(F)*

a. Les femmes vont porter des jupes longues. ( )

b. Les chemisiers doivent être très colorés. ( )

c. Les robes sont très longues. ( )

d. Les hommes vont porter des costumes en jean. ( )

e. Le short et la veste sont conseillés pour les hommes. ( )

f. Si vous aimez le bleu et le vert, c'est dommage. ( )

g. Il va falloir porter une casquette. ( )

h. La journaliste attend l'été avec impatience. ( )

C FAIRE SES COURSES

179 **Reliez pour faire des phrases.**

a. Je ne trouve pas   1. en-dessous de 15 euros.

b. Désolé, nous n'acceptons pas les chèques   2. supermarché ?

c. Vous payez en liquide ou   3. très bon pain.

d. Vous allez tous les jours au   4. le rayon des fromages.

e. Moi, je préfère aller chez l'épicier en bas   5. de chez moi.

f. Cette boulangerie vend du   6. soldes, c'est intéressant ?

g. Vous achetez des produits   7. biologiques ?

h. Qu'est-ce que tu penses de ces   8. par carte bancaire ?

180 Rayez ce qui ne convient pas.

Exemple : Je déteste aller au supermarché le / ~~au~~ samedi.

a. On / Nous va faire les courses ensemble ce soir ?

b. Qu'est-ce que tu penses de cette petite robe / chemisier bleue ?

c. Tu veux / peux des yaourts nature ou aux fruits ?

d. Nous / On préférons acheter les légumes au marché.

e. Tu n'oublies surtout pas toute / la salade, s'il te plaît.

f. Ce magasin / magazine vend des chaussures italiennes.

g. Ce n'est pas de la bonne qualité / qualité bonne.

h. Paul, tu portes une chemise / chemisier blanche ce soir ?

181 Cochez si *on* correspond à « quelqu'un » (une personne), à « nous » (plusieurs personnes) ou à « nous » (généralité).

Exemple : On s'occupe de vous, mademoiselle ?

    1. ☒ quelqu'un   **2.** ☐ nous (plusieurs)   **3.** ☐ nous (généralité)

a. Marie et moi, on te doit combien ?

    1. ☐ quelqu'un   **2.** ☐ nous (plusieurs)   **3.** ☐ nous (généralité)

b. Ici, on ne peut pas mettre de jeans pour aller travailler.

    1. ☐ quelqu'un   **2.** ☐ nous (plusieurs)   **3.** ☐ nous (généralité)

c. On peut vous renseigner ?

    1. ☐ quelqu'un   **2.** ☐ nous (plusieurs)   **3.** ☐ nous (généralité)

d. On doit s'habiller comment pour un entretien ?

    1. ☐ quelqu'un   **2.** ☐ nous (plusieurs)   **3.** ☐ nous (généralité)

e. En Italie, on s'habille bien.

    1. ☐ quelqu'un   **2.** ☐ nous (plusieurs)   **3.** ☐ nous (généralité)

f. On voudrait essayer les bottes noires qui sont en vitrine, en 42 pour moi et en 45 pour lui.

    1. ☐ quelqu'un   **2.** ☐ nous (plusieurs)   **3.** ☐ nous (généralité)

g. On va vous répondre tout de suite.

    1. ☐ quelqu'un   **2.** ☐ nous (plusieurs)   **3.** ☐ nous (généralité)

h. En Angleterre, on peut tout payer par carte bancaire.

    1. ☐ quelqu'un   **2.** ☐ nous (plusieurs)   **3.** ☐ nous (généralité)

182 Reliez les phrases de même sens.

a. C'est très bon marché.

b. Ça fait combien ?

c. C'est soldé.

d. On s'occupe de vous ?

e. C'est pour offrir ?

f. Vous payez comment ?

g. Je vous emballe ce paquet ?

h. Vous payez en espèces ?

1. Je vous dois combien ?

2. Vous réglez en liquide ?

3. C'est un cadeau ?

4. On peut vous aider ?

5. Vous réglez comment ?

6. C'est en promotion.

7. C'est donné.

8. Je vous fait un paquet cadeau ?

183 Complétez le dialogue avec les mots suivants : *articles, ticket, total, marche, combien, carte, ça, de, en, taille, code, voulez, recommencer.*

> *Exemple :* – Excusez-moi, j'aimerais régler ces deux **articles**.

a. – Ça fait ...., s'il vous plaît ?

b. – Le pull plus la chemise, ça vous fait un .... de 33 euros 80. Vous payez .... liquide ?

c. – Non, par .... bancaire.

d. – Vous pouvez taper votre ...., s'il vous plaît ?

e. – Ça ne .... pas.

f. – Vous pouvez ...., et puis vous validez.

g. – Ça marche maintenant. C'est possible .... faire un échange, je ne suis pas sûre de la .... et c'est un cadeau.

h. – Oui, c'est possible. Vous rapportez le .... de caisse. Voici votre reçu. Vous .... un paquet-cadeau ?

184 Reliez les questions aux réponses.

a. Ce costume vous va bien, vous ne trouvez pas ?

b. Vous avez la taille au-dessus ?

c. Quelle est votre taille ?

d. Comment ça va les chaussures ?

e. Vous avez d'autres couleurs ?

f. Je peux essayer l'ensemble ?

g. Je peux vous aider ?

h. Vous avez ce modèle en 38 ?

1. Je fais du 38, parfois du 40.

2. Le pied droit ça va, mais le gauche est serré.

3. Oui, je cherche un cadeau pour un ami.

4. Oui, qu'est-ce qu'il vous faut ? Une taille 40 ?

5. Oui, la cabine d'essayage est sur votre droite.

6. En 38, attendez... oui, il en reste un.

7. Oui, du rouge et du vert.

8. Ah ! Non, il est beaucoup trop large.

185 Est-ce que le vendeur (ou la vendeuse) peut dire ces phrases au client qui entre dans le magasin ? Cochez la bonne réponse.

> *Exemple :* On s'occupe de vous ?   **1.** ☒ oui   **2.** ☐ non

a. Vous désirez ?   **1.** ☐ oui   **2.** ☐ non

b. Et avec ça ?   **1.** ☐ oui   **2.** ☐ non

c. Est-ce que je peux avoir un reçu ?   **1.** ☐ oui   **2.** ☐ non

d. Vous voulez l'essayer ?   **1.** ☐ oui   **2.** ☐ non

e. Il vous faut autre chose ?   **1.** ☐ oui   **2.** ☐ non

f. Est-ce qu'il y a un menu ?   **1.** ☐ oui   **2.** ☐ non

g. C'est tout ce que nous avons.   **1.** ☐ oui   **2.** ☐ non

h. Qui est à l'appareil ?   **1.** ☐ oui   **2.** ☐ non

186 Écoutez et rayez ce qui ne convient pas.

Exemple : On parle d'une soirée / ~~matinée~~.

a. La soirée c'est samedi dernier / samedi prochain / vendredi prochain.

b. C'est une soirée déguisée / déshabillée / dégrisée.

c. Le thème de la soirée, c'est « en rouge, on bouge » / « en bouge, on rouge ».

d. Je vais faire mes achats chez Papi / Tapi / Titi.

e. Ce magasin n'est pas cher / n'est pas chic / est très cher.

f. Je cherche un chapeau ou / et un bonnet.

g. Je cherche une robe, des chaussettes et des chaussures / chaussons.

h. Le rouge, ce n'est plus la saison / passion.

182 Rangez les vêtements dans le rayon homme ou femme.

Exemple : un costume **1.** ☒ homme **2.** ☐ femme

a. une chemise de nuit **1.** ☐ homme **2.** ☐ femme

b. des collants **1.** ☐ homme **2.** ☐ femme

c. une jupe **1.** ☐ homme **2.** ☐ femme

d. une robe **1.** ☐ homme **2.** ☐ femme

e. une cravate **1.** ☐ homme **2.** ☐ femme

f. une chemise **1.** ☐ homme **2.** ☐ femme

g. un chemisier **1.** ☐ homme **2.** ☐ femme

h. un tailleur **1.** ☐ homme **2.** ☐ femme

188 Notez de 1 à 8 pour mettre les phrases du dialogue dans l'ordre chronologique.

a. – Vous avez très bon goût, monsieur. Ça fait 35 euros. Merci. ( )

b. – Je ne sais pas. C'est pour mettre avec une chemise grise. ( )

c. – Rose ? Quelle drôle d'idée ! Je trouve ça un peu trop... ( )

d. – Alors, une cravate rose... ( )

e. – C'est amusant, les petits éléphants bleus... J'aime bien. Je vais prendre celle-là. ( )

f. – Originale ? Quel genre exactement ? ( )

g. – Bon, si le rose ça ne vous plaît pas, nous avons ce modèle, avec des petits éléphants bleus. ( )

h. – Bonjour monsieur, je cherche une cravate originale. *(1)*

189 Cochez la phrase correcte.

Exemple : **1.** ☒ Il porte des lunettes maintenant ?

2. ☐ Il habille des lunettes maintenant ?

a. **1.** ☐ C'est mieux marché, ici ? **2.** ☐ C'est bon marché, ici ?

b. **1.** ☐ Elle va souvent dans ce supermarché. **2.** ☐ Elle fait ses cours dans ce supermarché.

c. **1.** ☐ Tu entres cette boutique ? **2.** ☐ Tu entres dans cette boutique ?

d. **1.** ☐ Je vais au coiffeur. **2.** ☐ Je vais chez le coiffeur.

e. **1.** ☐ J'achète ce magazine tous les jeudis. **2.** ☐ J'achète ce magasin tous les jeudis.

f. **1.** ☐ Je peux payer avec la carte bleue ?   **2.** ☐ Je peux payer la carte bleue ?

g. **1.** ☐ Qu'est-ce que c'est une droguerie ?   **2.** ☐ Comment ça s'appelle « une droguerie » ?

h. **1.** ☐ C'est ouvert au soir ?   **2.** ☐ C'est ouvert le soir ?

190 **Notez de 1 à 8 pour mettre les phrases du dialogue dans l'ordre chronologique.**

a. – Bien. Vous préférez le café, le chocolat ou les fruits ? ( )

b. – Mais le gâteau au chocolat, c'est pour 10 personnes. ( )

c. – Les fruits. Qu'est-ce que vous avez comme fruits ? ( )

d. – Je voudrais un gâteau pour 8 personnes, pour un anniversaire, s'il vous plaît. *(1)*

e. – Euh… aux fruits, pour huit personnes, il nous reste une bonne tarte aux pommes. ( )

f. – Je n'aime pas trop les pommes. Je vais prendre le gâteau au chocolat. ( )

g. – Ça ne fait rien. On va bien le manger ! ( )

h. – Oui, le chocolat, tout le monde aime ça ! ( )

Bilans

191 **Notez de 1 à 8 pour mettre les phrases du dialogue dans l'ordre chronologique.**

a. – Bon, d'accord. On va jouer au jeu de la personne inconnue. Je décris une personne et tu dois deviner qui est cette personne. ( )

b. – Oui, c'est ta maman. Bravo ! À ton tour maintenant. ( )

c. – Dis papa, tu joues avec moi ? *(1)*

d. – Super ! J'adore ce jeu ! On commence ? ( )

e. – Oui, tout de suite. Alors, elle est très belle. ( )

f. – Belle ? Belle comment ? ( )

g. – C'est trop facile ! Je sais qui c'est, c'est maman. ( )

h. – Et bien, elle est blonde, elle a les yeux verts, les cheveux bouclés. ( )

192 *Marine et Étienne préparent leurs bagages.* **Qui emporte ces objets dans sa valise ? Écoutez et cochez la bonne réponse.**

Exemple : deux robes   **1.** ☒ Marine   **2.** ☐ Étienne

a. un maillot de bain   **1.** ☐ Marine   **2.** ☐ Étienne

b. la crème solaire   **1.** ☐ Marine   **2.** ☐ Étienne

c. des lunettes de soleil   **1.** ☐ Marine   **2.** ☐ Étienne

d. une casquette   **1.** ☐ Marine   **2.** ☐ Étienne

e. des sandales   **1.** ☐ Marine   **2.** ☐ Étienne

f. des chaussures de sport **1.** ☐ Marine   **2.** ☐ Étienne

g. des tee-shirts   **1.** ☐ Marine   **2.** ☐ Étienne

h. trois chemises   **1.** ☐ Marine   **2.** ☐ Étienne

VI. VOUS ÊTES LIBRES POUR DÎNER ?

A INVITER QUELQU'UN, ACCEPTER, REFUSER UNE INVITATION

193 **Reliez les questions et les réponses.**

a. Tu peux venir demain ?
b. Tu as l'invitation dans ton sac ?
c. C'est d'accord ?
d. C'est vraiment impossible ?
e. Comment venez-vous ?
f. Vous allez venir chez les Dufour ?
g. C'est un cocktail à l'ambassade ?
h. Vous avez 5 minutes pour parler ?

1. Oui, et c'est toujours très chic !
2. Non, ce n'est pas d'accord.
3. Demain matin ou demain soir ?
4. Oui, bien sûr, je l'ai !
5. Non, désolée, je suis pressée.
6. Oui, vraiment.
7. Non, je les déteste !
8. À pied, ce n'est pas loin.

194 *Vous invitez une amie à dîner chez vous.* **Soulignez les phrases qui conviennent.**

Exemple : <u>Tu viens dîner chez moi ce soir ?</u>

a. Ça te dirait de venir dîner chez moi ce soir ?
b. Je t'invite à dîner ce soir ?
c. Vous voulez venir danser chez moi ce soir ?
d. Je t'envie à dîner ce soir ?
e. Tu as envie de dîner chez toi ce soir ?
f. Tu ne veux pas venir dîner ce soir ?
g. Je ne veux pas t'offrir à dîner ce soir.
h. On dîne ensemble ce soir ? Viens chez moi.

195 *Vous refusez une invitation.* **Soulignez les réponses qui conviennent.**

Exemple : <u>Merci, mais ce soir, ce n'est pas possible.</u>

a. Avec plaisir !
b. C'est gentil, mais malheureusement je ne suis pas libre ce soir.
c. D'accord, merci.
d. Volontiers.
e. Dommage ! Une autre fois peut-être.
f. Sans problème, on se retrouve où ?
g. Je suis enchantée !
h. Bof, je n'aime pas tellement danser.

196 Notez de 1 à 8 pour mettre les phrases du dialogue dans l'ordre chronologique.

a. – Très bien je te remercie. Écoute, ça te dirait de venir déjeuner dimanche ? (   )

b. – Oui, comme d'habitude tu penses pour moi. Je ne veux pas rencontrer Pierre Tartempion, je ne veux pas déjeuner avec ses parents, je déteste les déjeuners de famille... c'est vraiment pénible ! ! ! (   )

c. – Allô, bonjour, c'est maman. *(1)*

d. – Oui justement, j'ai invité les Tartempion. Ils viennent avec leur fils Pierre. Il est très sympathique tu sais. (   )

e. – Ah ! Bonjour maman, tu es gentille d'appeler. Comment ça va ? (   )

f. – Alors je pense... (   )

g. – Euh, je ne sais pas. Tu as invité quelqu'un à déjeuner ? (   )

h. – Ah oui et alors ? (   )

197 Écoutez les dialogues et cochez si la personne accepte ou refuse l'invitation.

Exemple :   **1.** ☒ acceptation   **2.** ☐ refus

a. **1.** ☐ acceptation   **2.** ☐ refus

b. **1.** ☐ acceptation   **2.** ☐ refus

c. **1.** ☐ acceptation   **2.** ☐ refus

d. **1.** ☐ acceptation   **2.** ☐ refus

e. **1.** ☐ acceptation   **2.** ☐ refus

f. **1.** ☐ acceptation   **2.** ☐ refus

g. **1.** ☐ acceptation   **2.** ☐ refus

h. **1.** ☐ acceptation   **2.** ☐ refus

198 **Complétez avec :** *ferait, joie, tente, venez, plus ou moins, possible, intention, libre, très* **(attention aux majuscules !).**

Exemple :   J'ai l'***intention*** de prendre une semaine de vacances.

a. Oui, avec ....

b. Cela me .... plaisir.

c. Non, ça ne me .... pas.

d. .... volontiers.

e. Désolé, je ne suis pas .... demain soir.

f. Ce n'est vraiment pas .... ce jour-là.

g. Allez, ..., on va prendre un café.

h. ...., je ne suis pas sûre.

199 Mettez les mots dans l'ordre pour faire des phrases.

Exemple : dimanche/nous/libres/./sommes/midi/ne/pas/Non,

→ *Non, nous ne sommes pas libres dimanche midi.*

a. ?/veux/que/Où/vacances/est/-/ce/tu/aller/en

→ ....

b. opéra/d'/?/pas/envie/l'/Vous/avez/n'/aller/à

→ ....

c. et/prête/?/pour/Je/partir/suis/piscine,/à/toi/la

→ ....

d. d'/du/Noël/Ça/dirait/pour/vous/?/aller/ski/faire

→ ....

e. violents/merci,/./les/Non/je/films/déteste

→ ....

f. êtes/quartier/Vous/./au/du/repas/tous/invités

→ ....

g. de/!/oubliez/tante/anniversaire/N'/pas/venir/de/pour/Agnès/l'

→ ....

h. ce/prochaines/?/faire/qu'/on/-/vacances/est/Qu'/pourrait/les/pour

→ ....

200 Écoutez et cochez la phrase entendue.

Exemple : **1.** ☐ C'est un cadeau extraordinaire, merci.

2. ☒ C'est un gâteau extraordinaire, merci.

a. **1.** ☐ Il rentre dans son garage.   **2.** ☐ Il entre dans son garage.

b. **1.** ☐ Il va l'inviter à son mariage ?   **2.** ☐ Elle va l'inviter à son mariage ?

c. **1.** ☐ Il pleut encore comme l'hiver dernier.   **2.** ☐ Il peut encore comme l'hiver dernier.

d. **1.** ☐ Elle lit souvent comme ça ?   **2.** ☐ Elle rit souvent comme ça ?

e. **1.** ☐ C'est encore à boire !   **2.** ☐ C'est encore à voir !

f. **1.** ☐ C'est la vie de Paul.   **2.** ☐ C'est l'habit de Paul.

g. **1.** ☐ Vous avez une très belle vie.   **2.** ☐ Vous avez une très belle vue.

h. **1.** ☐ C'est son père ?   **2.** ☐ C'est son verre ?

201 Rayez ce qui ne convient pas.

Exemple : Accepter / refuser / ~~déclarer~~ une invitation.

a. Faire / accepter / commander une proposition.

b. Refuser / parler / donner un avis.

c. Boire / allumer / casser un verre.

d. Célébrer / visiter / préparer une fête.

e. Un bateau nage / navigue / vogue.

f. Regarder / aller / admirer quelqu'un.

g. Demander / poser / trouver une question.

h. Demander / poser / chercher une information.

 Séparez les mots, mettez les majuscules, les accents et la ponctuation.

cherepascalejevoudraistinviterpourlanniversairedemoncherpetitleocestmonneveuetilva
avoirunanle31janvierprochainmaisjenesaispassituseraslapourraistumecrireetmeledire
jaimeraisbeaucouptevoiracetteoccasionalamaisonetleoaussicommecadeauilaimeraitdes
bonbonscommedhabitudecenestpastresdifficilejattendstareponseavecimpatiencenous
tembrassonstresfortleoetmoiabientotagathe

....

....

....

....

....

....

....

....

....

 Rayez ce qui ne convient pas.

Exemple :   Qu'est-ce qu'on fait ce soir / ~~nuit~~ ?

a. Une promenade en bateau-mouche ? Bonne idée ! / Bonne l'idée !

b. Monter en haut de la tour Eiffel ? Pourquoi non / pas ?

c. On va / On y va faire une randonnée en forêt, tu viens avec nous ?

d. Cette exposition / exhibition au musée d'art moderne, on y va ?

e. Nous refusons toutes les invitations pendant / jusqu'à la fin de la semaine.

f. Le mois d'août, c'est le plus intéressant pour visiter Paris / le Paris.

g. Nous pouvons demander à Manuela de venir à sa / notre soirée.

h. Avant / Devant l'heure, ce n'est pas l'heure.

204 **Reliez pour faire des phrases.**

a. Qu'est-ce que vous faites   1. aller à ce mariage.

b. Vous avez envie de   2. le 7 juillet.

c. Je n'ai pas très envie d'   3. ou chez moi ?

d. Les invitations pour le cocktail   4. ce soir après le dîner ?

e. Désolés, nous ne sommes pas libres   5. sont prêtes ?

f. Il faut absolument aller voir   6. dans leur maison de campagne.

g. On dîne chez toi   7. l'exposition « Matisse – Picasso ».

h. Ils l'invitent tous les week-ends   8. sortir, vous ?

B COMMANDER AU RESTAURANT

205 **Notez de 1 à 8 pour mettre les phrases du dialogue dans l'ordre chronologique.**

a. – Et pour moi, euh, je ne sais pas, il n'y a pas grand chose pour les végétariens sur votre menu, qu'est-ce que vous me proposez ? ( )

b. – Hum, ça a l'air drôlement bon. Tu viens souvent ici ? ( )

c. – Oui, alors pour moi une soupe de légumes en entrée, et comme plat principal, un bœuf bourguignon. ( )

d. – Vous avez choisi ? Je peux prendre la commande ? ( )

e. – Vous plaisantez, j'espère ! C'est toujours la même chose pour les végétariens dans ce pays ! ! ! ( )

f. – Assez souvent, ils ont de très bonnes tartes salées et de bonnes pâtes. ( )

g. – Prenez une quiche, vous pouvez toujours retirer les lardons... ( )

h. – Une table pour deux ? Installez-vous ici. Je vous apporte la carte et la carte des vins. *(1)*

206 **Cochez la ou les bonnes réponses.**

Exemple :   Pour commander, je demande : **1.** ☒ la carte   **2.** ☐ la tarte   **3.** ☐ l'addition

a. Pour payer, je demande :

    1. ☐ l'opération

    2. ☐ l'addition

    3. ☐ la soustraction

b. Sur le menu il y a :

    1. ☐ les entrées, le plat principal, les desserts

    2. ☐ les débuts, le gros plat, les sorties

    3. ☐ les entrées, le plat, les sorties

c. Comme boisson, qu'est-ce qu'on vous sert ? :

    1. ☐ un verre d'eau, un verre de vin, un verre de bière

    2. ☐ de l'eau, du vin, de la bière

    3. ☐ un verre à bière, un verre à eau, un verre à vin

d. Le service est parfait, j'ai envie de donner :

    1. ☐ un pétard

    2. ☐ un bazar

    3. ☐ un pourboire

e. Pour être sûr d'avoir une place au restaurant vous :

    1. ☐ commandez une place

    2. ☐ réservez une table

    3. ☐ volez la place

f. Après le dessert, on vous propose :

    1. ☐ un chocolat

    2. ☐ un café

    3. ☐ une soupe

g. Ici, on mange de la raclette :

    1. ☐ une spécialité de la région

    2. ☐ une originalité de la région

    3. ☐ une surprise de la région

h. Le plat est très « pimenté », c'est-à-dire :

    1. ☐ très chaud

    2. ☐ très fade

    3. ☐ très relevé

207 **Les appréciations sont-elles positives ou négatives ? Cochez la bonne réponse.**

Exemple :   Mmm, ce canard est délicieux ! !   **1.** ☒ positif   **2.** ☐ négatif

a. C'est lourd toute cette crème ! C'est immangeable !   **1.** ☐ positif   **2.** ☐ négatif

b. Cette soupe, un délice !   **1.** ☐ positif   **2.** ☐ négatif

c. Je me régale !   **1.** ☐ positif   **2.** ☐ négatif

d. Le vin a un drôle de goût, pas terrible pour un grand vin.   **1.** ☐ positif   **2.** ☐ négatif

e. Oh, mais il est presque froid ce café !   **1.** ☐ positif   **2.** ☐ négatif

f. Elles sont trop cuites ces nouilles !   **1.** ☐ positif   **2.** ☐ négatif

g. Pas très frais ce poisson...   **1.** ☐ positif   **2.** ☐ négatif

h. Tu as vu ce dessert, il est vraiment appétissant.   **1.** ☐ positif   **2.** ☐ négatif

208 **Cochez les phrases qui conviennent.**

Exemple :   **1.** ☒ Il y a beaucoup de vins sur la carte.

                2. ☐ Il y a beaucoup des vins sur la carte.

a. **1.** ☐ Je ne mange pas de fromage.

   2. ☐ Je ne mange pas des fromages.

b. **1.** ☐ Vous reprenez un fromage ?

   2. ☐ Vous reprenez du fromage ?

c. **1.** ☐ Dans la salade niçoise, il y a du maïs, du thon, des poivrons.

   2. ☐ Dans la salade niçoise, il y a un maïs, un thon, un poivron.

d. Qu'est-ce que vous avez comme entrées ?
   1. ☐ Nous avons de la salade et du potage.
   2. ☐ Nous avons la salade et le potage.
e. 1. ☐ Vous avez le riz pour accompagner ma viande ?
   2. ☐ Vous avez du riz pour accompagner ma viande ?
f. 1. ☐ Vous avez du feu ?
   2. ☐ Vous avez le feu ?
g. 1. ☐ J'aime du poisson, qu'est-ce que vous avez comme poisson ?
   2. ☐ J'aime le poisson, qu'est-ce que vous avez comme poisson ?
h. 1. ☐ Il n'y a pas de sel sur la table, excusez-moi, on peut avoir du sel, s'il vous plaît ?
   2. ☐ Il n'y a pas du sel sur la table, excusez-moi on peut avoir du sel, s'il vous plaît ?

209 **Écoutez le dialogue puis notez si les affirmations sont vraies (V) ou fausses (F).**
   Exemple : Le dialogue commence par « Bonsoir ». *(F)*
a. La scène se passe au théâtre à Paris. (   )
b. La famille s'appelle Moreau. (   )
c. Ils ont réservé une table pour trois personnes. (   )
d. La réservation est pour deux personnes. (   )
e. La dame veut absolument voir la mer. (   )
f. Le serveur propose une table près de la fenêtre. (   )
g. Le serveur propose une table près du bar. (   )
h. La famille ne mange pas dans ce restaurant. (   )

210 **Soulignez les expressions de quantité.**
   Exemple : Vous voulez de la salade ?
a. Un peu de vin rouge avec votre fromage ?
b. Vous ne mangez pas de viande ?
c. Il faut trois ou quatre œufs pour cette omelette.
d. On commence par une douzaine d'huîtres, d'accord ?
e. Combien de personnes viennent dîner ce soir ?
f. Je voudrais moins de poivre, s'il vous plaît.
g. Le kilo de pommes, c'est pour vous ?
h. On va prendre une bouteille d'eau minérale.

Reliez les questions et les réponses.

a. Vous avez une table pour deux ?
b. Vous avez réservé ?
c. Vous prenez un menu ?
d. C'est quoi, le plat du jour ?
e. Et comme dessert ?
f. On peut avoir l'addition ?
g. Comme boisson, qu'est-ce que vous prenez ?
h. Est-ce que nous pouvons payer séparément ?

1. Oui, le menu « découverte ».
2. Aujourd'hui, c'est du bœuf carottes.
3. Oui, je la fais tout de suite, monsieur.
4. Non, c'est complet.
5. Une carafe d'eau.
6. Oui, pour huit personnes.
7. Oui, je divise la note en deux ?
8. Une crème caramel, s'il vous plaît.

 Soulignez les liaisons obligatoires.

Exemple : Le<u>s é</u>trangers ne mangent pas souvent d'escargots.

a. C'est un déjeuner d'affaires.
b. On va chez eux ou chez elles ?
c. C'est de plus en plus cher, ce restaurant !
d. C'est un grand homme ou un homme grand ?
e. Le bistro gourmand ouvre à neuf heures.
f. C'est tout à fait délicieux.
g. Aurore, c'est son premier amour.
h. Ils arrivent en retard, comme d'habitude !

 Mettez les mots dans l'ordre pour faire des phrases.

Exemple : à/./des/Je/frites/des/préférerais/place/légumes/la
→ *Je préférerais des légumes à la place des frites.*

a. vous/?/en/table/terrasse/une/-/Avez/petite
→ ....

b. restaurant/rue/quelle/Dans/ce/?/trouve/se
→ ....

c. fois/./Nous/par/trois/semaine/mangeons/ici
→ ....

d. la/./plaît/Je/carte/,/voudrais/il/vous/s'
→ ....

e. de/lapin/mange/Merci/pas/./beaucoup/,/je/mais/ne
→ ....

f. prend/on/?/pour/nique/Qu'/pique/-/est/ce/le/qu'/- ....
→ ....

g. plus/./de/le/carte/menu/choisir/C'/que/est/intéressant/la
→ ....

h. avec/?/de/le/mer/de/plateau/boit/-/fruits/on/Que
→ ....

214 Rayez l'intrus.

Exemple : le camembert/ le yaourt / ~~le sel~~

a. les oranges / les pommes / les carottes

b. une salade composée / une tarte aux fruits / des crudités

c. le bœuf bourguignon / le poulet / le steak haché

d. le sel / la banane / le poivre

e. les crevettes / les moules / le kiwi

f. les crêpes sucrées / le couscous / la tarte aux pommes

g. le saumon / l'omelette / la truite

h. les tomates / les champignons / le pain au chocolat

215 Complétez les mots.

Exemple : Ils aim**ent** déjeuner dans c**ette** crêperie au b**ord** de la mer.

a. Vous voulez votre vian......... à point ou bien cui......... ?

b. Ils pren......... l'apér......... avant de déjeuner.

c. Elles boiv......... un pet......... café après le rep.........

d. S......... enfan.........s préfèrent la tarte ....x frais......... ou ....x pom......... ?

e. Quel......... so......... les spécialités de ce ....rant ?

f. Vous ne man.........ez jamais d...................âtes che......... vous ?

g. La table pr.........s de la fen.........tre, elle est occu......... ?

h. Le cuisi......... fait la cuis......... sur la cuisin.........

216 Pour chaque situation, cochez la phrase qui convient.

Exemple : Le repas est terminé, vous voulez payer :

      1. ☒ L'addition, s'il vous plaît !   **2.** ☐ Le ticket, s'il vous plaît !

a. Vous appelez la serveuse :

  1. ☐ Garçon, s'il vous plaît !   **2.** ☐ Mademoiselle, s'il vous plaît !

b. Le serveur propose un café :

  1. ☐ Je n'ai plus de café.   **2.** ☐ Vous prendrez un café ?

c. Vous acceptez la proposition du serveur :

  1. ☐ Le plat du jour, d'accord.   **2.** ☐ Non, merci.

d. Vous refusez d'aller dans ce bar :

  1. ☐ C'est trop bruyant.   **2.** ☐ Non, je déteste les escargots.

e. Vous ne fumez pas :

  1. ☐ Le coin fumeur, c'est bien ici ?   **2.** ☐ Je voudrais une table non fumeur.

f. Vous refusez une table :

  1. ☐ Là-bas, c'est parfait.   **2.** ☐ C'est trop près de la porte.

g. Vous voulez commander :

  1. ☐ C'est possible d'avoir la carte ?   **2.** ☐ C'est possible d'avoir le plan ?

h. Vous avez assez mangé :

  1. ☐ Merci, je n'ai plus faim.   **2.** ☐ Encore une part ! C'est très bon.

217 **Reliez pour faire des phrases.**

a. Prenez des poireaux et   1. et lavez-les.

b. Épluchez les légumes   2. des pommes de terre.

c. Mettez-les dans l'eau   3. cuillère de crème fraîche.

d. Ajoutez du sel, du   4. poivre et un bouquet garni.

e. Mixez les légumes puis versez-les   5. dans le bouillon.

f. Ajoutez une   6. de ma grand-mère.

g. Servez   7. bouillante pendant une heure.

h. C'est la recette   8. chaud en hiver.

218 **Rayez ce qui ne convient pas.**

Exemple : Je voudrais une livre / ~~un morceau~~ / ~~une boîte~~ de pommes, s'il vous plaît.

a. Qu'est-ce que tu bois ? Une tasse / Un verre / Une tranche de vin.

b. Tu peux me passer un morceau / une tranche / un paquet de pain ?

c. Vous voulez combien d'œufs ? Une livre. / Une douzaine. / Un demi.

d. Vous voulez du sucre en morceaux / en poudre / en tranche ?

e. Il faut trois litres / kilos / tranches de pommes de terre.

f. Vous pouvez me donner trois tranches / paquets / litres de jambon ?

g. Un kilo / Un litre / Une bouteille de lait, s'il vous plaît.

h. À ta pâte, il faut ajouter une pincée / une cuillerée / un tonneau de sel.

219 **Reliez pour trouver les expressions de quantité.**

a. Un litre   1. alcool.

b. Une pincée de   2. sel.

c. Une douzaine   3. de lait.

d. Une tranche   4. d'œufs.

e. Un kilo d'   5. de sucre cette fois-ci.

f. Je ne bois pas d'   6. oranges.

g. Un peu moins   7. de farine.

h. Une livre   8. de pain.

220 **Complétez.**

Exemple : C'est **un** vieux livre de rec**ettes** de gât**eaux**.

a. C'est la spécial......... de cette région.

b. Qu'est-ce que vous voulez com......... pl......... principal ?

c. Vous ....férez le j......... d'orange o......... le jus de pom......... ?

d. Sa.........-vous préparer u......... salade de fru......... ?

e. Vous choisis......... du pois......... ou de .... viande ?

f. Nous sommes végéta........., nous ne mang......... jamais .... viande.

g. On peut mang......... les carot......... cru......... ou cui.........

h. Qu'est-ce que c'......... un éclair au chocolat ? Ç......... se mange ?

221 **Rayez ce qui ne convient pas.**

Exemple : Il boit du lait / ~~les~~ chaque jour.

a. Tu veux du poisson / poison à midi ?

b. Je pleure / pleut souvent.

c. Qu'est-ce que tu mets / mes dans cette sauce ?

d. C'est vraiment bon / bien le miel. J'adore ça.

e. Une mandarine, elle est / c'est comme une petite orange.

f. Clémentine, c'est un prénom et un non / nom de fruit.

g. Tous les soirs, cet enfant mange un miroir / une glace.

h. C'est une recette très / beaucoup facile à faire.

222 **Reliez les mots qui riment.**

a. addition   1. cannelle

b. salade   2. bœuf

c. cuillère   3. poisson

d. sel   4. portion

e. œuf   5. cuit

f. glaçon   6. orange

g. mélange   7. amer

h. fruits   8. marmelade

223 **Soulignez les mots qui expriment une quantité.**

Exemple : Tu veux <u>un peu de</u> fromage ?

a. Vous avez de la salade verte ?

b. Versez un demi-litre de lait dans une casserole.

c. Une bouteille d'eau minérale, s'il vous plaît.

d. C'est vraiment trop sucré !

e. Une douzaine d'huîtres, qu'est-ce que c'est ?

f. Il veut encore un morceau de cet excellent gâteau.

g. Mangez moins de gâteaux et vous allez maigrir !

h. Il faut une livre de pommes pour cette tarte.

224 Notez de 1 à 8 pour mettre les phrases du dialogue dans l'ordre chronologique.

a. – Oui et tu laisses cuire 10 minutes. (   )

b. – Pendant ce temps-là, je fais cuire les champignons. Avec un peu d'ail et de persil ? (   )

c. – Oui et tu égouttes les spaghettis. Après tu les verses dans un plat. (   )

d. – Bien sûr. Tes copains vont être contents ! Bon appétit à tous ! (   )

e. – Allô, maman ? Tu peux me dire comment faire les spaghettis aux champignons ? *(1)*

f. – Oui, bien sûr. Tu fais d'abord bouillir beaucoup d'eau salée... (   )

g. – D'accord. Dans un plat. Je mets les champignons avec ? (   )

h. – J'ajoute les spaghettis dans l'eau salée et je mélange ? (   )

225 Rayez ce qui ne convient pas.

Exemple :   Fais ce que je te / ~~la~~ demande !

a. Écoutes / Écoute -moi bien !

b. Va / Vas -y !

c. Verses / Verse le lait chaud d'abord !

d. Vous sortez / Sortez un peu de chez vous !

e. Pars ! / Part ! / Parte !

f. Passez -me / -moi le sel !

g. Vas / Va éteindre le four !

h. Manges / Mangeons / Mangent tout de suite !

226 Cochez la ou les bonnes réponses.

Exemple :   Mets-le dans l'assiette.   **1.** ☒ le beurre   **2.** ☐ Pierre   **3.** ☐ la pomme

a. Prends-en encore un peu !

   1. ☐ du gâteau   **2.** ☐ de la glace   **3.** ☐ du courage

b. Tu veux du pain ?

   1. ☐ Non, j'en ai déjà.   **2.** ☐ Non, j'en veux encore.   **3.** ☐ Oui, j'en prends un.

c. Surveille-la bien !

   1. ☐ ton fils   **2.** ☐ la cuisson   **3.** ☐ le gâteau

d. Penses-y !

   1. ☐ à cette histoire   **2.** ☐ à toi   **3.** ☐ à la recette

e. Pose-la ici !

   1. ☐ la cuillère   **2.** ☐ le bol   **3.** ☐ les fourchettes

f. Sors-le du four !

   1. ☐ le sac   **2.** ☐ la mousse au chocolat   **3.** ☐ le plat

g. Mélange-les bien !

   1. ☐ les fourchettes   **2.** ☐ les ingrédients   **3.** ☐ la saucisse

h. Bois-en !

   1. ☐ la pluie   **2.** ☐ de l'eau   **3.** ☐ des fruits

227 Notez de 1 à 8 pour mettre les phrases du dialogue dans l'ordre chronologique.

a. – S'il te plaît, vas-y, tu peux bien me rendre un petit service ! (   )

b. – Gâteau au chocolat, gâteau au chocolat… J'ai trouvé. Il me faut de la farine, des œufs, du sucre… Est-ce qu'on a encore de la levure ? (   )

c. – Écoute-moi bien : non, je ne veux pas aller acheter de la levure pour ton gâteau parce qu'il faut le demander plus gentiment. (   )

d. – Oh ! Il n'y en a plus. Va à l'épicerie en chercher. (   )

e. – J'ai envie de faire un gâteau au chocolat, tu connais une bonne recette ? *(1)*

f. – De la levure, oui je crois, ouvre la boîte verte… (   )

g. – Oui, regarde dans le livre de recettes dans la cuisine. (   )

h. – Qui ça ? Moi ? Mais j'ai autre chose à faire ! (   )

228 Complétez les phrases avec : *douzaine, une, dans, la, louche, peser, cuisine, fromages, besoin, le, cuire.*

Exemple : Passe-moi la *louche* pour servir la soupe, s'il te plaît.

a. Tu peux faire passer le plateau de .... aux invités?

b. Le plat de viande est encore .... le four.

c. Pour mon gâteau, j'ai .... d'un moule.

d. Mélangez .... farine et .... lait.

e. Prenez une .... d'œufs.

f. Faites .... à feu doux.

g. Utilisez .... cocotte-minute pour la .... à la vapeur, c'est plus rapide.

h. Je me sers d'une balance pour .... la farine.

229 Soulignez la quantité la plus précise.

Exemple : Il me faut du jambon / une tranche de jambon / un peu de jambon.

a. Pour la mousse au chocolat il faut quelques œufs / des œufs / une demi-douzaine d'œufs.

b. Ça fait juste 500 grammes / environ 500 grammes / un peu plus de 500 grammes.

c. Je mets un peu de sucre / du sucre / une cuillerée de sucre dans mon café.

d. Je te sers du vin / un peu de vin / un verre de vin ?

e. J'ai besoin d'un litre d'eau / d'une bouteille d'eau / d'eau.

f. Je voudrais un kilo de tomates / des tomates / environ un kilo de tomates.

g. Il reste de la pizza /une part de pizza / beaucoup de pizza.

h. Je voudrais un morceau de fromage / une tranche de fromage / 100 g de fromage.

Bilans

230 **Écoutez et complétez le reportage.**

En direct de Monte-Carlo, voici l'histoire des « crêpes Suzette ». Henri Charpentier, **(1)** .... à Monte-Carlo dans un **(2)** .... hôtel reçoit un invité **(3)** .... : le prince de Galles, futur **(4)** .... d'Angleterre Edouard VII. Il va **(5)** .... le dîner et demande à parler au cuisinier. Il veut un **(6)** .... original et Henri Charpentier **(7)** .... tout de suite à des crêpes. Mais pas **(8)** .... simples crêpes. Il **(9)** .... des crêpes aux **(10)** .... Il ajoute des **(11)** .... à la recette traditionnelle. Le Prince de Galles **(12)** .... beaucoup la recette et décide d'appeler **(13)** .... crêpes « Suzette ». Ce soir-là, son invitée **(14)** .... en effet Suzette !

231 **Notez de 1 à 8 pour mettre dans l'ordre la recette des crêpes Suzette.**

a. *Les réchauffer dans la poêle et servir aussitôt.* ( )

b. *Laissez reposer une heure.* ( )

c. *Tartinez chaque crêpe avec la garniture et pliez les crêpes en quatre.* ( )

d. *Pour commencer, râpez le zeste d'une orange et pressez le fruit. Réservez les deux.* **(1)**

e. *Ajoutez le jus d'orange et la fleur d'oranger à la pâte à crêpes.* ( )

f. *Préparez la pâte à crêpes : mélangez la farine, les œufs et le lait.* ( )

g. *Faites cuire les crêpes dans la poêle.* ( )

h. *Préparez ensuite la garniture : mélangez le beurre, le zeste d'orange, le reste de jus d'orange et le sucre.* ( )

VII. IL FAUT ABSOLUMENT Y ALLER

A PARLER DE SES VACANCES, DE LIEUX VISITÉS

232 Notez de 1 à 8 pour mettre les phrases du dialogue dans l'ordre chronologique.

a. – Au Mexique ? Ça a toujours été mon rêve d'y aller ! ( )

b. – Oui, je rentre juste de vacances. ( )

c. – Moi aussi, et je viens de le réaliser. ( )

d. – Bonjour Anna, comme tu es bronzée ! **(1)**

e. – Nous sommes allés au Mexique pendant trois semaines. ( )

f. – Et quel est ton nouveau rêve maintenant ? ( )

g. – Où es-tu partie cette fois ? ( )

h. – Y retourner ! Aussi vite que possible ! ( )

233 Mettez les mots dans l'ordre pour faire des phrases.

Exemple : allés/./en/sud/Amérique/Ils/du/sont

→ *Ils sont allés en Amérique du sud.*

a. de/./vacances/Tu/besoin/as

→ ....

b. excellentes/./passé/J'/ai/d'/vacances

→ ....

c. bonnes/passé/Tu/?/vacances/as/de

→ ....

d. fait/-/vacances/Qu'/as/pendant/est/les/que/ce/tu/?

→ ....

e. est/vacances/prends/?/tu/Quand/tes/-/que/ce

→ ....

f. ne/de/vacances/je/jamais/Moi,/prends/.

→ ....

g. en/vacances/aime/famille/J'/./les

→ ....

h. prendre/vacances/./à/reste/de/Il/quinze/me/de/jours

→ ....

234 Reliez pour faire des phrases (plusieurs solutions possibles).

a. J'ai

b. Nous

c. Patricia et Pauline

d. Il

e. Ses parents

f. Mathias

g. Thomas, vous

h. Isabelle, vous

1. sommes allés en Espagne.

2. n'est pas encore rentré.

3. a plu à Saint Malo.

4. êtes venu comment ?

5. voyagé en Allemagne.

6. sont partis en avion.

7. êtes revenue ?

8. sont arrivées à la gare de Nantes.

235 Écoutez le dialogue puis notez si les affirmations sont vraies (V) ou fausses (F).

Exemple : Les Leroi sont allés sur la côte d'azur. *(F)*

a. Ils sont partis visiter les châteaux de la Loire. (   )

b. Il a fait beau le dimanche. (   )

c. Ils ont visité plusieurs monuments sur l'île. (   )

d. Ils ont beaucoup nagé. (   )

e. Ils aiment marcher dans la nature. (   )

f. Ils ont fait de la bicyclette. (   )

g. Ils ont mangé beaucoup de glaces. (   )

h. Ils adorent les produits de la mer. (   )

236 Reliez les mots qui riment.

a. rue

b. île

c. bateau

d. réservation

e. hôtel

f. coquillage

g. montagne

h. place

1. tasse

2. eu

3. mission

4. campagne

5. plutôt

6. tranquille

7. rappelle

8. plage

237 *Thomas raconte ses vacances.* **Rayez ce qui ne convient pas.**

Exemple : J'ai pris l'avion la semaine dernière / ~~la semaine prochaine~~.

a. Le lendemain / Demain je suis arrivé à Beijing.

b. J'ai trouvé / J'ai situé un petit hôtel pas cher dans le vieux centre-ville.

c. Le jour / Le premier jour j'ai loué un vélo.

d. Chaque soir / Chaque matin j'ai dîné dans la rue.

e. Tous les soirs / Tous les matins je me suis levé tôt pour faire du Taï Chi dans les parcs.

f. Demain / Le lendemain c'est mon dernier jour à Beijing.

g. Demain / Hier je rentre en France.

h. L'année prochaine / L'année dernière je retourne en Chine.

238 **Séparez les mots, mettez les majuscules, les accents et la ponctuation.**

Exemple : vousconnaissezlafrancophonie

→ *Vous connaissez la francophonie ?*

a. questcequelafrancophonie

→ ....

b. cestlensembledespaysouonparlelefrançais

→ ....

c. parexempleeneuropelasuisseleluxembourgetlabelgique

→ ....

d. maisilnefautpasoublierlequebecprovinceducanada

→ ....

e. leshabitantssappellentlesquebecoisetparlentaussifrançais

→ ....

f. biensurilyaaussidespaysafricainsoulefrançaisestencorebeaucoupparlé

....

g. danslepacifiqueilexistequelquesilesouonparlefrançais

→ ....

h. enfrancelesfrançaisparlentlefrançaismaisaussidautreslanguesregionalescommelebretonle
basquebasqueloccitan

→ ....

239 **Cochez la phrase correcte.**

Exemple : 1. ☒ Je suis arrivé hier.   2. ☐ J'ai arrivé hier.

a. 1. ☐ Je suis passé de très bonnes vacances.   2. ☐ J'ai passé de très bonnes vacances.

b. 1. ☐ Il a fait un temps splendide.   2. ☐ Il est fait un temps splendide.

c. 1. ☐ J'ai visité un château.   2. ☐ Je suis visité un château.

d. 1. ☐ J'ai lu cinq livres cette semaine !   2. ☐ Je suis lu cinq livres cette semaine !

e. 1. ☐ Je suis mangé au restaurant tous les jours.   2. ☐ J'ai mangé au restaurant tous les jours.

f. 1. ☐ Je suis beaucoup sortie.   2. ☐ J'ai beaucoup sortie.

g. 1. ☐ Je n'ai pas beaucoup dormi.   2. ☐ Je ne suis pas beaucoup dormi.

h. 1. ☐ Je suis fini l'exercice.   2. ☐ J'ai fini l'exercice.

240 Écoutez et cochez la phrase entendue.

Exemple : **1.** ☒ C'est une carte postale.　**2.** ☐ C'est une tarte fatale.

a. **1.** ☐ C'est le Mont Saint-Marcel !　**2.** ☐ C'est le Mont Saint-Michel !

b. **1.** ☐ C'est une région humoristique.　**2.** ☐ C'est une région touristique.

c. **1.** ☐ Quelle belle vache !　**2.** ☐ Quelle belle bâche !

d. **1.** ☐ Ta cuisine est magnifique.　**2.** ☐ Ta cousine est magnifique.

e. **1.** ☐ J'ai fait une bêtise.　**2.** ☐ Je fais une bêtise.

f. **1.** ☐ Son humour est fantastique.　**2.** ☐ Son humeur est fantastique.

g. **1.** ☐ Ton cœur d'abord.　**2.** ☐ Ton accord d'abord.

h. **1.** ☐ Je fais trop d'erreurs.　**2.** ☐ J'ai fait trop d'erreurs.

241 Reliez les questions et les réponses (parfois plusieurs possibilités).

a. Quel est votre endroit préféré à Paris ?

b. Ils sont arrivés hier ?

c. As-tu déjà visité le château de Chambord ?

d. Les Français ont combien
de semaines de vacances ?

e. Le code postal ici, c'est quoi ?

f. TGV, qu'est-ce que ça signifie ?

g. Quand reviens-tu de ton île ?

h. C'est loin ?

1. En général, cinq.

2. Non, pas encore.

3. Environ à deux heures de Paris.

4. Jamais !

5. 75 012.

6. Non, il y a presque dix jours.

7. Les quais de la Seine.

8. Train à grande vitesse.

242 Notez de 1 à 8 pour mettre les phrases du dialogue dans l'ordre chronologique.

a. – À peu près trois semaines. (　)

b. – Mais qu'est-ce que tu veux que je te raconte ? (　)

c. – Ah oui ! Mais je suis rentrée il y a déjà un moment... (　)

d. – Quelles vacances ? (　)

e. – Un moment ? C'est-à-dire... (　)

f. – Euh... Tes vacances. Tu es bien partie en vacances ? (　)

g. – Alors ces vacances ? *(1)*

h. – Trois semaines déjà ! Bon alors, raconte... (　)

243 Rayez ce qui ne convient pas.

Exemple : Le temps est ~~chaleureux~~ / ~~nuageux~~ / magnifique : il n'y a pas un nuage.

a. La nourriture est délicieuse / bon / modérée.

b. Les habitants sont chaleureux / rudes / en bon état.

c. Il ne fait pas trop chaud. Les nuits sont amères / douces / glaciales.

d. Les prix sont élevés / hauts / minuscules.

e. Ma chambre est polluée / sale / limpide.

f. La mer est polluée / limpide / impropre.

g. La plage est surpeuplée / condensée / défoncée.

h. Il fait nuit, enfin un peu de chaleur / fraîcheur / douceur.

B SE DÉPLACER, VOYAGER

 Production libre : transformez les phrases en utilisant l'impératif à la forme négative pour conseiller votre ami(e).

> *Exemple :* Je prends le bus pour aller à Lisbonne ?
> → ***Ne prends pas le bus, c'est beaucoup trop long.***

a. Je fais mes courses à pied ? → ....

b. Je pars en avion demain ? → ....

c. Je vais à la plage ? → ....

d. Je rentre à vélo ? → ....

e. Je voyage en première classe ? → ....

f. J'emporte ma carte d'identité ? → ....

g. J'achète ton billet ? → ....

h. Je prends mes skis ? → ....

 Reliez les questions et les réponses.

a. Tu vas à Toulouse ?   1. Oui, je les réserve.

b. Tu réserves les billets ?   2. Non, je l'ai oubliée.

c. Tu achètes le journal ?   3. Oui, je les prends.

d. Tu as pris les billets ?   4. Oui, je l'achète.

e. Tu as ta carte de réduction ?   5. Oui, je l'emporte.

f. Tu vas chercher les billets ?   6. Non, je n'y vais pas cette année.

g. Tu emportes ton appareil-photo ? 7. Oui, je vais les acheter.

h. Tu prends tes lunettes ?   8. Oui, je les ai pris.

246 **Rayez ce qui ne convient pas.**

> *Exemple :* Je voudrais un aller-retour / ~~aller simple~~ Paris-Toulouse-Paris.

a. Vous voyagez en première ou en seconde / deuxième classe ?

b. Il y a 50 % de réduction / promotion pour les personnes âgées.

c. Vous avez droit à un billet tarif réduit / petit tarif.

d. Dans le métro, j'achète un carnet de tickets / billets.

e. Pour prendre l'avion je vais à l'aéroport / l'aérogare.

f. Pour trouver mon chemin dans le métro, je demande un plan / une carte.

g. Pour monter dans le TGV, il faut une réservation / promotion.

h. J'ai réservé ma place / un siège il y a trois jours.

Complétez le dialogue avec les mots suivants : *contrôle, trouve, composter, terre, instant, billets, souviens, enfin, composté, rangés.*

    Exemple : – **Contrôle** de billets, messieurs, dames.

a. – Bonjour mesdames, je peux voir vos ...., s'il vous plaît ?

b. – Oui, bien sûr, un ...., je les cherche.

c. – Tu les as .... dans ton sac, non ?

d. – Oui... Je crois... C'est bizarre, je ne les .... pas. Tu ne te .... pas où...

e. – Regarde ! Ils sont tombés par ....

f. – Voilà, monsieur. Nous les avons .... retrouvés.

g. – Mais, vous n'avez pas .... vos billets ?

h. – Ah, la, la ! On a complètement oublié de les ....

 Reliez pour faire des phrases.

a. Il y a des embouteillages,	1. je dois payer au péage.
b. Sur l'autoroute,	2. j'ai une heure d'attente.
c. Sur les chemins,	3. à la station Châtelet.
d. Je viens de réussir	4. à la prochaine ?
e. Je prends le métro	5. le permis de conduire.
f. Attends-moi au bout du	6. on ne roule pas vite ce matin.
g. Tu descends	7. quai de la gare.
h. Je viens de rater mon train,	8. je fais du vélo.

249 **Lisez et notez si les affirmations sont vraies (V) ou fausses (F).**

    Exemple : Le train est direct, j'ai une correspondance à Rennes. **(F)**

a. Avant d'entrer dans le train, on composte son billet. (   )

b. Au guichet, j'achète un sandwich. (   )

c. Au buffet, j'achète mon billet. (   )

d. Aux heures de pointe, il n'y a personne dans la rue. (   )

e. J'attends le métro sur le quai. (   )

f. Je suis en retard, j'ai le temps de prendre un café. (   )

g. Le métro est fermé dans la journée. (   )

h. Quand vous montez dans le bus, vous pouvez allumer votre cigarette ou votre cigare, c'est comme vous voulez. (   )

250 Transformez ces phrases en supprimant les mots qui ne conviennent pas.

Exemple : Il n'y a plus des / de métro à / quand trois heures du matin.
→ *Il n'y a plus de métro à trois heures du matin.*

a. Il aller / va travailler à vélo tous les / chaque jours.

→ ....

b. Il prend l'avion les / plusieurs fois par / dans un mois.

→ ....

c. J'ai / Je réservé mes billets par Internet.

→ ....

d. Cette / Cet agence de voyages sont / est très efficace.

→ ....

e. Il a / est préférable de réserver pour ce circuit dans l' / en Égypte.

→ ....

f. Il est / C'est une croisière organisée dans la / en mer Méditerranée.

→ ....

g. On se promène sur / dans des rues tranquilles / gentilles.

→ ....

h. Je connais / sais bien / bon cette station de sports de l'hiver / d'hiver.

→ ....

251 Notez de 1 à 8 pour mettre les phrases du dialogue dans l'ordre chronologique.

a. – Pourquoi le bus ? (   )

b. – Le métro c'est moins cher, mais le taxi c'est moins fatigant. (   )

c. – À Paris, tu me conseilles le métro ou le taxi ? *(1)*

d. – Parce qu'on peut voir Paris et c'est bien pour découvrir la ville. (   )

e. – Moi, quand c'est possible, je prends le bus. (   )

f. – Et en plus, le bus, ce n'est pas plus cher que le métro ! (   )

g. – Tu as raison, c'est une bonne idée. Paris, c'est très beau le jour comme la nuit. (   )

h. – Et toi, qu'est-ce que tu préfères ? (   )

252 Cochez la bonne proposition.

Exemple : J'y vais. **1.** ☒ à Lyon   **2.** ☐ en Lyon

a. J'y ai vécu.	**1.** ☐ cette histoire	**2.** ☐ à Paris
b. Tu ne le prends pas ?	**1.** ☐ le bus	**2.** ☐ la voiture
c. J'en ai mangé.	**1.** ☐ du gâteau	**2.** ☐ le repas
d. Je l'ai pris.	**1.** ☐ mon repas	**2.** ☐ le restaurant
e. J'y ai mangé.	**1.** ☐ le gâteau	**2.** ☐ au restaurant
f. Je l'ai vu.	**1.** ☐ tes amis	**2.** ☐ Pierre
g. Je l'ai reconnu.	**1.** ☐ Pierre	**2.** ☐ Stéphanie.
h. Tu l'as apporté.	**1.** ☐ ton travail	**2.** ☐ ta mère

253 Transformez comme dans l'exemple.

Exemple : J'ai vu le bus. → *Tu peux voir le bus ?*

a. J'ai couru pour l'attraper. → ....

b. J'ai encore raté ce bus. → ....

c. J'ai encore rêvé. → ....

d. J'ai perdu la tête. → ....

e. J'ai bu un peu d'eau. → ....

f. J'ai lu un peu trop longtemps. → ....

g. J'ai attendu pendant deux heures. → ....

h. J'ai disparu. → ....

C PARLER DE MANIFESTATIONS CULTURELLES

254 Notez de 1 à 8 pour mettre les phrases du dialogue dans l'ordre chronologique.

a. – Vous croyez ? ( )

b. – Bonjour, vous avez encore des places pour le festival ? *(1)*

c. – Ah ! Le festival de théâtre, bien sûr ! ( )

d. – Mais c'est terrible, ça ! Comment je vais faire ? ( )

e. – Je ne sais pas. Essayez de voir sur Internet. ( )

f. – Quel festival ? Le festival de théâtre ou le festival de musique ? ( )

g. – Et bien non, mademoiselle, il n'y a plus une seule place ! ( )

h. – Peut-être... Si vous avez de la chance... Mais ça va être difficile ! ( )

255 Rayez ce qui ne convient pas.

Exemple : Est-ce qu'il vous reste des places / ~~sièges~~ pour le spectacle de ce soir.

a. J'ai acheté le programme / planning pour connaître les films de ce soir.

b. Quand le public n'est pas content il siffle / souffle.

c. Quels genres de films aimez-vous ? Les films policiers / films de police.

d. Elle adore les dessins gribouillés / dessins animés.

e. Personnellement, je déteste les films d'horreur / de peur.

f. Ce spectacle est vraiment très bon / délicieux.

g. Ce film, tout le monde dit / parle que c'est bien.

h. Et le concert, ça t'a plu / plaît ?

256 Écoutez le reportage et complétez le texte.

Ici, Mona Denfer, en direct du *(1)* .... de Canuche pour Franjournal.

Ce soir, chers auditeurs, nous *(2)* .... tous avec impatience la réponse

à cette question vitale : qui va remporter la baguette d'or cette année ? Un réalisateur

(3) .... ou américain ? Pourquoi pas un *(4)* .... ?

Quel suspense ! Je crois que j'aperçois la *(5)* .... actrice Jessie Naturelle. Elle s'avance vers nous. Quelle (6) .... ! Jessie ! Pensez-vous (7) .... la baguette d'or ? Répondez ! S'il vous plaît ! Elle ne m'a pas (8) .... Elle n'a sûrement pas (9) ...., Avec ce brouhaha ! Quel dommage ! Nous allons revenir plus tard. Bonne (10) .... à tous !

257 **Cochez si la critique est positive ou négative.**

Exemple : Les paysages du film sont fantastiques. **1.** ☒ positive **2.** ☐ négative

a. Les acteurs jouent très bien. **1.** ☐ positive **2.** ☐ négative

b. Épouvantable ce spectacle !! **1.** ☐ positive **2.** ☐ négative

c. Je trouve cette pièce intéressante. **1.** ☐ positive **2.** ☐ négative

d. Les dialogues sont vraiment drôles. **1.** ☐ positive **2.** ☐ négative

e. La musique est extraordinaire. **1.** ☐ positive **2.** ☐ négative

f. Ce film ne vaut pas le déplacement. **1.** ☐ positive **2.** ☐ négative

g. Assez médiocre !! **1.** ☐ positive **2.** ☐ négative

h. Je me suis ennuyée. **1.** ☐ positive **2.** ☐ négative

258 **Rayez l'intrus.**

Exemple : un billet / ~~un papier~~ / un ticket

a. un photographe / un metteur en scène / un réalisateur

b. un caméscope / une caméra / un appareil photo

c. la sculpture / la peinture / la nature

d. imaginer / exposer / créer

e. la civilisation / l'agriculture / la culture

f. un dessin / un croquis / un tableau

g. enthousiaste / déçu / passionné

h. dire / écrire / rédiger

259 **Cochez l'expression synonyme.**

Exemple : Elle déteste les films d'action.

1. ☐ Elle raffole des films d'action.

2. ☒ Elle a horreur des films d'action.

3. ☐ Elle est folle des films d'action.

a. Cet auteur est génial, son livre m'a beaucoup plu.

1. ☐ Cet auteur est mauvais, son livre m'a déplu.

2. ☐ Cet auteur est épouvantable, j'ai détesté son livre.

3. ☐ Cet auteur est formidable, son livre m'a beaucoup plu.

b. Ce film est amusant.

1. ☐ J'ai bien ri, c'est rigolo.

2. ☐ C'est trop sérieux pour moi.

3. ☐ C'est absolument ridicule.

c. Le scénario est moyen.
   1. ☐ Pas terrible, ce film !
   2. ☐ C'est vraiment encourageant.
   3. ☐ C'est tout à fait sympathique.

d. L'histoire est bouleversante.
   1. ☐ L'histoire est amusante.
   2. ☐ C'est très drôle !
   3. ☐ L'histoire est émouvante.

e. Il est connu, cet acteur.
   1. ☐ Il est célèbre.
   2. ☐ Il est fameux.
   3. ☐ Il est coûteux.

f. La fin du film est surprenante.
   1. ☐ C'est prévisible.
   2. ☐ C'est étonnant.
   3. ☐ C'est passionnant.

g. Ce concert est exceptionnel.
   1. ☐ Ce concert est extraordinaire.
   2. ☐ C'est épouvantable.
   3. ☐ C'est vraiment dramatique.

h. Les costumes sont très élégants.
   1. ☐ Ils sont charmants.
   2. ☐ Vraiment très chics !
   3. ☐ Tout à fait choquants !

260 **Notez de 1 à 8 pour mettre les phrases du dialogue dans l'ordre chronologique.**

a. – Ce week-end ? Pas grand chose. (   )

b. – Étienne, tu vois, il a beaucoup changé et j'ai passé une bonne soirée. (   )

c. – Tu n'es pas allé au cinéma ? (   )

d. – Qu'est-ce que tu as fait ce week-end ? *(1)*

e. – Ah si ! Tu vois j'ai oublié ! Je suis allé voir *Les Keufs*. Ce film, un vrai navet ! (   )

f. – Oui, moi aussi. En plus, j'ai rencontré Étienne. (   )

g. – Ah ! C'est étonnant, j'ai lu de bonnes critiques ! (   )

h. – Étienne !! (   )

261 **Écoutez et cochez la phrase entendue.**

   Exemple :   1. ☒ Tu as vu cette coupe extraordinaire ?
               2. ☐ Tu as bu cette coupe extraordinaire ?

a. 1. ☐ Ce groupe passe au Rex Club tous les soirs.
   2. ☐ Ce groupe lasse au Rex Club tous les soirs.

b. 1. ☐ Le chef d'orchestre a été longuement applaudi.
   2. ☐ Le chef a longuement applaudi l'orchestre.

c. **1.** ☐ Cette pièce, c'est une erreur !

   2. ☐ Cette pièce, c'est une horreur !

d. **1.** ☐ C'est complet, il n'y a plus de places.

   2. ☐ C'est fermé, il n'y a plus de places.

e. **1.** ☐ À l'exposition, tu l'as vue ?

   2. ☐ Et l'exposition, tu l'as vue ?

f. **1.** ☐ Il filme beaucoup en ce moment.

   2. ☐ Il fume beaucoup en ce moment.

g. **1.** ☐ C'est un livre sur l'art romain.

   2. ☐ C'est un livre sur l'art roman.

h. **1.** ☐ C'est un ancien phare.

   2. ☐ C'est une ancienne gare.

262 **Cochez la phrase qui convient.**

   Exemple : **1.** ☒ Vous avez raison.   **2.** ☐ Vous savez raison.

a. **1.** ☐ Hier, j'ai choisi un bon film.

   2. ☐ Hier, je choisis un bon film.

b. **1.** ☐ Je déteste l'acteur premier de ce film.

   2. ☐ Je déteste l'acteur principal de ce film.

c. **1.** ☐ Ce groupe va faire un tour en France.

   2. ☐ Ce groupe va faire une tournée en France.

d. **1.** ☐ Hier soir, il a resté à la maison.

   2. ☐ Hier soir, il est resté à la maison.

e. **1.** ☐ Une promenade en bateau-mouche, ça te dit ?

   2. ☐ Une promenade en bateau louche, ça te dit ?

f. **1.** ☐ Ce roman est écrit par un auteur belge.

   2. ☐ Ce roman s'est écrit par un auteur belge.

g. **1.** ☐ J'ai raconté Patrick au cinéma.

   2. ☐ J'ai rencontré Patrick au cinéma.

h. **1.** ☐ J'ai été au festival d'Avignon l'été dernier.

   2. ☐ Je suis allée au festival d'Avignon l'été dernier.

263 **Dans les associations suivantes, rayez les mots qui ne conviennent pas.**

   Exemple : Auteur : bande dessinée / roman / ~~calendrier~~

a. Dessinateur : film / bande dessinée / dessin animé

b. Chef : cuisine / couture / orchestre

c. Actrice : cinéma / chanson / théâtre

d. Exposition : danse / peinture / sculpture

e. Danse : contemporaine / chorégraphe / choriste

f. Concert : classique / tableau / jazz

g. Roman : auteur / éditeur / acteur

h. Mode : modeste / défilé / mannequin

264 **Séparez les mots, mettez les majuscules, les accents et la ponctuation.**

Exemple : ilyaunenouvellebibliothequeaalexandrieenegypte

→ *Il y a une nouvelle bibliothèque à Alexandrie, en Égypte.*

a. ellealaformeduntresgranddisqueinclineverslamer

→ ....

b. lestroislanguesrepresenteessontlarabelefrançaisetlanglais

→ ....

c. 450ordinateursonteteinstallespourlepublic

→ ....

d. ilyaaussidessallespourlesexpositionsetlesseminaires

→ ....

e. onpeutaussiytrouverunmuseedelacalligraphie

→ ....

f. danslepasselanciennebibliothequeapossedejusqua700000rouleauxdepapyrus

→ ....

g. lanciennebibliothequeaetelepremierlieudechangedescultures

→ ....

h. lanouvelleestconstruitepouraccueillircinqmillionsdelivres

→ ....

265 **Reliez pour faire des phrases.**

a. Tu veux aller à cette conférence

b. C'est une photographe japonaise
qui s'appelle

c. C'est un festival

d. Le Festnoz,

e. C'est un opéra

f. C'est le quatrième film

g. Comédien, c'est

h. Voici un endroit très spécial :

1. de musique ou de danse ?

2. d'Arnaud Desplechin.

3. Yoshiko Murasaki.

4. un métier très difficile.

5. en trois actes.

6. le musée de la magie.

7. sur l'histoire médiévale ?

8. c'est une fête traditionnelle bretonne.

266 **Notez de 1 à 8 pour mettre les phrases du dialogue dans l'ordre chronologique.**

a. – La musique classique, ça t'endort ! Qu'est-ce que tu racontes ? (   )

b. – Tu viens, oui ou non, à ce concert ? *(1)*

c. – Non, je te l'ai déjà dit, la musique classique, ça m'endort. (   )

d. – Mais enfin, tu peux faire un effort et rester éveillé ! (   )

e. – Et oui ! La musique classique, ça m'endort. La dernière fois, je me suis endormi. (   )

f. – Exactement, c'est pour ça que je veux rester ici. Tiens, je vais même écouter « Radio classique » et m'endormir sur mon canapé. (   )

g. – Tu n'as pas besoin de voir, un concert ça s'écoute. (   )

h. – Impossible ! En plus dans cette salle on est mal assis, et puis on ne voit rien. (   )

267 **Complétez les mots.**

Exemple : Ce s**ont** des cost**umes** tradition**nels** très **an**ciens.

a. C'est le f.........val international des lang......... et des c.........ures.

b. Il a lieu tous les ....s, à l'aut........., dans une ville de p.........vince.

c. On peut sui......... des co......... de langue ....tuits pour les début..........

d. Il est pos......... de g.........ter à des plats très exo......... et délic..........

e. Cet......... année, j'ai ess......... un cours de gre......... con.........porain.

f. Mon amie a do......... des cours de ru......... très appré..........

g. L'année proc........., je vais ess......... le polo......... et l'arabe.

h. C'est i.........essant de décou......... et de mél.........ger l......... cultures.

Bilans

268 **Écoutez l'histoire du « musicien magicien », et complétez les phrases.**

C'est une (1) .... incroyable : l'histoire du musicien magicien. D'habitude, quand je vais au concert, je (2) .... Je vous l'ai déjà dit. Hier, j'y suis allé et la musique m'a (3) .... très très loin. J'ai vu ma voisine (4) .... aussi à cause de la musique. Parfois la musique vous fait disparaître ou (5) ...., ça dépend. Le musicien a (6) .... très longtemps, et à la fin il a (7) .... Tout le public a alors disparu (8) .... Quand le musicien s'est (9) .... de pleurer, tout le monde est (10) .... Que (11) ....-il passé ?

269 **Lisez les présentations des manifestations culturelles et remplissez les fiches.**

a. Ça s'appelle L'inspecteur Henry mène l'enquête. L'histoire se passe en France, à l'aéroport Charles de Gaulle. C'est stupéfiant ! Tous les jours au cinéma Baumont Palace, à 20 heures.

Nom/titre : ....

Type : ....

Lieu : ....

Date et heure : ....

b. *C'est vraiment une abbaye magnifique, surtout quand le soleil se couche sur le mont et la mer. On visite ce monument tous les jours et on découvre l'histoire de Saint-Michel.*

Nom/titre : ....

Type : ....

Lieu : ....

Date et heure : ....

c. *Il n'est jamais démodé, Molière ! Au théâtre des Champs-Élysées, vous pouvez applaudir L'Avare tous les soirs, à 20 heures précises sauf le lundi.*

Nom/titre : ....

Type : ....

Lieu : ....

Date et heure : ....

d. *C'est un très beau film pour les enfants. On rit, on pleure. La petite girafe raconte la vie dans la savane africaine. Emmenez vos enfants au cinéma Cinétoile l'après-midi à 15 heures.*

Nom/titre : ....

Type : ....

Lieu : ....

Date et heure : ....

e. *Les derniers groupes de la scène rock et techno vont être là, samedi 12 novembre, à « La Cigale » à 17 heures pour le « Festival des Impitoyables ». On va danser toute la nuit.*

Nom/titre : ....

Type : ....

Lieu : ....

Date et heure : ....

f. *Le dernier album de Michèle Sort vient de paraître et déjà 100 000 exemplaires sont vendus. Venez retrouver cette célèbre chanteuse pour son concert exceptionnel au Palais des Glaces, le 17 mars, à 21 heures.*

Nom/titre : ....

Type : ....

Lieu : ....

Date et heure : ....

g. « *Bédélires* » : tous les ans, ils sont nombreux à venir à Angoulême, pour le festival de la bande dessinée en février. Ne manquez pas cette occasion de rencontrer de nouveaux auteurs.

Nom/titre : ....

Type : ....

Lieu : ....

Date et heure : ....

h. Vous ne connaissez certainement pas Gilles Discret, le photographe qui expose en ce moment à la galerie des artistes jusqu'à samedi. Quel dommage ! Ses photos sont vraiment très belles et l'exposition s'appelle « Voyages ». Tout un programme !

Nom/titre : ....

Type : ....

Lieu : ....

Date et heure : ....

VIII. TROIS-PIÈCES À LOUER

A COMPRENDRE LA DESCRIPTION D'UN LOGEMENT

270 Écrivez les abréviations en toutes lettres.

Exemple : Asc : *ascenseur*

a. C.c. : ....

b. Ch : ....

c. Sdb : ....

d. Cuis : ....

e. Gge : ....

f. Imm : ....

g. Prox : ....

h. 2 pces : ....

271 Réécrivez la petite annonce en toutes lettres à partir des abréviations.

À LOUER
Appt de 100 m². Prox. de nombreux commerces. Imm. de haut standing. Asc. 3ᵉ étage. F4. Compr. entrée, séjour-salon, sdb. 2 ch., cuis.

À louer, appartement de 100 m², ...

....

....

....

272 **Lisez la demande de logement et cochez si la petite annonce correspond.**

Demande : Je cherche à louer un appartement à Lille à partir du mois de juin. Je préfère le centre-ville proche de la gare. Je voudrais un deux-pièces, calme, avec ascenseur. Mon budget est de 400 euros, charges comprises.

Offres :

a. À vendre appt, plein centre-ville, F2, beaucoup de charme, calme avec asc. Contacter Herbert au 01.32.56.89.03.

☐ oui ☐ non

b. À louer maison de ville, proche de la gare, 400 euros par mois sans les charges.

☐ oui ☐ non

c. À louer F2, 3 km du centre-ville, immeuble récent, 400 euros cc.

☐ oui ☐ non

d. Lyon, à louer appt. 40 m², centre-ville prox. gare, ss asc.

☐ oui ☐ non

e. À louer de suite, appt. centre-ville, 450 euros par mois, calme, ascenseur.

☐ oui ☐ non

f. À louer en co-location, ch. dans appt. de 4 pces, non-fumeur, prox. gare et commerces. 150 euros/mois.

☐ oui ☐ non

g. F2 calme avec ascenseur, proche gare et commerces contre baby-sitting le soir et mercredi.

☐ oui ☐ non

h. F2 à louer calme avec asc., centre-ville, prox. gare, à partir du mois de juin. 350 euros cc.

☐ oui ☐ non

273 **Notez de 1 à 8 pour mettre les phrases du dialogue dans l'ordre chronologique.**

a. – Oh ! La rue de la Glacière, c'est assez bruyant non ? (   )

b. – Bon d'accord, puisque vous insistez ! À demain 13 h. (   )

c. – Évidemment, il n'y a pas plus bruyant que le boulevard Arago !! Et je sais de quoi je parle : j'habite boulevard Arago. (   )

d. – Agence du Sud, bonjour, que puis-je faire pour vous ? **(1)**

e. – Oui, tout à fait, nous avons un appartement de 4 pièces rue de la Glacière. (   )

f. – Non, pas tellement, c'est moins bruyant que le boulevard Arago par exemple. (   )

g. – Bonjour Madame, c'est Madame Gripiffe à l'appareil. Avez-vous de nouveaux appartements à me proposer ? (   )

h. – Allez quand même le visiter ! Cet appartement est au dernier étage avec une vue splendide, et puis il est en parfait état. Je vous donne un rendez-vous pour demain à 13 h, c'est possible ? (   )

274 Notez si les affirmations sont vraies (V) ou fausses (F).

Exemple : Dans un F2, il y a une chambre, un salon, une cuisine et une salle de bains. **(V)**

a. La chambre est très spacieuse, elle est petite. (   )

b. L'appartement est en bon état, il y a beaucoup de travaux à faire. (   )

c. Dans un studio, il y a quatre pièces. (   )

d. Je loue un appartement, je paye un loyer. (   )

e. Je suis propriétaire, la maison est à moi. (   )

f. Je suis locataire, la maison est à moi. (   )

g. Dans l'entrée, on fait la cuisine. (   )

h. Dans la salle à manger, on prend les repas. (   )

275 Rangez les objets dans la bonne pièce : *salle de bains, chambre, cuisine, salon, salle à manger.*

Exemple : un évier : **cuisine**

a. un lavabo : ....

b. un lit : ....

c. une baignoire : ....

d. une douche : ....

e. un four : ....

f. une cuisinière : ....

g. un canapé : ....

h. une table et des chaises : ....

276 Notez de 1 à 8 pour mettre les phrases du dialogue dans l'ordre chronologique.

a. – Oui mais, vous savez, on ne vit pas dans l'entrée... (   )

b. – Alors, Madame, qu'est-ce que vous pensez de cet appartement ? **(1)**

c. – Écoutez, il ne me plaît pas vraiment. (   )

d. – D'abord, l'entrée est trop étroite... (   )

e. – C'est vrai, mais j'ai besoin d'une grande entrée pour y laisser mon vélo. Et puis la décoration est à refaire... (   )

f. – Toutes neuves peut-être, mais quel goût !! Une entrée rouge, un salon vert, une salle de bain violette, et des chambres roses !! Désolée, mais ça ne me convient pas du tout ! (   )

g. – Mais les peintures sont toutes neuves !!! (   )

h. – Ah bon ! Et pour quelles raisons ? (   )

277 **Séparez les mots, mettez la ponctuation, les majuscules et les accents.**

Exemple :   cetappartementestbeaumaiscettemaisonestencoreplusbelle

→ *Cet appartement est beau, mais cette maison est encore plus belle.*

a. cetteagenceimmobiliereestplusefficacequelautre

→ ....

b. tachambreestlaplusgrandepiecedelamaison

→ ....

c. lesalonestlaplusbellepiecedelappartement

→ ....

d. cetterueestlaruelapluscalmedelaville

→ ....

e. cetappartementestplusgrandmaisilestpluscher

→ ....

f. cettesalledebainsestplusjoliemaismoinspratiquequelautre.

→ ....

g. cestlequartierlepluscherdelaville

→ ....

h. unappartementcestbienmaisunemaisoncestmieux

→ ....

278 **Écoutez le message et notez si les affirmations sont vraies (V) ou fausses (F).**

Exemple :   Mme Lauret écrit à l'agence immobilière. *(F)*

a. Elle habite déjà dans la région. (   )

b. Elle veut acheter une maison. (   )

c. Elle veut un appartement de 200 m². (   )

d. Elle veut un garage pour les deux voitures. (   )

e. Elle veut habiter au centre-ville. (   )

f. Son ami va travailler à la mairie. (   )

g. Son ami a deux voitures. (   )

h. On peut l'appeler avant 18 heures. (   )

279 **Rayez ce qui ne convient pas.**

Exemple :   La chambre ~~à dormir~~ / à coucher est très claire.

a. La salle de bains / à bains / à baigner est moderne.

b. Il y a une table dans la cuisine / cuisinière / salle à cuisiner.

c. Dans le bureau, il n'y a pas de fenêtre, il fait marron / sombre.

d. Quelle belle salle de / à / au manger !

e. L'entrée est bruyante / calme / épuisante, elle donne sur une rue très animée.

f. Le radiateur ne fonctionne pas. Il fait vraiment très froid / chaud / brûlant.

g. La salle de séjour est agréable. C'est important car c'est la pièce où on est le plus souvent / le moins souvent / jamais.

h. C'est à quel étage, au deuxième / au deux / au second ?

280 **Reliez les mots de la même famille.**

a. un meuble

b. un logement

c. louer

d. complètement

e. déménager

f. un plan

g. habiter

h. un propriétaire

1. un habitat

2. un locataire

3. un immeuble

4. loger

5. une propriété

6. complet

7. planifier

8. un déménagement

281 **Écoutez le dialogue et complétez.**

Exemple : – Bonjour, Pernette Richard, votre **agent** immobilier.

a. – Bonjour, je cherche un ...., un grand, un très .... appartement.

b. – .... ? Et vous le voulez pour quand ?

c. – Rapidement, ...

d. – J'ai besoin de plus de .... Vous avez beaucoup d'argent ?

e. – Non, pas ....

f. – Un moment... Pas .... un grand appartement... évidemment il va falloir attendre ....

g. – Ce n'est pas grave, j'ai tout mon ....

h. – Mais, je pensais que vous le vouliez ....

282 **Rayez ce qui ne convient pas.**

Exemple : Un déménageur rapide / ~~vite~~ / ~~efficacement~~.

a. Un carton fragile / encombrant / difficile.

b. Soulever un immeuble / un meuble / un escalier.

c. Charger / traverser / conduire un camion.

d. Un carton complet / ennuyeux / vide.

e. Casser un vase / un livre / une chambre.

f. Arroser / copier / soulever un meuble.

g. Allumer / recevoir / poster un paquet.

h. Déménager une ville / une bibliothèque / une voiture.

283 **Cochez la réponse qui convient.**

Exemple : Vous déménagez quand ? **1.** ☒ Le plus vite possible. **2.** ☐ L'année dernière.

a. Vous cherchez une maison ? **1.** ☐ Oui, avec un jardin. **2.** ☐ Oui, au 5e étage.

b. Vous habitez en région parisienne ? **1.** ☐ Oui, en province. **2.** ☐ Oui, en banlieue.

c. Qu'est-ce que vous préférez ? **1.** ☐ Oui, un pavillon. **2.** ☐ Un pavillon.

d. À quel étage voulez-vous aller ? **1.** ☐ Troisième. **2.** ☐ Au troisième.

e. L'ascenseur est tombé en panne ?	**1.** ☐ Oui, ça arrive souvent.	**2.** ☐ Oui, ça tombe souvent.
f. Où est l'arrêt de bus ?	**1.** ☐ En face de la maison.	**2.** ☐ Au rez-de-chaussée.
g. Un commerce, qu'est-ce que c'est ?	**1.** ☐ Un magasin.	**2.** ☐ Un bureau.
h. Où peut-on mettre ces chaises ?	**1.** ☐ Sur le toit.	**2.** ☐ Sur la terrasse.

284 **Mettez les mots dans l'ordre pour faire des phrases.**

Exemple : postée/Il/l'/./lui/écrit/a/lettre/une/longue/et/a/il

→ *Il lui a écrit une longue lettre et il l'a postée.*

a. offrir/l'/de/rêves/Je/t'/appartement/./vais/tes

→ ....

b. répondu/On/./appelés/les/pas/n'/a/hier/ils/mais/ont

→ ....

c. cette/./histoire/Je/raconter/leur/toute/vais

→ ....

d. non/appartement/dit/Je/./lui/pour/ai/cet

→ ....

e. maison/leur/./envoyer/Nous/cadeau/nouvelle/allons/un/pour/leur

→ ....

f. immeuble/Vous/parlé/ce/lui/nouvel/?/avez/de

→ ....

g. question/lui/Tu/bonne/?/as/la/posé

→ ....

h. conseillé/agence/lui/Je/./ai/une/aller/d'/voir/immobilière

→ ....

285 **Reliez les questions aux réponses.**

a. Vous avez quelque chose de plus grand ?

b. Quelle pièce est la plus spacieuse ?

c. Tu préfères ta nouvelle maison ?

d. Vous connaissez bien le quartier ?

e. L'ascenseur fonctionne bien ?

f. Tu habites à quel étage ?

g. Tu habites où à Paris ?

h. Qui peut bien vivre dans cette horrible maison ?

1. Dans le cinquième.

2. Non, l'ancienne.

3. Oui, un F5.

4. Le salon.

5. Moi.

6. Oui, j'y habite.

7. Au cinquième.

8. Non, il est souvent en panne.

286 **Notez de 1 à 8 pour mettre les phrases du dialogue dans l'ordre chronologique.**

a. – Ce logement, vous le voulez comment ? (   )

b. – Vous voulez un grand appartement ? (   )

c. – Oui, exactement, un grand appartement. (   )

d. – Grand, très grand. (   )

e. – Oui, vraiment, un logement. (   )

f. – J'ai besoin de plus de renseignements, vous le voulez pour quand ? (   )

g. – Un logement, vraiment ? (   )

h. – Je cherche un logement... **(1)**

287 **Écoutez le dialogue et notez si les affirmations sont vraies (V) ou fausses (F).**

Exemple : Deux étudiantes cherchent un appartement. **(V)**

a. Elles cherchent un trois-pièces près du centre-ville. (   )

b. C'est très facile à trouver au mois d'octobre. (   )

c. Il y a deux appartements libres. (   )

d. Le premier appartement est à 400 euros sans les charges. (   )

e. Le deuxième appartement est à 650 euros sans les charges. (   )

f. Le deuxième logement est près de la fac de médecine. (   )

g. Les étudiantes décident de prendre l'appartement neuf. (   )

h. Il n'y a pas uniquement le loyer à payer. (   )

288 **Réécrivez les phrases en supprimant les mots inutiles.**

Exemple : Nous le voulons déménager au mois de le juin futur prochain.

→ ***Nous voulons déménager au mois de juin prochain.***

a. Les déménagement déménageurs ont cassé le vase bleu bleue de ma tante.

→ ....

b. C'est un grand appartement nouvel orienté plein le sud avec une terrasse.

→ ....

c. C'est cette une maison blanche de deux étages avec le un jardin.

→ ....

d. Nous la recherchons un l'appartement sur dans le quatorzième arrondissement.

→ ....

e. C'est il y a près du centre ou c'est en dans banlieue ?

→ ....

f. Je nous veux absolument très un appartement ancien avec du parquet.

→ ....

g. Il a est acheté une maison de des vacances derrière en face de la mer.

→ ....

h. Il y a une petite grande annonce beaucoup très intéressante dans ce journal.

→ ....

289 **Complétez les mots.**

Exemple : L'été, nous lou**ons** une maison avec **pis**cine en Prove**nce**.

a. Tu préfères habit............ au centre-vi............ ou en ban............ ?

b. Il faut sig............ le ba............ avant d'avoir les cl............ .

c. Vous ê............ propri............re o............ locataires ?

d. Il y a six pi............ mais ....s sont vrai............ trop petites.

e. Ils vont ....abord ....installer, pu............ ils vont faire u......... gran......... fête.

f. Je pars à l'étrang............ et je v............x ....dre ma maison.

g. Ce............ ag............ immobilière n'est pas très ....icace.

h. Vous c............yez que ce qua............ résidentiel est trop ....lme ?

C DÉCRIRE L'AMEUBLEMENT, LA DÉCORATION

290 Reliez les mots qui riment.

a. décoration	1. prendre
b. assurance	2. garage
c. chauffage	3. location
d. table	4. France
e. étage	5. palier
f. cuisine	6. voisine
g. escalier	7. capable
h. vendre	8. sage

291 Reliez pour faire des phrases.

a. Toute la décoration	1. sur le parc.
b. Les fenêtres donnent	2. dans les charges ?
c. Le chauffage est compris	3. est à refaire !
d. La cuisine est peinte	4. propre ici.
e. La moquette doit	5. ascenseur !
f. Il faut monter le piano	6. en violet.
g. Ce n'est pas très	7. au quatrième étage !
h. C'est au cinquième étage, sans	8. être changée rapidement.

292 Notez de 1 à 8 pour mettre les phrases du dialogue dans l'ordre chronologique.

a. – Oui, nous l'avons vu hier après-midi. ( )

b. – Moi, oui, mais Julien, il n'aime pas trop. ( )

c. – Oui, il a l'habitude des grands espaces. ( )

d. – Mais, à Paris ce n'est pas toujours possible. ( )

e. – Alors, cet appartement, vous l'avez visité ? *(1)*

f. – Ça vous plaît ou non ? ( )

g. – Surtout quand on n'a pas beaucoup d'argent ! ( )

h. – Ah bon ? Pourquoi, c'est trop petit pour lui ? ( )

293 Séparez les mots, mettez les majuscules, les accents et la ponctuation.

Exemple :   cetetejaidecoretouteslespiecesdenotrenouvellemaisondecampagne

   → *Cet été, j'ai décoré toutes les pièces de notre nouvelle maison de campagne.*

a. pourcommmencerilafalluabsolumentenlevertouslesvieuxmeubles

→ ....

b. ensuitejairefaittouteslespeinturesetjaicommenceparlesplafonds

→ ....

c. nousavonschoisiunepeinturejauneparcequecestplusgai

→ ....

d. apreslespeinturesjaichangelamoquetteetleseclairages

→ ....

e. jaiachetedesmeublesneufsetjaimisdestableauxsurlesmurs

→ ....

f. jaiaussichangetouteslesvieillesportesetjairepeintlesfenetres

→ ....

g. enfinjaiplantedesarbresetjaisemedesfleursdanslejardin

→ ....

h. maintenantjesuiscompletementepuiseeetjenaiplusd'argent

→ ....

294 Écoutez le dialogue et notez si les affirmations sont vraies (V) ou fausses (F).

Exemple :   Sabine téléphone à Léa pour lui demander un rendez-vous. *(F)*

a. Sabine n'a pas beaucoup de temps pour parler avec Léa. (   )

b. Léa connaît très bien la peinture et la décoration. (   )

c. Léa veut repeindre sa salle de bains et son couloir. (   )

d. Elle veut repeindre sa cuisine mais ne sait pas quelle couleur choisir. (   )

e. Léa propose la couleur orange parce que c'est bizarre. (   )

f. Sabine aime la couleur orange pour les cuisines. (   )

g. Sabine conseille à Léa de dessiner des légumes sur les murs. (   )

h. Finalement, Léa va demander des informations à un vendeur de Peinturama. (   )

295 Rayez les intrus.

Exemple :   Un mur : la peinture / le papier peint / ~~en cuir~~.

a. Une chambre : dormir / nager / se lever.

b. L'entrée : la baignoire / le porte-manteau / le miroir.

c. La salle de bains : une assiette / un savon / une serviette.

d. Un salon : un canapé / une douche / un fauteuil.

e. Un aspirateur : la poussière / le tapis / le plafond.

f. Une cuisinière : congeler / chauffer / cuire.

g. Un balcon : un pot de fleurs / un escalier / une jardinière.

h. Un lave-vaisselle : du linge / des couteaux / des bols.

296 **Reliez les questions et les réponses.**

a. Tu veux une maison ou un appartement ?   1. Un tableau pour le salon.

b. C'est moins cher en banlieue ?   2. En juin 2003, je crois.

c. Quelle table préférez-vous ?   3. Les deux !

d. La cuisine est vraiment petite ?   4. C'est simple : on ne peut pas dormir !

e. C'est un quartier vraiment très animé ?   5. Oui, toujours.

f. Tu as planté des tulipes ?   6. Oui, mais je ne l'utilise pas souvent.

g. Qu'est-ce qu'on va leur offrir ?   7. Oui, des rouges.

h. Quand allons-nous déménager ?   8. Celle en bois clair.

297 **Rangez les objets dans la bonne pièce.**

Exemple :   un tapis de bain   1. ☒ salle de bains   2. ☐ chambre   3. ☐ cuisine

a. une serviette de bain   1. ☐ salle de bains   2. ☐ chambre   3. ☐ cuisine

b. un tablier   1. ☐ salle de bains   2. ☐ chambre   3. ☐ cuisine

c. un peignoir   1. ☐ salle de bains   2. ☐ chambre   3. ☐ cuisine

d. une chemise de nuit   1. ☐ salle de bains   2. ☐ chambre   3. ☐ cuisine

e. une table de chevet   1. ☐ salle de bains   2. ☐ chambre   3. ☐ cuisine

f. une table de nuit   1. ☐ salle de bains   2. ☐ chambre   3. ☐ cuisine

g. un tire-bouchon   1. ☐ salle de bains   2. ☐ chambre   3. ☐ cuisine

h. un ouvre-boîte   1. ☐ salle de bains   2. ☐ chambre   3. ☐ cuisine

298 **Complétez le dialogue avec les mots suivants :** *magazine, loyer, acheter, méchante, vraiment, maisons, donne, chez, arrives, chers, rêves, intéressant, rêver.*

Exemple :   – Maman, tu as vu ce nouveau **magazine** de décoration ?

a. – Non, c'est .... ?

b. – C'est super ! Il y a plein de photos magnifiques de .... splendides.

c. – Oui, tu les regardes et après ? Tu ne peux pas les .... ces maisons !

d. – D'accord. Mais ça me .... des idées pour la décoration ....
    moi.

e. – Tu parles ! Tu n'..................... même pas à payer ton .... tous les mois,
    alors...

f. – Pourquoi est-ce que tu es plus .... que d'habitude, aujourd'hui ?

g. – Parce que ça m'énerve ! Tu achètes des magazines aussi .... que des pots
    de peinture et tu .... encore... C'est .... triste... À ton âge...

h. – Avec toi, c'est toujours pareil... pas le droit de ....

Bilans

299 Cochez la proposition qui convient.

> *Exemple :* Pour trouver un logement, vous vous adressez à :
>   **1.** ☐ une agence de voyages
>   **2.** ☐ une agence matrimoniale
>   **3.** ☒ une agence immobilière

a. Vous précisez la surface ou la superficie que vous désirez en :
   1. ☐ m²
   2. ☐ cm²
   3. ☐ m³

b. Vous préférez les immeubles modernes, vous dites :
   1. ☐ je préfère le jeune
   2. ☐ je préfère le neuf
   3. ☐ je préfère le nouveau

c. Vous n'aimez pas les immeubles modernes, vous dites :
   1. ☐ je préfère l'ancien
   2. ☐ je préfère le vieux
   3. ☐ je préfère l'âgé

d. Vous n'avez pas de meubles, vous recherchez :
   1. ☐ un appartement vide
   2. ☐ un appartement meublé
   3. ☐ un appartement non meublé

e. Vous êtes libres pour visiter des appartements :
   1. ☐ en semaine
   2. ☐ sur la semaine
   3. ☐ pour la semaine

f. Le loyer est de 440 euros :
   1. ☐ charges incomprises
   2. ☐ charges lourdes
   3. ☐ charges comprises

g. Chaque mois, pour votre appartement vous payez :
   1. ☐ un loyer
   2. ☐ un forfait
   3. ☐ un foyer

h. Je loue un appartement à Marseille, je paie un loyer :
   1. ☐ je suis locataire, ça me coûte cher
   2. ☐ je suis propriétaire
   3. ☐ je suis notaire, c'est mon travail

300 Lisez le reportage et rayez les mots qui ne conviennent pas.

Ici Mona Denfer (1) pour / à Franjournal. Hier soir, chers auditeurs, (2) je / j'ai été invitée par Lou Divine, la (3) fameuse / célèbre star de cinéma. Elle a organisé une grande (4) fête / fait dans le jardin de sa nouvelle (5) villa / ville au bord de la mer. Nous avons bu du champagne et nous avons (6) aussi / ici beaucoup dansé. Mais je vais vous (7) écrire / décrire la maison de Lou Divine. J'ai pu la visiter avec (8) elle / quelle. C'est (9) très / réellement fantastique ! (10) Dans / À l'intérieur, tout est noir et blanc. (11) C'est / Ça est fabuleux. Il y a (12) une dizaine / un nombre de chambres, et autant (13) des / de salles de bains ! Mais le plus beau, le plus spectaculaire, (14) celle / c'est le salon. Les canapés sont en forme de poissons, ils s'éclairent quand vous (15) nous / vous asseyez (16) dessus / dessous. Les tables (17) ressemblent / rassemblent à des (18) toiles / étoiles de mer. Et il y a des (19) à quoi / aquariums partout avec des poissons... en couleurs ! Ce sont (20) laissé / les seules couleurs de cet endroit ! Vous voyez, chers (21) éditeurs / auditeurs, c'est absolument (22) fantastique / la panique !

IX. C'EST LE NOUVEAU STAGIAIRE

A CHERCHER UN EMPLOI

301 Notez si les affirmations sont vraies (V) ou fausses (F).

Exemple : Vous avez un entretien d'embauche, l'entreprise vous convoque. **(V)**

a. Une lettre manuscrite, c'est une lettre écrite à la main, avec un stylo. ( )

b. Pour rechercher un emploi, vous consultez les petites annonces. ( )

c. L'employeur travaille pour l'employé. ( )

d. Il vient d'être licencié : il a trouvé du travail. ( )

e. Une entreprise recrute : elle recherche du personnel. ( )

f. Pour trouver un travail, vous devez rédigez une lettre de lamentations. ( )

g. Quelles sont vos qualités ? J'ai une maîtrise de lettres modernes. ( )

h. Quelles sont vos qualifications ? J'ai une maîtrise de lettres modernes. ( )

302 Reliez les phrases qui se correspondent.

a. Bien sûr !
b. Vous faites erreur.
c. Désolé, je ne peux pas vous aider.
d. C'est vrai ?
e. Voulez-vous me suivre ?
f. Mettez-vous à l'aise.
g. Ça va, vous comprenez ?

h. Vous êtes embauché le mois prochain.

1. Vous vous trompez.
2. Donnez-moi votre manteau.
3. Vous êtes sûre ?
4. Vous voyez ce que je veux dire ?
5. Bien entendu !
6. Vous venez avec moi ?
7. Vous commencez un nouveau travail bientôt.
8. Excusez-moi, mais je ne peux pas vous renseigner.

303 Lisez l'histoire d'Élodie puis notez si les affirmations sont vraies (V) ou fausses (F).

Mon amie Élodie a un problème : elle est au chômage depuis 6 mois et elle cherche un travail dans l'hôtellerie. Elle répond à des offres d'emploi et envoie des candidatures spontanées, on ne sait jamais ! Élodie s'est inscrite dans une agence d'intérim, c'est parfois une bonne façon de trouver un travail. Hier, elle a eu un entretien pour travailler à l'hôtel Lilton à Paris. Il y a eu beaucoup de candidats mais comme l'entretien s'est bien passé, elle a toutes ses chances !

Exemple : Il n'y avait pas tellement de candidats. **(F)**

a. Élodie travaille depuis 6 mois. ( )

b. Elle répond à des demandes d'emploi. ( )

c. Elle voudrait travailler dans l'hôtellerie. ( )

d. Elle envoie des candidatures spontanées. ( )

e. Elle pense que l'intérim est une bonne façon de trouver un travail. ( )

f. Elle a passé plusieurs entretiens pour travailler à l'hôtel Lilton. ( )

g. Elle a passé un entretien hier. ( )

h. Elle est satisfaite de son entretien. ( )

304 **Écoutez et cochez la phrase entendue.**

Exemple : **1.** ☐ Ce travail, c'est difficile. **2.** ☒ Je travaille, c'est difficile.

a. **1.** ☐ Je ne sais pas le dire en français. **2.** ☐ Je ne sais pas lire en français.

b. **1.** ☐ Je n'ai pas pu tout comprendre **2.** ☐ Je n'ai pas su tout comprendre

dans cette annonce. dans cette annonce.

c. **1.** ☐ Tu as lu cette proposition ? **2.** ☐ Tu as vu cette proposition ?

d. **1.** ☐ Cette conviction est importante. **2.** ☐ Cette communication est importante.

e. **1.** ☐ Cet emploi, c'est intéressant, non ? **2.** ☐ Cet employé est intéressant, non ?

f. **1.** ☐ Il est vacant, le poste ? **2.** ☐ Ils sont en vacances à la poste ?

g. **1.** ☐ Il n'y a pas beaucoup de choix **2.** ☐ Il n'y a pas beaucoup de joie

dans ces annonces. dans ces annonces.

h. **1.** ☐ Au revoir et au plaisir ! **2.** ☐ Au plaisir de vous revoir !

305 **Mettez les mots dans l'ordre pour faire des phrases.**

Exemple : ce/d'/a/beaucoup/Il/journal/?/y/annonces/dans/intéressantes

→ *Il y a beaucoup d'annonces intéressantes dans ce journal ?*

a. adresse/à/./ton/Tu/cette/envoyer/dois/CV/manuscrite/et/lettre/une

→ ....

b. mois/./à/Ce/partiel/un/sera/emploi/temps/et/partiel/six/pour

→ ....

c. activités/sont/./Les/cette/diversifiées/très/de/entreprise

→ ....

d. trouveras/de/que/Tu/intéressant/ne/pas/ça/./plus/travail

→ ....

e. lui/./entretien/Je/avec/un/ne/jamais/pourrai/avoir

→ ....

f. emploi/./à/cet/prochaine/garderai/année/Je/jusqu'/l'

→ ....

g. Lafontaine/./travail/donner/vous/quelques/Madame/ce/va/sur/informations

→ ....

h. ta/?/société/Est/cette/-/ce/candidature/tu/proposer/que/vas/à

→ ....

306 Écoutez et cochez si la phrase exprime une idée positive ou négative.

> *Exemple :* **1.** ☐ positive   **2.** ☒ négative

a. **1.** ☐ positive   **2.** ☐ négative

b. **1.** ☐ positive   **2.** ☐ négative

c. **1.** ☐ positive   **2.** ☐ négative

d. **1.** ☐ positive   **2.** ☐ négative

e. **1.** ☐ positive   **2.** ☐ négative

f. **1.** ☐ positive   **2.** ☐ négative

g. **1.** ☐ positive   **2.** ☐ négative

h. **1.** ☐ positive   **2.** ☐ négative

307 Notez de 1 à 8 pour mettre les phrases du dialogue dans l'ordre chronologique.

a. – Un travail de vendeuse… À temps complet ou à mi-temps ? (   )

b. – Allô, je suis bien à l'agence pour l'emploi ? *(1)*

c. – Oui, c'est bien ça. Je peux vous aider ? (   )

d. – Ah oui ! Je connais bien cette boulangerie. Pourquoi êtes-vous partie ? (   )

e. – Oui. Le « Magiprix » de la rue Canaille cherche une vendeuse en pâtisserie. Vous voulez essayer ? (   )

f. – À temps complet. J'ai déjà travaillé à la boulangerie « Le bon pain », rue Voltaire. (   )

g. – Parce que je voulais travailler dans un supermarché. Vous avez quelque chose pour moi ? (   )

h. – J'espère bien, monsieur. Je cherche un travail de vendeuse. (   )

308 Reliez les questions et les réponses.

a. Vous êtes libre à partir de quand ?   1. Oui, je l'ai lue hier.

b. Vous avez lu cette annonce ?   2. La vente, j'aime beaucoup ça.

c. Tu as rendez-vous avec qui ?   3. Oui, il a été formidable.

d. Il a réussi son entretien d'embauche ?   4. Bien sûr, mais ne sois pas si nerveuse !

e. Vous avez de l'expérience ?   5. Tout de suite.

f. Vous cherchez dans quel domaine ?   6. Non, aucune.

g. Tu crois que ça va aller ?   7. Oui, je suis prête.

h. Vous êtes prête à déménager ?   8. C'est un secret, c'est pour un nouveau travail !

309 Lisez le dialogue et rayez les mots qui ne conviennent pas.

> *Exemple :*   – Pour trouver un travail en / ~~à~~ France, qu'est-ce qu'il faut faire ?

a. – Ah, ce n'est pas facile. Tu as une fondation / formation spéciale ?

b. – Oui, j'ai eu mon fac / bac, et puis je / j'ai fait une école d'ingénieur en électrique / électromécanique.

c. – Ah ça, assez / c'est bien. Tu n'as jamais travaillé devant / avant ?

d. – Non... enfin si. Comme / Quand étudiant, j'ai fait des stages en entrée / entreprise dans / dont mon pays.

e. – C'est bien, ça. C'est un debout / début. Tu les as finies dans / quand tes études / étudies ?

f. – La semaine dernier / dernière. Je viens / vais juste de les / les terminer. Je serai / saurai libre lundi prochain.

g. – Alors, tiens / ton, voilà le journal et / elle les offres d'emploi. Bonne chance !

h. – Merci pour les enseignements / renseignements.

 310 Complétez les mots pour comprendre les sigles.

Exemple : ANPE : Agen**ce** nation**ale** pour l'**em**ploi

a. BTS : br.........vet de techni......... supér.........

b. CDD : contr......... à dur......... ....terminée

c. SARL : soc.........té à responsab.........té limit.........

d. UE : ....ion ....péenne

e. CDI : ....trat à du......... i.........terminée

f. ONU : or.............tion des ....tions u.........

g. SA : soc.........té anony.........e

h. TTC : t.........te tax......... compr.........se

311 Notez de 1 à 8 pour mettre les phrases du dialogue dans l'ordre chronologique.

a. – Oui c'est exact, j'ai travaillé dans l'immobilier. ( )

b. – Bonne idée, parce que je vais être en retard pour déjeuner. J'ai rendez-vous avec Nicole. Il y a une autre personne dans le couloir. C'est peut-être elle que vous attendez pour un entretien ? ( )

c. – Vous avez travaillé dans l'immobilier, n'est-ce pas ? *(1)*

d. – Oh ! Pas longtemps, 2 ans. ( )

e. – Et pourquoi avez-vous arrêté ? ( )

f. – Et pendant combien de temps ? ( )

g. – Parce que j'ai trouvé un appartement. ( )

h. – Parce que vous avez trouvé un appartement... Oui, c'est intéressant. Je vous remercie. Nous allons arrêter l'entretien maintenant. ( )

312 Rayez ce qui ne convient pas.

Exemple : Il travaille ~~comme~~ / dans l'enseignement.

a. Elle est candidate / candidature à un poste de direction.

b. Il est au fromage / chômage depuis ce matin.

c. Elle vient de passer un entretien / interview pour être journaliste.

d. L'entreprise Nathon recherche un stagiaire / stage.

e. Envoyez votre CV / CD à la Direction des Ressources humaines.

f. Adressez votre lettre de motivation / d'explication à la Directrice.

g. Il a un poste / une position de secrétaire.

h. Il occupe / s'occupe un poste d'attaché commercial.

B COMMUNIQUER DANS L'ENTREPRISE

313 **Notez de 1 à 8 pour mettre les phrases du dialogue dans l'ordre chronologique.**

a. – Je suis désolée mais je parle du jeudi 15, mon rendez-vous c'était le mercredi 14. ( )

b. – Les Éditions de Midi, bonjour. *(1)*

c. – Oui, c'est ça, le mercredi à 14 h. Est-il possible de voir Monsieur Voulvic le jeudi à la même heure ? ( )

d. – Allô, bonjour, ici Yui Kono de la société Chenet-Japon, je voudrais déplacer mon rendez-vous avec Monsieur Voulvic. ( )

e. – Jeudi 8 à 14 h, oui, sans problème, c'est noté. ( )

f. – Ne quittez pas, je consulte son agenda. Vous aviez rendez-vous mercredi à 14 h ? ( )

g. – Oh ! Excusez-moi. Je note donc jeudi 15 à 14 h, c'est entendu. Au revoir, Madame. ( )

h. – Je vous remercie. Au revoir Madame. ( )

314 **Lisez et notez si les affirmations sont vraies (V) ou fausses (F).**

Exemple : Vous prenez des notes pendant une réunion. *(V)*

a. Au téléphone, « C'est d'accord, j'ai bien noté » signifie « C'est entendu ». ( )

b. Au téléphone, la standardiste peut vous dire : « Je vous passe sa position. » ( )

c. Vous changez l'heure de votre rendez-vous, vous le déplacez. ( )

d. Vous voulez un rendez-vous plus tôt, vous le retardez. ( )

e. Vous voulez un rendez-vous plus tard, vous l'avancez. ( )

f. Pendant la réunion, vous écrivez des notes. ( )

g. Vous pouvez poser votre courrier sur votre bureau. ( )

h. Vous voulez un rendez-vous plus tôt, vous l'avancez. ( )

315 **Complétez les mots.**

Exemple : Tu as lu les journ**au**x ?

a. Je t'ai laissé un m......t au bistr......t.

b. Je suis en retard au bur......

c. Mon c......llègue est ...... rep......s.

d. Elle prend des n......tes.

e. All......, al......rs ce tuy...... ?

f. Je peux effacer le tabl...... ?

g. Il fait ch......d au boul......t.

h. Il a fait de gr......s eff......rts.

 Reliez pour faire des phrases.

a. Il a perdu son travail,

b. Elle t'a laissé

c. Viens dans mon bureau,

d. Les réunions

e. Je dois classer mes papiers,

f. Je n'arrive pas

g. Elle est

h. Elle ne travaille plus ici,

1. il faut que je te parle.

2. à le joindre.

3. elle a démissionné.

4. durent des heures.

5. son entreprise a fait faillite.

6. il y en a partout.

7. en congé ?

8. un mot sur le bureau.

 Cochez la phrase correcte.

Exemple :   **1.** ☒ Qui est à l'appareil ?   **2.** ☐ Qui parle à l'appareil ?

a. **1.** ☐ On vous a introduits l'un à l'autre ?

   2. ☐ On vous a présentés l'un à l'autre ?

b. **1.** ☐ Désolé, mais je ne pourrai pas aller.

   2. ☐ Désolé, mais je ne pourrai pas venir.

c. **1.** ☐ Nous n'allons pas revenir sur ce sujet.

   2. ☐ Nous n'allons pas retourner sur ce sujet.

d. **1.** ☐ Vous pouvez me parler votre nom ?

   2. ☐ Vous pouvez me donner votre nom ?

e. **1.** ☐ Vous savez notre nouveau produit ?

   2. ☐ Vous connaissez notre nouveau produit ?

f. **1.** ☐ Nos confirmerons l'accord dans un mois.

   2. ☐ Nous confirmerons d'accord dans un mois.

g. **1.** ☐ Je ne poserai plus cette question.

   2. ☐ Je ne demanderai plus cette question.

h. **1.** ☐ Est-ce que je me fais bien attendre ?

   2. ☐ Est-ce que je me fais bien comprendre ?

318 Reliez les mots qui riment.

a. fonction
b. prêt
c. aéroport
d. remerciement
e. arriviste
f. précise
g. s'achève
h. absence

1. désaccord
2. assise
3. grève
4. licenciement
5. laid
6. assurance
7. commission
8. gréviste

319 Complétez le dialogue avec les mots suivants : *personnel, passe, joindre, écoute, part, sujet, rappeler, amie, message, poste, temps.*

Exemple : – Société Bidule, j'**écoute**.

a. – Bonjour, je voudrais M. Lafaille, ... 69, s'il vous plaît.

b. – C'est de la .... de qui ?

c. – Euh... C'est de la part d'une ....

d. – Et c'est à quel .... ?

e. – C'est ....

f. – Je suis désolée, mais sa ligne est occupée. Vous voulez lui laisser un .... ?

g. – Non, je vais .... plus tard. À quelle heure peut-on le .... facilement ?

h. – Ça, je ne sais pas. On ne sait jamais avec M. Lafaille. Il .... beaucoup de .... au téléphone, vous savez...

320 Séparez les mots, mettez les majuscules, les accents et la ponctuation.

Exemple : pouvezvousepelervotrenomsilvousplait
→ *Pouvez-vous épeler votre nom, s'il vous plaît ?*

a. ilestabsentpourlemomentcestaquelsujet

→ ....

b. jeregrettemonsieurdubonestenreunion

→ ....

c. lalligneestoccupeevoulezvousrappeler

→ ....

d. pouvezvousluidemanderdemerappelersilvousplait

→ ....

e. uninstantjevouslapasse

→ ....

f. excusezmoijemesuistrompejaifaitunmauvaisnumero

→ ....

g. desoleevousfaiteserreur

→ ....

h. pouvezvousmedirequandjepeuxlajoindre

→ ....

 Complétez les mots.

Exemple : Jean-Michel, le nouv**eau** stagiaire travai**lle** à l'ac**cue**il.

a. Nathalie partag......... s......... bureau avec lui .... semaine prochai..........

b. Elle ....aidera à répon......... au téléphone.

c. Il va aussi ....prendre à faxer des docu..........

d. Il connaîtra bient......... tout le pers.........el de l'en.........prise.

e. Jean-Michel sau......... répondre .... questions des clients.

f. Le D.........teur lui proposera un ....trat de trois mois.

g. Il ne ....ra pas intér......... par ce type de contrat.

h. Il retournera s'.........scrire à l'agence natio......... pour l'.........ploi.

 Rayez ce qui ne convient pas.

Exemple : Au revoir. Merci ~~de~~ / d'avoir appelé.

a. Permettez-moi de vous présenter / indiquer mon collègue.

b. Les salaires augmenteront / grandiront le mois prochain.

c. Vous pouvez m'emprunter / me passer votre calculette ?

d. Mme Boudey va vous donner les informations bonnes / nécessaires.

e. Je la rappellerai tout à l'heure / hier.

f. Je vous demanderai de respecter les obligations / consignes de sécurité.

g. Je regrette d'être tard / en retard, veuillez m'excuser.

h. Il est responsable commercial / de commerce chez Neyville.

 Reliez les phrases.

a. Je voudrais parler à Madame Robert.

b. Je n'arrive pas à joindre Madame Robert.

c. Il y a du courrier pour moi ce matin ?

d. D'accord, mais je dois absolument lui parler, c'est très urgent.

e. Ah ! Madame Delair ?

f. Son poste est occupé, vous patientez ?

g. La Société Pain Bêche ?

h. Elle peut vous joindre à quel numéro ?

1. Vous faites erreur, ici c'est la Société Vin Pêche.

2. Oui, je vous l'apporte.

3. Oui, patientez un instant, je vous la passe.

4. Appelez-la sur son portable.

5. Au 01 45 76 15 20.

6. Je vous répète que votre correspondant, Monsieur Ralousse, est en ligne.

7. Non, je préfère rappeler dans dix minutes.

8. Non, Monsieur, je ne suis pas Madame Delair, vous êtes à l'accueil !

324 Complétez les mots.

Exemple :   **ren**contrer

a. ....baucher

b. ....gager

c. c.........didat

d. ....treprise

e. r.........dez-vous

f. ....tretien

g. ....ploi

h. r.........placem.........t

C PARLER DE SES PROJETS PROFESSIONNELS

325 Reliez pour compléter les verbes et faire des phrases.

a. Tu viendr

b. Dans un an, je ser

c. Il changer

d. Ah ! Je te parler

e. J'enverr

f. Il faudr

g. Elle vous rappeler

h. Vous travailler

1. ez à domicile.

2. ai partie.

3. as à la réunion ?

4. a de poste au mois d'août.

5. a pour ce nouveau poste.

6. ai ma candidature.

7. a tout recommencer.

8. ai de mes projets.

326 Cochez la phrase correcte.

Exemple :   **1.** ☒ J'ai reçu un mél intéressant ce matin.

            2. ☐ J'ai obtenu un mél intéressant ce matin.

a. **1.** ☐ Elle sortira avec ses amis aux discothèques.

   2. ☐ Elle sortira avec ses amis dans les discothèques.

b. **1.** ☐ Cassandra fera des études le français et l'espagnol.

   2. ☐ Cassandra fera des études de français et d'espagnol.

c. **1.** ☐ Le mercredi, il chantera une chorale avec des amis.

   2. ☐ Le mercredi, il chantera dans une chorale avec des amis.

d. **1.** ☐ Catherine voyagera en l'Italie pendant cinq jours.

   2. ☐ Catherine voyagera en Italie pendant cinq jours.

e. **1.** ☐ Elle restera ici un petit peu plus de deux mois.

   2. ☐ Elle restera ici petit peu plus de deux mois.

f. **1.** ☐ Elle est une employée canadienne à Toronto.

   2. ☐ C'est une employée canadienne à Toronto.

g. **1.** ☐ Il n'y aura plus personne dans les bureaux après 18 heures.

   2. ☐ Il n'y aura pas personne dans les bureaux après 18 heures.

h. **1.** ☐ Vous êtes très fatigué à cause de votre nouveau travail.

   2. ☐ Vous êtes beaucoup fatigué à cause de votre nouveau travail.

---

327 **Complétez les mots.**

Exemple : Atten**tion**, elle vous pose une question !

a. Elle donnera sa démi......... très bientôt.

b. Elle a pris sa déci.........

c. Elle veut changer de profe.........

d. Elle me l'a dit dans la conversa.........

e. Elle veut de nouvelles mi.........

f. Elle a beaucoup d'ambi.........

g. Elle travaillera à la télévi.........

h. Elle est contente de sa déci.........

---

328 **Lisez ce texte et notez si les affirmations sont vraies (V) ou fausses (F).**

Ted Lapinus voudrait changer de vie. Il ne veut plus dépendre d'un patron. Il a envie de passer plus de temps avec ses enfants qu'il ne voit jamais à cause de ses horaires. Il travaille tous les soirs et le week-end. Il lui faudra changer de métier et pour cela il est prêt à reprendre des études. Il voudrait devenir professeur. Il ne pourra pas se rendre aux cours du soir, il suivra donc une formation par correspondance.

Exemple : Ted Lapinus est une femme. *(F)*

a. Ted Lapinus a envie d'une autre vie. ( )

b. Il voit souvent ses enfants. ( )

c. Il travaille toute la semaine sauf le soir et le week-end. ( )

d. Il doit changer de métier. ( )

e. Il veut reprendre ses études. ( )

f. Il veut devenir coiffeur. ( )

g. Il ira aux cours du soir. ( )

h. Il suivra des cours par correspondance. ( )

---

329 **Cochez si la phrase exprime une idée positive ou négative.**

Exemple : Elle va être licenciée.   **1.** ☐ positive   **2.** ☒ négative

a. Elle a trouvé du travail.   **1.** ☐ positive   **2.** ☐ négative

b. Il a perdu son emploi.   **1.** ☐ positive   **2.** ☐ négative

c. Il a réussi son entretien.   **1.** ☐ positive   **2.** ☐ négative

d. Elle demande une formation, sa directrice accepte.   **1.** ☐ positive   **2.** ☐ négative

e. Sa candidature est refusée.   **1.** ☐ positive   **2.** ☐ négative

f. Il va obtenir une promotion.   **1.** ☐ positive   **2.** ☐ négative

g. Son salaire va augmenter.   **1.** ☐ positive   **2.** ☐ négative

h. Elle a de nouveaux projets.   **1.** ☐ positive   **2.** ☐ négative

 Rayez ce qui ne convient pas.

Exemple : Suivre / avoir / ~~changer~~ une formation.

a. Trouver / être / chercher un emploi.

b. Changer / toucher / recevoir un salaire.

c. Poser / avoir / connaître sa candidature.

d. Avoir / prendre / déplacer un rendez-vous.

e. Être / faire / devenir faillite.

f. Passer / recevoir / remplir une commande.

g. Être convoqué à / répondre à / passer un entretien.

h. Laisser / prendre / avoir un message.

 Notez de 1 à 8 pour mettre les phrases du dialogue dans l'ordre chronologique.

a. – Je te comprends. Moi je change tous les ans, alors dix ans dans la même boîte c'est impensable ! ( )

b. – Ah ! Bon, c'est nouveau. D'habitude tu es contente de ton travail. ( )

c. – Oui, je suis contente mais tu vois, ça fait dix ans que je travaille dans la même entreprise au même poste. Il est temps de changer, j'ai besoin d'évoluer. ( )

d. – J'ai vraiment envie de changer de métier ! *(1)*

e. – Je vais reprendre mes études. Je suivrai des cours du soir pendant que Laurent s'occupera des enfants. ( )

f. – Il vient de changer de poste et maintenant il est souvent à la maison. ( )

g. – Mais Laurent est toujours en voyage, comment tu vas faire ? ( )

h. – Je suis bien contente pour toi, je suis sûre que tout se passera bien. ( )

Rayez ce qui ne convient pas.

Exemple : Tu sais, j'ai vraiment envie de changer ~~le~~ / de travail !

a. Est-ce que tu voudrais partir travailler à / en l'étranger ?

b. Elles ont décidé de créer une nouvelle entreprise / une entreprise nouvelle.

c. Quand allez-vous partir en Asie / assis pour votre travail ?

d. Qui est-ce qui / que va pouvoir acheter ce nouveau produit ?

e. Il n'a pas du / de travail depuis douze mois.

f. Quand il pleut, elle pleure / pleut, c'est comme ça !

g. Qu'est-ce que c'est, cette / cet histoire incroyable ?

h. Il habite à / en Paris et il y est né il y a cinquante ans.

333 **Reliez pour faire des phrases.**

a. C'est facile de

b. La TVA,

c. Et vous,

d. Quels seront

e. Je voudrais faire quelque chose

f. Les conditions de travail

g. Il recrute une assistante

h. Est-ce que vous accepterez

1. c'est la taxe sur la valeur ajoutée.

2. les heures supplémentaires ?

3. tes horaires de travail ?

4. vous voulez partir en vacances bientôt ?

5. de direction bilingue.

6. ne sont plus très bonnes.

7. changer de métier dans votre pays ?

8. de plus intéressant.

334 **Cochez la ou les phrases correctes.**

Exemple : **1.** ☒ Il lui demandera un congé ? **2.** ☒ Il leur demandera un congé ?

a. **1.** ☐ Tu lui as vu pour la réunion ? **2.** ☐ Tu as vu avec lui pour la réunion ?

b. **1.** ☐ Tu as dit à elle de m'attendre ? **2.** ☐ Tu lui as dit de m'attendre ?

c. **1.** ☐ Tu leur parles français ? **2.** ☐ Tu parles français avec eux ?

d. **1.** ☐ Vous leur envoyez des cartes de vœux ? **2.** ☐ Vous les envoyez des cartes de vœux ?

e. **1.** ☐ Est-ce qu'il l'a annoncé son départ ? **2.** ☐ Est-ce qu'il lui a annoncé son départ ?

f. **1.** ☐ Tu lui rends l'ordinateur ? **2.** ☐ Tu la rends l'ordinateur ?

g. **1.** ☐ Tu as répondu à elle ? **2.** ☐ Tu lui as répondu ?

h. **1.** ☐ Tu lui as montré son nouveau bureau ? **2.** ☐ Tu en as montré son nouveau bureau ?

335 **Notez de 1 à 8 pour mettre les phrases du dialogue dans l'ordre chronologique.**

a. – Quelles sont vos motivations pour ce poste ? (   )

b. – Quelles sont vos qualités ? *(1)*

c. – Vous savez, les entreprises veulent des gens dynamiques, « des jeunes loups... aux dents longues » comme on dit. (   )

d. – Et bien... Pour tout vous dire, j'habite tout près d'ici. C'est vraiment pratique. (   )

e. – Mais je suis un jeune loup ! Ça ne se voit pas ? (   )

f. – Pratique... Et à part cela, qu'est-ce qui vous intéresse dans le tourisme ? (   )

g. – Je ne m'inquiète jamais. Les gens sont toujours stressés, moi non, ça n'est pas mon genre ! (   )

h. – Et bien justement le tourisme ! J'ai besoin de vacances et comme chez vous il y en a beaucoup, ça me plaît. (   )

Bilans

336 Écoutez le dialogue et cochez les phrases entendues.

       1. ☒ Vous avez postulé pour l'emploi de directeur commercial.

       2. ☐ Vous avez recruté pour l'emploi de directeur commercial.

a. **1.** ☐ J'ai une formation de commercial.

   2. ☐ Je fais une formation commerciale.

b. **1.** ☐ Je travaille dans la même entreprise depuis six ans.

   2. ☐ Je travaille dans la même entreprise depuis dix ans.

c. **1.** ☐ J'aimerais changer, évoluer.

   2. ☐ J'aimerais échanger, et voler.

d. **1.** ☐ Et votre entreprise a une bonne formation.

   2. ☐ Et votre entreprise a une bonne réputation.

e. **1.** ☐ J'ai obtenu des informations sur Internet.

   2. ☐ J'ai tenu les informations sur Internet.

f. **1.** ☐ Je parle assez bien l'anglais et un peu l'allemand.

   2. ☐ J'ai parlé assez bien l'anglais et peu l'allemand.

g. **1.** ☐ Et Vous êtes prêt à apprendre l'espagnol et à vous déplacer souvent ?

   2. ☐ Et Vous êtes prêt à prendre l'espagnol et à vous placer sous le vent ?

h. **1.** ☐ On vous téléphonera d'ici le 12 janvier.

   2. ☐ On vous téléphonera d'ici le 12 février.

337 Une seule annonce correspond vraiment à l'offre d'emploi. Cochez « oui » ou « non ».

Date de l'offre : 25/07/03

Le poste : Délégué(e) commercial(e) trilingue

Nom et coordonnées de l'entreprise : **Centralangues**
234 avenue Dalvert
33 000 Bordeaux
Tél : 05 67 56 87 88
Centralangues@vite.com

Descriptif du poste : vous serez chargé(e) de développer notre activité (centres de langues) en France et à l'étranger.
Qualifications : diplôme de techniques de vente, disponibilité pour voyager, anglais et japonais obligatoires, maîtrise des logiciels de bureautique.
Expérience : 3 ans minimum.
Lieu de travail : Bordeaux et sa région.
Type de contrat : temps complet, CDD de trois mois, puis CDI.
Commentaires : Vous devez envoyer un CV et une lettre de motivation à Michel Pizer, m.pizer_centralangues@vite.com avec, dans l'objet du mél, la référence « assistant(e) de direction ». Vous devez être libre tout de suite.

---

a. Jeune homme, B.T.S. de Tourisme, cherche emploi dans la région de Bordeaux, aime voyager et parle japonais.   1. ☐ oui   2. ☐ non

b. Jeune femme, mère de trois enfants, cherche emploi à mi-temps à Bordeaux, parle l'anglais et le japonais.   1. ☐ oui   2. ☐ non

c. Je recherche un emploi de commercial de direction à Bordeaux, en CDI. Je suis titulaire d'un DESS de comptabilité. Libre dans trois mois.   1. ☐ oui   2. ☐ non

d. Mes qualifications : titulaire d'un B.T.S. d'action commerciale, j'aime les voyages et je cherche un emploi dans la région parisienne.   1. ☐ oui   2. ☐ non

e. Après 2 ans d'expérience dans la vente, je voudrais développer mes compétences dans une autre entreprise. Je parle couramment l'anglais et le japonais.

1. ☐ oui   2. ☐ non

f. J'ai travaillé 3 ans au Japon comme assistante de direction. Je parle aussi l'anglais et je suis libre pour travailler à Bordeaux et voyager.   1. ☐ oui   2. ☐ non

g. Diplômée en techniques de vente, je parle le japonais et l'anglais et j'ai une expérience de commerciale de 4 ans. Je cherche un emploi dans la région de Bordeaux et je suis libre dès maintenant.   1. ☐ oui   2. ☐ non

h. Je cherche un emploi de vendeuse à temps complet. Je parle un peu l'espagnol et j'ai une expérience de trois ans dans un grand magasin.   1. ☐ oui   2. ☐ non

X. COMMENT VA LA SANTÉ ?

A PARLER DE LA SANTÉ

338 Cochez les propositions correctes.

> *Exemple :* Est-ce que vous souffrez ?
> **1.** □ Si, je souffre.
> **2.** ⊠ Pas du tout.

a. Docteur, j'ai mal à la tête.
   1. □ Ce sont peut-être vos jeux, vous portez des lunettes ?
   2. □ Ce sont peut-être vos yeux, vous portez des lunettes ?

b. Docteur, je ne me sens pas bien du tout.
   1. □ Bon, je vais vous ausculter.
   2. □ Bon, je vais vous occulter.

c. Vous avez pris votre température ?
   1. □ Oui, il fait vraiment chaud aujourd'hui.
   2. □ Oui je l'ai prise, j'ai de la fièvre.

d. J'ai mal au cœur.
   1. □ Vous avez du mal à digérer ?
   2. □ Vous avez des problèmes cardiaques ?

e. Tu t'es coupé le doigt.
   1. □ Tu baignes.
   2. □ Tu saignes.

f. Je me sens mal.
   1. □ Oui, ça n'a pas l'air d'aller.
   2. □ Oui, vous sentez vraiment mauvais.

g. Où est-ce que vous avez mal ?
   1. □ Au bras.
   2. □ Oui, j'ai mal.

h. Est-ce que vous avez mal ?
   1. □ Oui, j'ai mal.
   2. □ Au bras.

339 Notez de 1 à 8 pour mettre les phrases du dialogue dans l'ordre chronologique.

a. – Oh non ! Pas l'hôpital ! J'ai trop peur ! Je ne veux pas y aller. ( )
b. – Bon, alors d'accord. Maman, après l'hôpital j'aurai un jeu vidéo ? ( )
c. – Bonjour mon petit, où est-ce que tu as mal ? *(1)*
d. – Bon, je vais regarder ton ventre. Tu peux enlever ton pyjama ? ( )

e. – Oui, docteur. Aïe ! Ça fait très mal ! Surtout là, à droite. (   )

f. – J'ai mal à la tête et au ventre. Et puis j'ai très chaud... (   )

g. – À droite, oui. C'est sûrement une appendicite. Tu dois aller à l'hôpital. (   )

h. – Pourquoi ? Les infirmières sont très gentilles. Et tu auras un cadeau quand tu sortiras.
   N'est-ce pas, madame ? (   )

340 **Reliez pour faire des phrases.**

a. Je me suis fait
b. Je souffre
c. Je me suis cassé
d. Il est tombé
e. J'ai attrapé
f. Elle est allergique
g. J'ai peur
h. Cet enfant a le nez

1. de maux de tête.
2. aux antibiotiques.
3. malade.
4. mal aux genoux.
5. des piqûres.
6. un rhume.
7. qui coule.
8. le nez.

341 **Rayez ce qui ne convient pas.**

Exemple : Montrez-moi le genou ~~que~~ / qui vous fait mal.

a. C'est le pied gauche que / qui je me suis tordu.

b. Voici l'endroit exact où / qui je suis tombée.

c. C'est l'oreille droite que / qui vous fait mal ?

d. Docteur, à chaque fois qui / que je vous vois, je suis guérie.

e. Le médecin qui / où me suit est malade.

f. Je sens que / qui je vais tomber malade.

g. Je ne sais pas ce que / qui j'ai, mais ça ne va pas.

h. La personne que / qui je viens de voir a aussi mal à la tête.

342 **Lisez ce texte puis notez si les affirmations sont vraies (V) ou fausses (F).**

Vous savez, il y a toujours quelque chose qui ne va pas. Un jour c'est le dos, le lendemain c'est la tête. Je vois le docteur chaque semaine. Le docteur est tellement habitué que j'ai maintenant une consultation tous les mercredis à 10 h. Il se déplace, il est bien gentil. Parfois, je n'ai rien mais ça ne fait rien, ça me fait une visite, quelqu'un à qui parler. Je prends beaucoup de médicaments parce que j'ai mal partout. Puis je prends des médicaments à cause des médicaments. Par exemple, quand je prends trop d'aspirine, j'ai mal à l'estomac et donc je prends des médicaments pour soulager les maux d'estomac. C'est sans fin. J'ai des problèmes de santé parce que je suis très vieille, j'aurai 100 ans l'année prochaine.

Exemple : Il y a toujours quelque chose qui ne va pas. *(V)*

a. Je vois le docteur 2 fois par mois. (   )

b. J'ai une consultation tous les jeudis à 11 h. (   )

c. Le docteur vient chez moi. (   )

d. Je prends un grand nombre de médicaments. (   )

e. Je n'ai jamais mal à l'estomac. ( )

f. Trop d'aspirine me donne mal à l'estomac. ( )

g. Je suis une personne très âgée. ( )

h. Je serai sans dents l'année prochaine. ( )

343 *Chez le médecin.* **Est-il possible que le médecin prononce ces phrases ? Cochez la bonne réponse.**

Exemple : Est-ce que vous toussez ? 1. ☒ possible 2. ☐ impossible

a. Dites-moi ce qui ne va pas ? 1. ☐ possible 2. ☐ impossible

b. Vous souffrez beaucoup ? 1. ☐ possible 2. ☐ impossible

c. Qu'est-ce qui m'arrive ? 1. ☐ possible 2. ☐ impossible

d. Vous venez vous faire saigner ? 1. ☐ possible 2. ☐ impossible

e. Vous prenez bien vos médicaments ? 1. ☐ possible 2. ☐ impossible

f. Comment vous me sentez ? 1. ☐ possible 2. ☐ impossible

g. Vous avez encore mal au dos ? 1. ☐ possible 2. ☐ impossible

h. Vous voulez une nouvelle ordonnance ? 1. ☐ possible 2. ☐ impossible

344 **Notez de 1 à 8 pour mettre les phrases du dialogue dans l'ordre chronologique.**

a. – J'ai entendu parler d'un méchant virus. Les symptômes sont les suivants : vous avez la gorge sèche, le nez bouché, vos yeux gonflent, vous commencez à avoir des boutons, vous devenez tout vert... ( )

b. – Bonjour, docteur. *(1)*

c. – Je ne sais pas trop ce qui m'arrive, mais ça ne va pas. ( )

d. – D'accord, ça ne va pas, mais est-ce que vous avez mal quelque part ? ( )

e. – C'est exactement ça, je vous l'ai dit : je tousse, mes yeux sont gonflés... Regardez ces boutons... Y a-t-il quelque chose à faire ? ( )

f. – Non pas précisément. Je tousse un peu et je suis terriblement fatigué. ( )

g. – Oui, le remède est simple. Ce virus n'existe pas, donc vous n'êtes pas malade, vous vous croyez toujours malade, c'est un peu différent. ( )

h. – Bonjour, monsieur Duchemin, dites, qu'est-ce qui vous arrive ? ( )

345 **Reliez les questions et les réponses.**

a. Vous vous sentez comment, ce matin ?

b. Où est-ce que vous avez mal ?

c. Vous avez de la fièvre ?

d. C'est douloureux quand j'appuie ici ?

e. Est-ce que c'est grave, docteur ?

f. Est-ce que vous fumez depuis longtemps ?

g. Vous avez votre numéro de sécurité sociale ?

h. Vous buvez beaucoup ?

1. Au ventre, ici.

2. Oui, j'ai commencé à 18 ans.

3. Oui, aïe !

4. Oui, c'est sur cette carte, en haut.

5. Pas très bien...

6. Non, ce n'est rien du tout !

7. Moi ? Euh... non, un verre de vin le soir, quelquefois.

8. Oui, j'ai 39.

Chez le dentiste. **Rayez les mots de ce dialogue qui ne conviennent pas.**

Exemple : – Bonjour docteur. J'ai très mal ~~au doigt~~ / aux dents...

a. – Asseyez-vous. Où est-ce que vous avez / savez mal ? En haut ou en bas ?

b. – En / Au bas. Au fond, à droite.

c. – Ouvrez la bouche, s'il vous plaît. Je dois / vois regarder.

d. – Vous n'allez pas me faire mal, docteur / dentiste ?

e. – Euh... Non. Je vais d'abord regarder / voir... Voyons... Ah ! Ce n'est vraiment pas étonnant !

f. – Ah bon ? Qu'est-ce que vous savez / avez vu ? Encore une carie ?

g. – Non, c'est tout simplement une dent de sagesse qui perce / berce !

h. – Mais ce n'est pas possible ! J'ai 40 / 14 ans !

347 **Cochez la phrase correcte.**

Exemple : **1.** ☐ À la pharmacie, on trouve des médecines.

2. ☒ À la pharmacie, on trouve des médicaments.

a. **1.** ☐ Elle travaille à l'hôpital Saint-Antoine, elle est fermière.

2. ☐ Elle travaille à l'hôpital Saint-Antoine, elle est infirmière.

b. **1.** ☐ Le médecin écrit des antibiotiques au malade.

2. ☐ Le médecin prescrit des antibiotiques au malade.

c. **1.** ☐ Il est dangereux de dépasser la dose prescrite.

2. ☐ Il est dangereux de repasser la dose prescrite.

d. **1.** ☐ Bonne année et bonne santé !

2. ☐ Bon an et bonne la santé !

e. **1.** ☐ Buvons à votre santé !

2. ☐ Buvons à la votre santé !

f. **1.** ☐ Il a très mal à sa tête.

2. ☐ Il a très mal à la tête.

g. **1.** ☐ Pauline s'est cassé sa jambe aux sports d'hiver.

2. ☐ Pauline s'est cassé la jambe aux sports d'hiver.

h. **1.** ☐ Il est un patient du docteur Caillot.

2. ☐ C'est un patient du docteur Caillot.

348 **Séparez les mots, mettez les majuscules, les accents et la ponctuation.**

Exemple : quelssontlessymptomesdecettemaladie

→ ***Quels sont les symptômes de cette maladie ?***

a. jaimalalatetejaiunpeudefievreetdescourbatures

→ ....

b. tuasattrapelagrippecommebeaucoupdepersonnesenhiver

→ ....

c. lemedecinquitesoignetedonnerauneordonnanceetpeutetreunarretdetravail

→ ....

d. lapharmaciennedelivreensuitelesmedicamentsqueledocteuraprescrits

→ ....

e. tuasbesoindetacartedesecuritesocialeetdelacartedassurancecomplementaire

→ ....

f. ilfautabsolumentprendrelesmedicamentsquetuasachetescommelemedecinlaordonne

→ ....

g. apresquelquesjourstutesentirasbeaucoupmieuxetturepredrastontravail

→ ....

h. etlanneeprochainetuteferasvaccinerpournepasattraperlagrippe

→ ....

349 **Lisez la question et cochez la réponse qui convient.**

Exemple : Qui est en forme aujourd'hui ?

        1. ☒ Moi !   **2.** ☐ Toujours !

a. Qui attendez-vous, monsieur ?

    1. ☐ Le dentiste.   **2.** ☐ Un rendez-vous avec le dentiste.

b. Qui a fait cette radio ?

    1. ☐ Les poumons.   **2.** ☐ C'est Louis.

c. Où travailles-tu maintenant ?

    1. ☐ À côté, à la Clinique du Lac.   **2.** ☐ J'y vais tout de suite.

d. Qu'avez-vous appris à cette conférence ?

    1. ☐ Beaucoup de choses intéressantes.   **2.** ☐ Beaucoup de gens.

e. Qu'avez-vous bu à la cafétéria ?

    1. ☐ le professeur Dailleux.   **2.** ☐ une boisson chaude.

f. Où habite cette personne âgée ?

    1. ☐ Mme Loiseau y habite.   **2.** ☐ Dans une maison de retraite.

g. Que vas-tu faire après cet examen ?

    1. ☐ Des courses au supermarché.   **2.** ☐ Les enfants de Bruno.

h. Où allez-vous aller maintenant ?

    1. ☐ Chez vous, bien sûr !   **2.** ☐ Des vacances formidables.

B   CONSEILLER QUELQU'UN

350 **Reliez les questions et les réponses.**

a. Tu tousses ?	1. Il faut absolument te couvrir plus.
b. Tu es stressé ?	2. À mon avis tu te couches trop tard.
c. Tu es fatigué ?	3. Je te conseille d'arrêter de fumer.
d. Vous vous sentez mal ?	4. Fais comme Bruno, inscris-toi au yoga.
e. Tu as besoin d'acheter des vitamines ?	5. L'aspirine, en général, c'est efficace.
f. Tu as besoin de repos ?	6. Je vous conseille de vous allonger.
g. Tu as froid ?	7. Je te recommande de partir une semaine à la montagne.
h. Tu as mal à la tête ?	8. Il vaut mieux manger des fruits.

351 **Les phrases suivantes sont-elles des conseils ? Cochez « oui » ou « non ».**

Exemple : J'ai un conseil à te donner : dors un peu, ça ira mieux demain.

        1. ☒ oui   **2.** ☐ non

a. Je te conseille de te coucher plus tôt.   **1.** ☐ oui   **2.** ☐ non

b. Va te coucher !   **1.** ☐ oui   **2.** ☐ non

c. Je te recommande ce docteur, il est vraiment très bien.   **1.** ☐ oui   **2.** ☐ non

d. Il vaut mieux aller à la pharmacie, vous pourrez être conseillé.   **1.** ☐ oui   **2.** ☐ non

e. Je vous décommande pour ce soir.   **1.** ☐ oui   **2.** ☐ non

f. Je vais vous commander ce médicament.   **1.** ☐ oui   **2.** ☐ non

g. Allez plutôt voir mon collègue, il est spécialiste.   **1.** ☐ oui   **2.** ☐ non

h. Dehors !   **1.** ☐ oui   **2.** ☐ non

352 **Rayez ce qui ne convient pas.**

Exemple : Ce sirop, je ~~le te~~ / te le conseille.

a. Le docteur arrive, je lui ai dit / j'ai lui dit de venir tout de suite.

b. À mon avis, tu peux y / en aller.

c. Tu peux t'y / en aller quand tu veux.

d. Elle est malade, tu penses que je peux aller la voir ? / je la peux aller voir ?

e. Aux enfants, il vaut mieux leur dire / dire leur tout de suite.

f. Des conseils, non je n'en / je ne les ai pas.

g. Vos lunettes, vous les devriez changer / devriez les changer.

h. J'ai oublié de lui dire de se faire soigner, il a très mal au / à son dos.

353 **Cochez les phrases entendues.**

Exemple : **1.** ☐ Alice saigne.   **2.** ☒ Ali se soigne.

a. **1.** ☐ J'étouffe.   **2.** ☐ Je tousse.

b. **1.** ☐ Quel joli cœur !   **2.** ☐ Quel joli corps !

c. **1.** ☐ Je te le recommande.   **2.** ☐ Je te les recommande.

d. **1.** ☐ Elle souffre.   **2.** ☐ Elle souffle.

e. **1.** ☐ Il ronfle.   **2.** ☐ Il gonfle.

f. **1.** ☐ Son rat va mieux.   **2.** ☐ Son bras va mieux.

g. **1.** ☐ C'est son petit doigt.   **2.** ☐ C'est son petit bois.

h. **1.** ☐ Il est tombé sur la bête.   **2.** ☐ Il est tombé sur la tête.

354 **Complétez les mots.**

Exemple : Tu as un gros bl**eu** sur la jambe d**roi**te.

a. Le sol......... me fait souv.........t mal aux y..........

b. Tu as encore le n......... qui coule.

c. Elle s.........gne, elle est bles..........

d. Il s'est cogné le p......... contre la table.

e. Vous avez ....vent mal à la t........te co........e ça ?

f. C'est une doul........r terrible ou ....portable ?

g. Il a mal au c........r, mais ça va pa........er.

h. Vous êtes encore très j........ne, faites a........tion.

355 **Reliez pour faire des phrases (plusieurs solutions possibles).**

a. Je vous conseille de
b. Je vous déconseille d'
c. Ce n'est pas la
d. Il vaut mieux
e. À mon avis,
f. À ton avis,
g. Tu dois appeler
h. Il ne faut pas l'appeler

1. peine d'y aller.
2. je dois y aller ?
3. pour rien.
4. suivre ses conseils.
5. ne pas y aller.
6. tu dois y aller.
7. ton docteur tout de suite.
8. y aller.

356 **Rayez ce qui ne convient pas.**

Exemple : Il vaut / faut mieux ne pas manger de frites deux fois par jour !

a. Il s'est réveillé tous les matins de bon / bonne heure.

b. Il a bu une tasse de thé et il a mangé une seulement / seule biscotte.

c. Ce n'est vraiment pas la peine / nécessité de se lever une heure plus tôt.

d. Il a eu un accident de voiture et il est grave / grièvement blessé.

e. Vous devez vous / s'allonger ici, ne plus bouger, et attendre le médecin.

f. Qu'est-ce qui s'est passé hier soir dans ce quartier que / qui est si tranquille ?

g. Je me suis endormie et quand le réveil a sonné / réveillé, je me suis levée.

h. Aux sports d'hiver, il s'est cassé ses / les deux jambes et un bras.

357 **Écoutez et cochez si la phrase exprime une idée positive ou négative.**

Exemple : **1.** ☒ positive   **2.** ☐ négative

a. **1.** ☐ positive   **2.** ☐ négative

b. **1.** ☐ positive   **2.** ☐ négative

c. **1.** ☐ positive   **2.** ☐ négative

d. **1.** ☐ positive   **2.** ☐ négative

e. **1.** ☐ positive   **2.** ☐ négative

f. **1.** ☐ positive   **2.** ☐ négative

g. **1.** ☐ positive   **2.** ☐ négative

h. **1.** ☐ positive   **2.** ☐ négative

358 **Écoutez le dialogue puis notez si les affirmations sont vraies (V) ou fausses (F).**

Exemple : Michel n'est pas en pleine forme. *(V)*

a. Damien s'inquiète de la santé de Michel. (   )

b. Michel est très bronzé, il revient de vacances. (   )

c. Michel n'a pas bonne mine, il a l'air fatigué. (   )

d. Damien propose à Michel de partir avec lui à la campagne. (   )

e. Michel veut aller à la montagne pour se reposer. (   )

f. Damien donne des conseils à son ami. (   )

g. Michel va suivre les conseils de son ami. (   )

h. Michel décide d'aller aux sports d'hiver et de se reposer. (   )

359 **Reliez pour faire des phrases.**

a. Fais attention à ce chien,   1. rester ici.

b. Vous ne devez pas   2. écris pas ?

c. Téléphone-lui   3. de lui parler maintenant.

d. Je te déconseille   4. sans regarder !

e. Pourquoi tu ne lui   5. pour le prévenir.

f. Pour votre santé,   6. vous devez manger équilibré.

g. Zoé, ne traverse pas la rue   7. besoin de mes conseils ?

h. Tu as encore   8. il est dangereux.

360 **Rayez les mots qui ne conviennent pas.**

Exemple :   Appelle Estelle, elle pourra / ~~devra~~ sûrement t'aider.

a. Tu dois trouver une solution à ce / assez problème au plus vite.

b. Ce n'est pas une géniale / très bonne idée, crois-moi !

c. Nous devons nous lever plus tôt ce week-end pour partir à Caen / Quand.

d. N'oublie pas d'éteindre / entendre ton portable avant le début de la réunion.

e. Il faut pratiquer / pratique régulièrement une activité physique pour être en forme.

f. Renseignez-vous / Enseignez-vous avant de partir, c'est préférable.

g. J'ai suivi tous mes / tes conseils et ça a marché !

h. Cet hiver, je vais rester me reposer à la / ma maison.

361 **Mettez les mots dans l'ordre pour faire des phrases.**

Exemple :   s'/./Rodolphe/ne/eu/rouge/accident/pas/un/est/arrêté/feu/au/a/et

→ ***Rodolphe ne s'est pas arrêté au feu rouge et a eu un accident.***

a. et/./Une/l'/à/l'/ambulance/venue/est/emmené/hôpital/a

→ ....

b. deux/route/la/accident/y/./Il/personnes/cet/a/autres/blessées/de/dans

→ ....

c. problèmes/les/./Il/pour/de/faut/route/toujours/la/respecter/code/le/éviter

→ ....

d. d'/./Quand/ne/alcool/on/pas/véhicule,/un/conduit/il/surtout/faut/boire

→ ....

e. de/?/et/conseils/Tu/l'/Rodolphe/as/mes/bien/compris/suivras/histoire/tu

→ ....

f. le/./de/je/Tu/conduire/oublies/pas/chose,/n'/encore/ai/permis/une

→ ....

g. aucune/./et/Suis/auras/difficulté/bons/sans/mes/conseils/tu/l'

→ ....

h. J'/tes/toujours/écoute/raison/as/!/est/conseils/car/tu/toujours

→ ....

C FAIRE DU SPORT, SE DÉTENDRE

362 **Cochez la phrase correcte.**

> *Exemple :* **1.** ☒ Est-ce que tu fais du sport ?
> **2.** ☐ Est-ce que tu fais le sport ?

a. **1.** ☐ Cet après-midi, il ira tourner dans les magasins.

  2. ☐ Cet après-midi, il ira faire un tour dans les magasins.

b. **1.** ☐ Pour me défendre, je fais du yoga.

  2. ☐ Pour me détendre, je fais du yoga.

c. **1.** ☐ Tu fabriques quel sport ?

  2. ☐ Tu pratiques quel sport ?

d. **1.** ☐ Je consacre mes loisirs dans la marche à pied.

  2. ☐ Je consacre mes loisirs à la marche à pied.

e. **1.** ☐ Moi, quand j'ai du temps libre, je monte à cheval.

  2. ☐ Moi, quand j'ai du temps libre, je monte sur un cheval.

f. **1.** ☐ Mon passe-temps, c'est le bricolage.

  2. ☐ Mon passe-temps, c'est faire des bricoles.

g. **1.** ☐ Il adore jardiner.

  2. ☐ Il adore jardinier.

h. **1.** ☐ Pour me changer les idées, je lis le livre.

  2. ☐ Pour me changer les idées, je lis un livre.

363 **Rayez ce qui ne convient pas.**

> *Exemple :* Faire de la / être doué pour la / ~~savoir la~~ peinture.

a. Faire du / jouer du / jouer au football.

b. Jouer au / faire du / jouer du violon.

c. Faire du / jouer au / jouer du théâtre.

d. Regarder / voir / animer la télévision.

e. Jouer de / faire de / jouer à la gymnastique.

f. Pratiquer un / faire du / entraîner un sport.

g. Avoir du / avoir le / consacrer son temps libre.

h. Faire la / sortir en / organiser une fête.

364 **Mettez les phrases dans l'ordre.**

Exemple : prends/détendre,/Pour/bain/je/me/un/bon/.

→ *Pour me détendre, je prends un bon bain.*

a. profite/temps/libre/de/nager/Elle/./son/pour

→ ....

b. s'/bricolage/./occuper,/Pour/font/ils/du

→ ....

c. suis/en/depuis/pleine/Je/je/forme/fais/que/sport/./du

→ ....

d. cuisine/moyen/./un/s'/bon/est/La/occuper/de

→ ....

e. me/forme/pleine/Le/en/./sport/maintient

→ ....

f. se/Elle/s'/gym/est/cours/inscrite/un/à/distraire/de/./pour

→ ....

g. cinéma/vacances,/Pendant/./au/je/vais/les

→ ....

h. jours/court/./Il/tous/est/sportif,/très/il/les

→ ....

365 **Notez de 1 à 8 pour mettre les phrases du dialogue dans l'ordre chronologique.**

a. – Pour me détendre... euh... rien. Mais tu sais, je ne sais pas me détendre. (   )

b. – Oh la la, qu'est-ce que tu es nerveuse ! *(1)*

c. – Je ne sais pas. Tout et rien. C'est le travail, je crois. (   )

d. – Et bien oui, je suis nerveuse. Excuse-moi ! (   )

e. – Qu'est-ce que tu fais pour te détendre ? (   )

f. – Ce n'est pas la peine de t'excuser ! Qu'est-ce qui ne va pas exactement ? (   )

g. – Fais du sport ! Tiens, la natation par exemple, c'est très bon pour se détendre. (   )

h. – Ah non ! Surtout pas la natation, j'ai toujours eu horreur de la natation. Et puis, s'il te plaît arrête avec tes conseils, ça me changera, ça me détendra. (   )

366 Lisez et notez si les propositions sont vraies (V) ou fausses (F).

Les clubs de gym « À l'attaque » viennent d'ouvrir un nouveau centre dans votre quartier, tout près de chez vous. Vous vous sentez nerveux(se), l'aquagym vous détendra. Vous avez envie de bouger, de vous dépenser, nos cours d'aérobic sont faits pour vous. Vous avez envie de vous muscler, notre superbe salle de musculation est à votre disposition nuit et jour. Enfin, vous voulez simplement vous sentir mieux, profitez de notre sauna, de notre hammam ou offrez-vous un massage. Venez découvrir votre nouveau club au 5, rue de la République le plus tôt possible, nous vous offrirons une semaine gratuite.

Exemple :   Un nouveau club de gym vient d'ouvrir. *(V)*

a. Le club de gym s'appelle « À l'arnaque ». (   )

b. Dans un club de gym, on peut pratiquer des arts martiaux. (   )

c. Vous êtes détendu(e), l'aquagym vous fatiguera. (   )

d. Vous avez envie de bouger, les cours d'aérobic sont parfaits. (   )

e. Pour vous sentir mieux, profitez du sauna. (   )

f. Pour vous sentir mieux, venez vous offrir des massages. (   )

g. Le club de gym se trouve au 6, rue de la République. (   )

h. Le club vous offrira une semaine gratuite. (   )

367 Cochez si les conseils suivants sont possibles ou impossibles.

Exemple :   Pour vous détendre, écoutez de la musique douce.

   1. ☒ possible   **2.** ☐ impossible

a. Pour être en forme, il faut manger beaucoup, beaucoup de sel.

   1. ☐ possible   **2.** ☐ impossible

b. Au petit déjeuner, je vous conseille un litre de vin.

   1. ☐ possible   **2.** ☐ impossible

c. Ne buvez pas trop d'eau, ce n'est pas bon pour la santé.

   1. ☐ possible   **2.** ☐ impossible

d. Je vous conseille d'arrêter de dormir, vous êtes fatigué.

   1. ☐ possible   **2.** ☐ impossible

e. Les médecins recommandent de manger beaucoup de fruits et de légumes.

   1. ☐ possible   **2.** ☐ impossible

f. Vous êtes nerveux, ne prenez pas votre voiture aux heures de pointe.

   1. ☐ possible   **2.** ☐ impossible

g. Vous voulez perdre du poids, mangez très gras.

   1. ☐ possible   **2.** ☐ impossible

h. La natation n'est pas recommandée dans votre cas, je vous conseille de nager.

   1. ☐ possible   **2.** ☐ impossible

368 Notez de 1 à 8 pour mettre les phrases du dialogue dans l'ordre chronologique.

a. – Bonne idée, mais quel sport veux-tu faire ? (   )

b. – Je peux te montrer les photos, je les ai encore. (   )

c. – J'aimerais bien faire de l'équitation ou de l'escalade. ( )

d. – Cette année, je dois absolument faire du sport. *(1)*

e. – Ah oui ? Et pourquoi pas sauter en parachute ou à l'élastique ? ( )

f. – Toi ? Ce n'est pas possible. On peut savoir quand tu as fait ça ? ( )

g. – Euh… Mamie, à 90 ans, tu es vraiment en forme pour ton âge. ( )

h. – Oui, pourquoi pas ? J'ai déjà fait du saut à l'élastique, c'est très amusant. ( )

369 **Écoutez le reportage et complétez.**

Mona Denfer pour Franjournal.

En direct du stade de France pour la finale de la coupe d' *(1)* .... de football. Je remplace aujourd'hui Jean Dufour, le spécialiste du *(2)* .... qui a la *(3)* .... Je vais essayer de vous expliquer la *(4)* .... C'est la mi-temps du match entre la France et la *(5)* .... La France mène 3 à zéro. Euh… non, je me suis *(6)* .... Les joueurs en *(7)* ...., ce sont les Belges… Je reprends : les Belges mènent 3 à zéro. Ils ont l'air très en *(8)* .... aujourd'hui. Je vous repasse l'antenne et vous *(9)* .... dans deux heures. Non, dans une heure…

370 *Vous regardez un match de football à la télévision avec des amis.* **Cochez si les phases sont possibles dans ce contexte.**

Exemple : Ils vont gagner, c'est sûr ! — **1.** ☒ possible — **2.** ☐ impossible

a. Le Ghana mène quatre à cinq. — **1.** ☐ possible — **2.** ☐ impossible

b. L'arbitre a sifflé la mi-temps. — **1.** ☐ possible — **2.** ☐ impossible

c. J'aime beaucoup ces nouveaux skis. — **1.** ☐ possible — **2.** ☐ impossible

d. Ils ont encore marqué un panier ! — **1.** ☐ possible — **2.** ☐ impossible

e. Ouf, ce match va bientôt finir ! — **1.** ☐ possible — **2.** ☐ impossible

f. Elle va perdre cette course, c'est évident. — **1.** ☐ possible — **2.** ☐ impossible

g. Cette équipe est bien meilleure que l'autre. — **1.** ☐ possible — **2.** ☐ impossible

h. Il est tombé de son vélo, le pauvre ! — **1.** ☐ possible — **2.** ☐ impossible

371 **Reliez les questions et les réponses.**

a. C'est un sportif, Laplanque ?

b. Tu t'entraînes souvent ici ?

c. C'est un sport d'équipe ?

d. C'est quoi le ping-pong ?

e. Tu veux allez à la piscine ce soir ?

f. Il aime vraiment le football ?

g. La pétanque, qu'est-ce que c'est ?

h. Pour te détendre, qu'est-ce que tu fais ?

1. Trois fois par semaine.

2. Non, l'eau est trop froide.

3. Oui, mais ça ne se voit pas.

4. Oui, surtout à la télévision.

5. Oui, il faut être six, au minimum.

6. C'est un jeu de boules.

7. De la randonnée, en haute montagne.

8. On appelle ça aussi le tennis de table.

372 Lisez les questions et cochez la bonne réponse.

> *Exemple :* Vous faites du sport combien de fois par semaine ?
>
> **1.** ☒ Au moins deux fois par semaine.
>
> **2.** ☐ Jamais le dimanche.

a. Il y a bien un terrain de tennis en bas de chez vous ?

    1. ☐ Oui, c'est ça.

    2. ☐ Oui, il y a.

b. Se détendre, se relaxer, c'est la même chose ?

    1. ☐ Oui, c'est la même.

    2. ☐ Oui, c'est la même chose.

c. Tu peux me citer un sport nautique ?

    1. ☐ La plongée sous-marine.

    2. ☐ Le ski de fond.

d. Qu'est-ce que c'est, une « ceinture noire » en sport ?

    1. ☐ C'est quelqu'un qui sait très bien s'habiller.

    2. ☐ C'est une excellente qualification en judo.

e. Vous voulez venir avec moi à Roland Garros ?

    1. ☐ Oui merci, j'adore le tennis.

    2. ☐ Non, je ne le connais pas.

f. Quel est votre sport préféré, mademoiselle ?

    1. ☐ La sieste sur mon canapé, bien sûr.

    2. ☐ La gymnastique aquatique.

g. Qui va remporter cette compétition ?

    1. ☐ Le meilleur, évidemment.

    2. ☐ À la maison, tout simplement.

h. Comment trouvez-vous l'arbitre ?

    1. ☐ Juste, sans parti pris.

    2. ☐ Je ne le trouve pas.

373 Complétez les mots.

> *Exemple :* Pour all**er** courir dans le parc, je m**ets** mes **vi**eilles chaussures de sport.

a. C'est un sp......... individ........., qu'on peut pratiqu......... seul.

b. Le kara......... et le judo sont d......... sports de c.........bat.

c. Après c......... effort, vous avez vraiment bes......... d'un moment de dé.........te.

d. C'est un club de sport privé avec une p.........ine et un restaurant dié.........ique.

e. Chantal, quand va-t-on ....fin passer une sem......... en thalas.........rapie ?

f. Pour vous dé.........dre, je pe......... vous faire un m.........age de la nuque et du d.........s.

g. Elle fait de la g.........astique relax.........te tous les mardis soirs.

h. Nous ....mes allés dans ce maga......... qui vend des arti......... de sport.

Bilans

374 Écoutez le dialogue et notez si les affirmations sont vraies (V) ou fausses (F).

Exemple : Le journaliste demande au médecin comment rester en bonne santé. *(V)*

a. Il faut éviter le tabac et l'alcool. (   )

b. C'est facile d'arrêter de fumer. (   )

c. Le pharmacien peut vous conseiller. (   )

d. Le sport n'est pas obligatoire quand on n'a pas le temps. (   )

e. Il ne faut pas manger de sucre ni de graisse. (   )

f. Il ne faut pas trop manger. (   )

g. On peut même manger un peu de chocolat. (   )

h. Pour retrouver ou garder la forme, il faut manger son assiette. (   )

375 Lisez l'article et complétez avec : *jeunes, leur, pendant, beaucoup, bon, par, moins, randonnée, Suédois, détente, cycliste, compétition, mois, hiver, personnes.*

Les Français et le sport

Beaucoup de Français font du sport (1) .... leur temps libre. Le sport (2) .... apporte une (3) .... nécessaire à une bonne forme physique. La (4) .... à pied, à vélo ou le yoga, (5) .... exemple, contribuent à un (6) .... équilibre.

Les sports d' (7) .... ne sont pas encore pratiqués par (8) .... de Français : seulement un sur dix va faire du ski ou, pour les plus (9) ...., du surf des neiges. Tous les (10) .... de juillet, certaines (11) .... se passionnent pour le tour de France (12) .... qui se termine sur les Champs-Élysées. Beaucoup d'étrangers suivent aussi cette (13) .... avec intérêt. Mais les Français font (14) .... de vélo que les Néerlandais ou les (15) ....

XI. HISTOIRES DE FAMILLE

A DÉCRIRE SA FAMILLE

376 Reliez pour faire des phrases.

a. Ma tante Aline,   1. ta belle-mère ?

b. Demain, ce sera leur vingtième   2. de famille.

c. Ils vont sûrement se marier   3. deux fois.

d. Géraldine a déjà divorcé   4. travaillent chez elles.

e. Les femmes au foyer   5. c'est le fils du frère de ma mère.

f. C'était une vieille histoire   6. anniversaire de mariage.

g. Ce cousin,   7. c'est la sœur de ma mère.

h. Elle est sympathique   8. le printemps prochain.

377 Cochez les réponses qui conviennent.

Exemple : Tu as combien de frères et de sœurs ?

      1. ☐ Pas du tout.   **2.** ☒ J'en ai trois.

a. Il a quel âge, votre père ?

    1. ☐ Il a soixante-dix ans.   **2.** ☐ Il est soixante-dix ans.

b. Tes cousines, elles s'appellent comment ?

    1. ☐ Paul et Caroline.   **2.** ☐ Paule et Caroline.

c. Un « beau-frère », qu'est-ce que ça signifie ?

    1. ☐ C'est le mari de ta sœur.   **2.** ☐ C'est ton frère, et il est beau.

d. Une « bonne-sœur », ça veut dire qu'elle est gentille ?

    1. ☐ Oui, c'est exactement ça.   **2.** ☐ Non, c'est une religieuse.

e. Une « religieuse », ce n'est pas aussi le nom d'un gâteau ?

    1. ☐ Si, c'est ça.   **2.** ☐ Non, c'est faux.

f. Qu'est-ce que c'est « un célibataire » ?

    1. ☐ C'est un enfant en bas âge.   **2.** ☐ Si tu n'es pas marié, tu es célibataire.

g. Une « vieille fille », qu'est-ce c'est ?

    1. ☐ Une femme qui ne s'est jamais mariée.   **2.** ☐ Une femme très vieille.

h. Elle a soixante-quinze ans, comment est-ce qu'on peut l'appeler ?

    1. ☐ Une personne usée.   **2.** ☐ Une personne âgée.

Rayez ce qui ne convient pas.

Exemple : Elsa a cinq ans, Tom en a dix. Tom est le grand frère / ~~le grand-père~~ d'Elsa.

a. Elsa a cinq ans, Tom en a dix. Elsa est la petite sœur / la fille de Tom.

b. Les parents d'Elsa et de Tom sont Jeanne et Henri. Jeanne a une sœur Sophie. Sophie est la tante et son mari, Frédéric, est l'oncle / le fils d'Elsa et de Tom.

c. Sophie et Frédéric ont deux enfants, Marin et Baptiste. Sophie et Frédéric sont les grands-parents / les parents.

d. Sophie est la mère / la fille et Frédéric est le père de Marin et Baptiste.

e. Marin et Baptiste sont les fils / les frères de Sophie et de Frédéric.

f. Elsa et Tom sont les cousins / les voisins de Marin et Baptiste.

g. Les parents de Sophie sont les gros parents / les vieux parents / les grands-parents de Marin et Baptiste.

h. Elsa est la sœur / le frère de Tom.

 Reliez les phrases de même sens.

a. Je vous présente ma femme !

b. Tu connais mon mari ?

c. Mes grand-parents vont très bien.

d. Mes parents étaient furieux.

e. Ma fille est nerveuse

f. Les repas de famille sont toujours très longs.

g. Les repas de famille sont toujours merveilleux.

h. Ma fille nous fait toujours rire.

1. Tu as déjà rencontré mon époux ?

2. Les repas de famille durent des heures.

3. Mon père et ma mère étaient très mécontents.

4. Les repas de famille sont toujours formidables.

5. Voici mon épouse !

6. Ma fille n'est pas calme.

7. Ma fille a beaucoup d'humour, elle est très drôle.

8. Mon grand-père et ma grand-mère sont en pleine forme.

 Lisez l'histoire, puis notez si les affirmations sont vraies (V) ou fausses (F).

> Mon grand-père a aujourd'hui 87 ans. Pour son anniversaire, ma grand-mère a réuni toute la famille. Et quelle famille ! Nous sommes 62 enfants, petits-enfants, arrière petits-enfants. Mon grand-père est le dernier d'une famille de 15 enfants et il a eu lui-même 12 enfants, 6 filles et 6 garçons. Sur 12 enfants, 10 ont eu à leur tour des enfants. Mes grands-parents ont 27 petits-enfants, 15 petits-fils et 12 petites-filles. Je connais très bien mes grands-parents, chaque année ils nous invitaient chez eux en vacances à la campagne. Et c'était la liberté.

Exemple : Ma grand-mère a aujourd'hui 87 ans. *(F)*

a. Mon grand-père a réuni toute la famille. (   )

b. Ma grand-mère a réuni toute la famille pour l'anniversaire de mon grand-père. (   )

c. Nous sommes 62. (   )

d. Mon grand-père est le dernier de sa famille, il a 14 frères et sœurs. (   )

e. Mon grand-père a eu 12 enfants. (   )

f. Mes grands-parents ont 27 petits-enfants. (   )

g. Ils ont 12 petites-filles. (   )

h. J'ai passé toutes mes vacances chez eux. (   )

381 **Reliez pour faire des phrases.**

a. Elle a 15 ans,

b. Il vient de naître,

c. Ma grand-mère

d. Mon enfant

e. Il a 13 ans, il va sortir de

f. Il a 18 ans, il va entrer dans

g. Elle n'a pas de frère ni de sœur,

h. C'est l'aînée :

1. c'est un très beau bébé.

2. l'âge adulte.

3. grandit.

4. elle est fille unique.

5. c'est encore une adolescente.

6. c'est la plus vieille de la famille.

7. l'enfance.

8. vieillit.

382 **Notez de 1 à 8 pour mettre les phrases du dialogue dans l'ordre chronologique.**

a. – Non, je ne crois pas. Pourquoi ? (   )

b. – Allô, bonjour papa. *(1)*

c. – Bonjour ma chérie, comment tu vas ? (   )

d. – Oui, je peux toujours. À quelle heure veux-tu que je vienne ? (   )

e. – Je te passe ta mère. À bientôt. (   )

f. – Est-ce que tu pourrais garder Thomas ? On est invités chez des amis. (   )

g. – Si tu viens à 20 h, c'est parfait. On te préparera un bon dîner et Thomas sera déjà au lit. C'est super, merci papa. Est-ce que maman est là ? Je voudrais lui parler. (   )

h. – Très bien, je te remercie. Papa, vous avez quelque chose de prévu pour le week-end prochain ? (   )

383 **Cochez les phrases que vous entendez.**

Exemple :   **1.** ☒ Il adore la vanille.   **2.** ☐ Il adore la famille.

a. **1.** ☐ Ma fille a beaucoup d'humour.   **2.** ☐ Ma fille a beaucoup d'amour.

b. **1.** ☐ Elle a mon caractère.   **2.** ☐ Elle a bon caractère.

c. **1.** ☐ Les nerfs vont craquer.   **2.** ☐ Les mères vont craquer.

d. **1.** ☐ Je l'aime ma campagne !   **2.** ☐ Je l'aime ma compagne !

e. **1.** ☐ Vous avez des filles ?   **2.** ☐ Vous avez des billes ?

f. **1.** ☐ L'écorce est dure.   **2.** ☐ L'écorce est pure.

g. **1.** ☐ Ses parents me rendent fou.   **2.** ☐ Ses pas lents me rendent fous.

h. **1.** ☐ Ma cousine est bien agréable.   **2.** ☐ Ma cuisine est bien agréable.

Lisez et rayez ce qui ne convient pas.

Exemple : Une partie / ~~denté~~ de ma famille habite dans le sud de la France.

a. Les familles recomposées / récompensées, il y en a beaucoup.

b. Elle est / s'est divorcée de son mari depuis quatre ans.

c. Un couple / double, c'est deux personnes qui vivent ensemble.

d. Les retraités / âgés gardent souvent leurs petits-enfants à la maison.

e. Il y a un nouveau-né dans ma famille, c'est le bébé / pépé de ma sœur.

f. Le gouvernement encourage la natalité avec des allocutions / allocations.

g. La majorité / majoritaire des couples qui se marient vivaient ensemble avant.

h. Vous pouvez choisir librement / facilement le prénom de votre enfant.

---

385 **Cochez les questions possibles.**

Exemple : – Moi non plus.

           1. ☐ – J'aime les bananes, et toi ?   **2.** ☒ – Je n'aime pas les bananes, et toi ?

a. – Si, c'est absolument vrai.

   1. ☐ – Ce n'est pas vrai, n'est-ce pas ?   **2.** ☐ – C'est vrai, hein ?

b. – Non, je ne le crois pas.

   1. ☐ – Tu le crois, toi ?   **2.** ☐ – Tu la crois, toi ?

c. – Moi, si.

   1. ☐ – J'aime beaucoup votre tante, et vous ?   **2.** ☐ – Je n'aime pas beaucoup votre tante, et vous ?

d. – Non, je n'en ai plus envie, merci.

   1. ☐ – Tu as encore envie de le faire, toi ?   **2.** ☐ – Tu n'as jamais envie de le faire ?

e. – Rien.

   1. ☐ – Il a parlé avec son père ?   **2.** ☐ – Qu'est-ce qu'il a dit à son père ?

f. – C'est impossible.

   1. ☐ – Qu'est-ce qui est possible ?   **2.** ☐ – Est-ce que tu viens voir Ivan avec moi ?

g. – Oui, souvent.

   1. ☐ – Pauline, elle la voit encore ?   **2.** ☐ – Elle ne sort jamais ?

h. – Jamais, je n'ai pas le temps.

   1. ☐ – Tu vas quelquefois voir ton oncle ?   **2.** ☐ – Tu l'as vu hier soir ?

 Vous décrivez une famille, soulignez les phrases correctes.

Exemple : J'avais un oncle et une tante qui vivaient à l'étranger.

a. Leur famille est composée de douze personnes.

b. Son grand-père portait une barbe et des moustaches.

c. Dans les Granger, ils ont tous les cheveux bruns.

d. Il était impossible de s'unir cette famille.

e. C'était une famille très unie et très chaleureuse.

f. Ils se sont divorcés quand elle était très jeune.

g. Ils sont médecins de père en fils.

h. Ils vivaient ensemble à la campagne.

 Rayez ce qui ne convient pas.

Exemple : Mon frère et mes sœurs se sont mariés / ~~mariées~~ avant moi.

a. Ils se sont divorcés / ont divorcé parce qu'ils ne s'entendaient plus.

b. Ils ont adapté / adopté trois enfants qui viennent de pays différents.

c. C'était un enfant / fille très tranquille quand il était plus jeune.

d. Leur nom de la famille / de famille, c'est Boulanger, comme le métier.

e. Mamie sera contente si nous allons / irons la voir pendant les vacances.

f. Charlotte et Jean nous ont invités à leurs fiançailles / mariage.

g. Nous passons / allons toutes nos vacances dans la maison de famille.

h. Ils ne se marieront pas et n'auront pas beaucoup des / d' enfants.

B EXPRIMER SES SENTIMENTS

 Notez de 1 à 8 pour mettre les phrases du dialogue dans l'ordre chronologique.

a. – Ça dépend. Début août ou à la fin du mois ? (   )

b. – Je comprends, mais pourquoi ne demandes-tu pas à tes beaux-parents ? (   )

c. – Allô, maman, qu'est-ce que vous faites pour les prochaines vacances ? *(1)*

d. – Nous allons rester à Paris ou peut-être partir en Espagne. Pourquoi ? (   )

e. – Bon, alors, je vais en parler à ton père et nous allons vous rappeler. D'accord ? (   )

f. – Plutôt du 1er au 15, on voudrait faire un voyage au Vénézuéla avec Jean-Luc. (   )

g. – Parce qu'ils ne sont pas à la retraite, eux. Et en plus, ils travaillent en août. (   )

h. – Parce que... Peux-tu garder notre chien pendant deux semaines ? (   )

 Rayez ce qui ne convient pas.

Exemple : Aimer / détester / ~~ranger~~ la famille.

a. Tomber / courir / être amoureux.

b. Être tristement / en colère / méchant.

c. Avoir de / faire de / être l'humour.

d. Tomber / être / se sentir triste.

e. Connaître / savoir / comprendre une personne.

f. Être de bonne / être de mauvaise / avoir humeur.

g. Promener / sortir / partir un chien.

h. Prendre / apprendre / développer une photo.

390 Écoutez et cochez la phrase entendue.

Exemple : **1.** ☐ J'ai été chez Laurence, hier soir.　　**2.** ☒ J'étais chez Laurence, hier soir.

a. **1.** ☐ Il aimait cette personne tendrement.　　**2.** ☐ Il a aimé cette personne tendrement.

b. **1.** ☐ J'ai refusé d'y aller avec cette voiture.　　**2.** ☐ Je refusais d'y aller avec cette voiture.

c. **1.** ☐ Il était complètement bouleversé.　　**2.** ☐ Il a été complètement bouleversé.

d. **1.** ☐ J'ai aimé passer une soirée avec vous.　　**2.** ☐ J'aimais passer une soirée avec vous.

e. **1.** ☐ Je trouvais un vieil album de photos.　　**2.** ☐ J'ai trouvé un vieil album de photos.

f. **1.** ☐ Elle a visité l'Europe de l'Est en train.　　**2.** ☐ Elle visitait l'Europe de l'est en train.

g. **1.** ☐ Il détestait voir les animaux maltraités.　　**2.** ☐ Il a détesté voir les animaux maltraités.

h. **1.** ☐ Il a parlé avec elle de toi et des autres.　　**2.** ☐ Il parlait avec elle de toi et des autres.

391 Séparez les mots, mettez les accents, la ponctuation et les majuscules pour faire des phrases.

Exemple : cestunepersonnequiatoujourscachesessentiments

→ *C'est une personne qui a toujours caché ses sentiments.*

a. lesmembresdecettefamillenesesontjamaistresbienentendus

→ ....

b. ilssesontdisputespuisilssesontreconcilies

→ ....

c. pourquoiestcequetunecroisjamaisleshistoiresquejeteraconte

→ ....

d. avantonnimaginaitjamaislavenirdecettefacon

→ ....

e. maintenantelleestpartieetilestvraimenttresmalheureux

→ ....

f. sivouspenseztoujoursacettepersonneilfautluitelephoner

→ ....

g. ilavaitunepetiteamietresjoliemaiselleestpartiecetete

→ ....

h. ilssesontrencontressurinternetetmaintenantilssontmaries

→ ....

392 Écoutez et cochez si la phrase exprime un sentiment positif ou négatif.

Exemple : **1.** ☒ positif　**2.** ☐ négatif

a. **1.** ☐ positif　**2.** ☐ négatif

b. **1.** ☐ positif　**2.** ☐ négatif

c. **1.** ☐ positif　**2.** ☐ négatif

d. **1.** ☐ positif　**2.** ☐ négatif

e. **1.** ☐ positif　**2.** ☐ négatif

f. **1.** ☐ positif　**2.** ☐ négatif

g. **1.** ☐ positif　**2.** ☐ négatif

h. **1.** ☐ positif　**2.** ☐ négatif

393 Complétez les phrases avec : *c'était, il était, il faisait, il y avait* (attention aux majuscules !).

Exemple : **Il faisait** très froid dans les montagnes.

a. .... le frère de mon grand-père.

b. .... beaucoup de neige sur les routes.

c. .... nuit et nous revenions des sports d'hiver.

d. .... un spectacle très divertissant.

e. .... beaucoup de monde à l'exposition ?

f. Hier soir, ... un bon film à la télévision.

g. .... très tard quand je suis rentrée chez moi.

h. .... qui, la femme brune aux yeux bleus ?

394 Reliez pour faire des phrases.

a. On se dispute tout le temps,   1. très heureuse.

b. Quand on vous voit,   2. à mourir.

c. Je me sens souvent   3. elle n'est pas amoureuse.

d. J'ai peur de   4. ses sentiments.

e. Elle n'est jamais amoureuse   5. on va se séparer.

f. Il est triste   6. très longtemps.

g. Je suis complètement   7. indifférente.

h. Elle l'aime bien mais   8. on vous aime.

395 Notez si les affirmations sont vraies (V) ou fausses (F).

Exemple : « Elle en a assez. » est synonyme de « Elle en a marre. » **(V)**

a. « Il est surpris. » est synonyme de « Il est étonné. » (   )

b. « Elle est énervée. » est synonyme de « Elle s'est enivrée. » (   )

c. « Elle est joyeuse. » est synonyme de « Elle est gaie. » (   )

d. « Il est jaloux. » est synonyme de « Il est généreux. » (   )

e. « Il m'ennuie. » est synonyme de « Il s'enfuit. » (   )

f. « Il est bouleversé. » est synonyme de « Il est enchanté. » (   )

g. « Elle rigole tout le temps. » est synonyme de « Elle rit tout le temps. » (   )

h. « Je suis triste. » est synonyme de « J'ai du chagrin. » (   )

396 Notez de 1 à 8 pour mettre les phrases du dialogue dans l'ordre chronologique.

a. – Je vois... tu es vraiment à bout de nerfs, je crois que je vais te laisser. (   )

b. – Pas très bien, je suis vraiment déçue. (   )

c. – Tu as raison d'être optimiste. Il faut être optimiste dans la vie. (   )

d. – Déçue mais pourquoi, tu connaissais bien les risques. (   )

e. – Il faut être... il faut être... Ça m'énerve d'entendre cela ! (   )

f. – Oui, je les connaissais, mais je suis toujours optimiste et confiante. (   )

g. – Ah non ! Tu ne peux pas me laisser comme ça, il faut être là pour les amis qui ne vont pas bien ! ! ( )

h. – Alors comment ça va ? *(1)*

397 Complétez les mots.

Exemple : Marion est c**om**plètement indiffér**en**te.

a. Tu as rais........., c'est la passion.

b. Martin est en c.........flit avec ses grands-parents depuis bien l.........gt.........ps.

c. Mon ....cle t'attend à Ly.........

d. Ma t.........te a r.........contré Yvon.

e. Il t.........be amoureux tous les ans au print.........ps.

f. Elle tr.........ble devant son c.........pagn.........

g. Combien de t.........ps avant le prochain c.........flit ?

h. Les enf.........ts apprécier.........t les bonb.........

398 Reliez les questions et les réponses.

a. Tu t'entends bien avec lui ?

b. Qu'est-ce que tu éprouves pour elle ?

c. Tu vas l'épouser ?

d. Tu es triste ?

e. Comment est-elle ?

f. Elle a été touchée ?

g. Tu es mélancolique, toi ?

h. Comment tu fais pour être toujours de bonne humeur ?

1. Oui, je pense toujours au passé.

2. Non, je suis contre le mariage.

3. Oui, plutôt bien, c'est quelqu'un de très facile.

4. De l'affection, rien de plus.

5. J'essaie de ne pas trop réfléchir !

6. Oui, vraiment, j'ai beaucoup de chagrin.

7. Non, pas du tout, elle a été complètement indifférente.

8. Elle est très gaie, elle rigole tout le temps.

399 Cochez la phrase correcte.

Exemple : 1. ☒ J'éprouve de l'amitié pour lui. 2. ☐ Je prouve de l'amitié pour lui.

a. 1. ☐ Elle est indifférente de son charme. 2. ☐ Elle est indifférente à son charme.

b. 1. ☐ Je me sens heureuse. 2. ☐ Je sens heureuse.

c. 1. ☐ J'aime beaucoup Stéphanie, on s'entend très bien. 2. ☐ J'aime beaucoup Stéphanie, on entend très bien.

d. 1. ☐ J'ai de la colère. 2. ☐ Je suis en colère.

e. 1. ☐ On n'ennuie jamais avec lui. 2. ☐ On ne s'ennuie jamais avec lui.

f. 1. ☐ On va se séparer, on se dispute tout le temps. 2. ☐ On va se séparer, on se discute tout le temps.

g. 1. ☐ Tu me fais rire aux larmes. 2. ☐ Tu me fais rire des larmes.

h. 1. ☐ J'ai eu beaucoup peur. 2. ☐ J'ai eu très peur.

400 Reliez pour faire des phrases.

a. Si je t'invite à mon anniversaire,

b. Pour fêter le Nouvel an,

c. Elle a envoyé 200 invitations

d. On est invités chez

e. J'organise une petite fête à

f. C'est impossible,

g. J'adore les soirées

h. Je n'ai pas l'intention

1. déguisées.

2. pour le mariage de sa fille.

3. tu viendras ?

4. j'ai commandé du champagne.

5. d'y aller.

6. ma sœur pour Noël.

7. je suis prise ce soir.

8. l'occasion de mes 20 ans.

401 Écoutez et cochez si la phrase exprime une idée positive ou négative.

Exemple : **1.** ☒ positive   **2.** ☐ négative

a. **1.** ☐ positive   **2.** ☐ négative

b. **1.** ☐ positive   **2.** ☐ négative

c. **1.** ☐ positive   **2.** ☐ négative

d. **1.** ☐ positive   **2.** ☐ négative

e. **1.** ☐ positive   **2.** ☐ négative

f. **1.** ☐ positive   **2.** ☐ négative

g. **1.** ☐ positive   **2.** ☐ négative

h. **1.** ☐ positive   **2.** ☐ négative

402 Rayez ce qui ne convient pas.

Exemple :   ~~Recevoir~~ / inviter à / organiser une fête.

a. Envoyer / répondre à / recevoir une invitation.

b. Amener / offrir / recevoir un cadeau.

c. Aller à / avoir / recevoir une soirée.

d. Être / prendre / sentir libre.

e. Commander / servir / servir d'une boisson.

f. Boire / prendre / verser un verre.

g. Offrir à / préparer à / donner manger.

h. Servir / donner / recevoir l'apéritif.

403 Reliez les questions et les réponses.

a. C'était comment la fête ?   1. Je ne sais plus exactement.

b. Tu t'es bien amusée ?   2. Non, avec son frère jumeau.

c. Nathalie et François étaient là ?   3. Absolument super !

d. Vous y êtes allés comment ?   4. Oui, et aussi des jus de fruits.

e. Il y avait du champagne ?   5. Aurélien.

f. Tu as dansé avec Charles ?   6. Oui, parce que j'ai beaucoup dansé.

g. Il s'appelle comment déjà ?   7. Nous avons pris un taxi.

h. Tu es rentrée à quelle heure ?   8. Seulement François.

404 Écoutez et cochez la phrase entendue.

Exemple :   1. ☒ Il fait la fête tous les soirs.   2. ☐ Il fait la tête tous les soirs.

a. **1.** ☐ Partons d'ici, je ne vois rien.   **2.** ☐ Pardon, d'ici je ne vois rien.

b. **1.** ☐ J'ai des bouteilles dans ma voiture. **2.** ☐ J'ai tes bouteilles dans ma voiture.

c. **1.** ☐ Bonne fête, ma chérie !   **2.** ☐ Bonne fête, mon chéri !

d. **1.** ☐ C'était un banc en pierre.   **2.** ☐ C'était un pan en pierre.

e. **1.** ☐ Il a pris un bon pain.   **2.** ☐ Il a pris un bon bain.

f. **1.** ☐ Il a passé le fax.   **2.** ☐ Il a taxé le fax.

g. **1.** ☐ Non, pas tout le temps.   **2.** ☐ Non, pas tout le banc.

h. **1.** ☐ Il sent bon le matin.   **2.** ☐ Ils s'en vont le matin.

405 Cochez la phrase correcte.

Exemple :   1. ☒ C'est un film qui s'appelle *Adrien*.

                2. ☐ C'est un film qui l'appelle *Adrien*.

a. **1.** ☐ On avait rendez-vous les deux.   **2.** ☐ On avait rendez-vous ensemble.

b. **1.** ☐ La fête s'est terminée très tard.   **2.** ☐ La fête est terminée très tard.

c. **1.** ☐ Hier, c'était l'anniversaire de Marie. **2.** ☐ Hier, c'est l'anniversaire de Marie.

d. **1.** ☐ Il essayait de sortir dans la fenêtre. **2.** ☐ Il essayait de sortir par la fenêtre.

e. **1.** ☐ Il n'y a pas de mal !   **2.** ☐ Il n'y a pas du mal !

f. **1.** ☐ C'est une fête bretonne traditionnelle. **2.** ☐ C'est une fête bretonne des traditions.

g. **1.** ☐ Il y a une fête dans la rue.   **2.** ☐ Il y a une fête sur la rue.

h. **1.** ☐ Ils s'offrent des cadeaux à leurs enfants. **2.** ☐ Ils offrent des cadeaux à leurs enfants.

406 Mettez les mots dans l'ordre pour faire des phrases.

Exemple :   crêpes/?/la/Vous/sauter/allez/Chandeleur/pour/faire/des

         → *Vous allez faire sauter des crêpes pour la Chandeleur ?*

a. doré/avec/./On/galettes/des/les/papier/vend/couronnes/en

→ ....

b. Pierrot/?/un/Est/de/-/déguisement/avez/ce/vous/que

→ ....

c. dans/./a/organisées/Il/la/culturelles/des/y/manifestations/toute/ville

→ ....

d. jardin/Les/les/./sont/cherchent/cachés/enfants/dans/bonbons/qui/le

→ ....

e. blanche/bonheur/./qui/petite/Le/porte/muguet,/fleur/est/une/c'

→ ....

f. jour/Pâques,/?/aussi/Le/férié/est/c'/de/lundi/un

→ ....

g. préférez/la/Quelle/vous/?/est/française/fête/que

→ ....

h. mai/fériés/./mois/France/y/au/beaucoup/a/Il/de/en/jours/de

→ ....

407 **Rayez ce qui ne convient pas.**

Exemple : Elle était pressée de rentrer / ~~entrer~~ chez elle.

a. La maîtresse / dame de maison a préparé la table.

b. Les Dumoulin ont invité leur collègue dans le / à dîner.

c. C'est le cadeau d' / de l' anniversaire qu'il voulait depuis longtemps.

d. Si tu / on veux, tu peux le faire sans moi, ce voyage !

e. Ils allaient chaque an / tous les ans en vacances en famille à la montagne.

f. Le grand verre, c'est pour de l' / l' eau, le petit verre est réservé au vin.

g. Si elle n'y / ne veut pas y participer, je n'irai pas à cette fête.

h. Tu savais / connaissais combien de personnes il invitait chaque week-end ?

408 **Complétez les mots.**

Exemple : Il n'y av**ait** pas beauc**ou**p de monde à la f**ê**te ch**ez** Simon.

a. C'était une r........ception très bien organ......... pour to........ le pers........el.

b. On inv........ra sa famille et s......... amis pour l........ faire plais........

c. Il f........sait toujours r........re tou........ le monde quand il y ....ait une fête.

d. Ça se pas........t dans le jardin der........re leur ....son de c........pagne.

e. On n'a pas be........n d'une oc........sion particuli......... pour se ....unir entre amis.

f. Un mar........ge mixte, c'est si un des deux é........x n'est p........ français, non ?

g. À soi........te-cinq ans, il a enfin r........contré la ....me de sa vie !

h. Les chrys........thèmes, ce sont les fl........rs qu'on met dans les cime........res ?

409 **Cochez la réponse correcte.**

Exemple : Tu viens ce soir ? **1.** ☐ Désolée, j'ai tout pris. **2.** ☒ Désolée, je suis prise.

a. Tu es libre demain ?

　　1. ☐ Non, je n'ai rien de prévu. 　　**2.** ☐ Oui, je n'ai rien de prévu.

b. Tu as reçu du courrier ?

　　1. ☐ Oui, une invitation à un anniversaire. 　　**2.** ☐ Oui, une proposition à un anniversaire.

c. Je te propose une soirée jeudi.

　　1. ☐ Pourquoi pas ? 　　**2.** ☐ Pourquoi toi ?

154

d. Qu'est-ce qu'il fait Thomas samedi ?

    1. ☐ Il prépare des cartes postales pour sa soirée.

    2. ☐ Il prépare des cartons d'invitation pour sa soirée.

e. Elle a invité beaucoup de monde.

    1. ☐ C'est une bonne idée.

    2. ☐ Volontiers !

f. Je ne sais pas qui inviter ?

    1. ☐ Ta famille et tes amis !

    2. ☐ C'est gentil de me proposer.

g. Je téléphone ou j'envoie des invitations ?

    1. ☐ Téléphone, c'est plus rapide.

    2. ☐ Ce n'est pas la peine.

h. Je suis invitée pour la St Valentin.

    1. ☐ Je suis déçue pour toi.

    2. ☐ Je suis contente pour toi.

410 **Notez de 1 à 8 pour mettre les phrases du dialogue dans l'ordre chronologique.**

a. – Tu penses inviter combien de personnes ? ( )

b. – Tu peux organiser quelque chose chez toi. ( )

c. – Oui, pourquoi pas ? C'est une bonne idée, puis chez moi c'est assez grand. ( )

d. – J'ai vraiment envie de faire une petite fête pour me changer les idées. *(1)*

e. – Une vingtaine. ( )

f. – D'accord, je n'invite pas Isabelle mais si je n'invite pas Isabelle, Pedro ne viendra pas…
    ( )

g. – S'il te plaît, n'invite pas Isabelle, depuis notre séparation… ( )

h. – Invite Isabelle si tu veux, c'est ta soirée. Moi je ne viens pas ! ! ( )

Bilans

411 **Lisez ce texte et notez si les affirmations sont vraies (V) ou fausses (F).**

> Un matin d'été, j'ai reçu par la poste un faire-part et j'ai appris avec surprise que Martin, mon meilleur ami, allait se marier. J'étais tellement étonnée que je l'ai appelé tout de suite. « Allô, Martin, quelle surprise ! Toutes mes félicitations, mais qui est ta future femme ? Tu la connais depuis longtemps ? » Il m'a répondu : « Oui, assez long-temps, mais je ne savais pas que je l'aimais ». Je lui ai dit : « C'est incroyable, je suis ta meilleure amie et je ne savais pas que tu étais amoureux ! ». Martin m'a dit « Si tu veux, je te la présente. Rendez-vous demain sur les quais de la Seine, à 20 heures ». Le lendemain, Martin est arrivé seul, Jeanne avait du retard. On l'a attendue toute la soirée. Et puis, soudain, j'ai compris que Jeanne c'était moi !

Exemple : Un matin d'été, j'ai reçu un faire-part. *(V)*

a. J'ai reçu une invitation à un mariage par la poste. ( )

b. Martin, mon meilleur ami, s'était marié. ( )

c. J'ai répondu par écrit. ( )

d. J'étais très surprise. ( )

e. Martin connaissait sa future femme depuis longtemps. ( )

f. Je ne savais pas que Martin était amoureux. ( )

g. J'avais rendez-vous à 21 h avec Martin. ( )

h. Martin n'a pas osé me demander en mariage. ( )

412 **Complétez ce texte avec les mots suivants :** *feux, table, fériés, repas, automne, mange, printemps, déguise, plaisanteries, gâteau, mai, calendrier, 14, famille.*

En France, les fêtes de (1) .... sont souvent l'occasion de faire un (2) .... copieux. On peut rester plusieurs heures à (3) .... Le repas de Noël se termine par le (4) .... traditionnel appelé la « bûche ». Juste après Noël, c'est l'Épiphanie ou la fête des rois. On (5) .... des galettes et on collectionne les fèves. Puis, le (6) .... va arriver, et on se (7) .... pour le carnaval. Le premier avril, on fait des blagues et des (8) .... à ses amis. Au mois de (9) ...., il y a beaucoup de jours (10) .... Ensuite, l'été arrive et commence avec la fête de la musique. La fête nationale, c'est bien sûr le (11) .... juillet avec le défilé, les bals et les (12) .... d'artifice. En (13) ...., il y a la Toussaint et le 11 novembre. Puis c'est de nouveau Noël. Mais on n'est pas obligé de respecter le (14) .... pour s'amuser avec ses amis ou sa famille !

XII. ELLE M'A RACONTÉ QUE...

A RACONTER UN ÉVÉNEMENT PASSÉ

413 Reliez les questions et les réponses (parfois plusieurs possibilités).

a. Qui l'a renversée ?
b. Qu'est-ce qui s'est passé ?
c. Il roulait trop vite ?
d. Qu'est-ce qu'il lui est arrivé ?
e. Où est-ce qu'on les a emmenés ?
f. Comment ça s'est passé ?
g. Tu crois à cette histoire ?
h. Elle a raconté ça à qui ?

1. Il y a eu un accident d'avion.
2. Très vite, je n'ai rien vu.
3. Non, pas du tout.
4. Un camion, je crois.
5. À son avocat.
6. Il a eu un accident de voiture.
7. Oui, à 150 à l'heure.
8. À l'hôpital Saint-Jacques.

414 *Vous racontez une histoire.* **Les phrases suivantes peuvent-elles faire partie de l'histoire ? Cochez la bonne réponse.**

Exemple : Tu ne vas jamais me croire.   1. ☒ oui   2. ☐ non

a. Ça s'est passé un mercredi en août 1999.   1. ☐ oui   2. ☐ non
b. Tu crois que tu vas aller à la campagne ?   1. ☐ oui   2. ☐ non
c. Il y avait beaucoup d'enfants autour de nous.   1. ☐ oui   2. ☐ non
d. Est-ce que vous parlez cette langue ?   1. ☐ oui   2. ☐ non
e. Il était une fois une petite fille très gentille.   1. ☐ oui   2. ☐ non
f. Demain, nous allons beaucoup marcher.   1. ☐ oui   2. ☐ non
g. Ce jour-là, nous avons beaucoup marché.   1. ☐ oui   2. ☐ non
h. C'était la dernière éclipse totale de soleil.   1. ☐ oui   2. ☐ non

415 Cochez la réponse qui convient.

Exemple : Qu'est-ce que vous avez fait, après ça ?
　　　　1. ☐ Nous avons sorti dans la rue.   2. ☒ Nous sommes sortis dans la rue.

a. Vous avez bien répondu à cette question ?
　　1. ☐ Non, je ne l'ai pas comprise.   2. ☐ Oui, je me suis trompé.
b. Qu'avez-vous fait entre 17 h et minuit, hier ?
　　1. ☐ Euh... Je ne m'en souviens pas.   2. ☐ Jamais, le soir.
c. Il était quelle heure ?
　　1. ☐ Ça dépend des jours.   2. ☐ À peu près midi.
d. Il avait l'habitude d'y aller ?
　　1. ☐ Non, pas très souvent.   2. ☐ Oui, dans ce restaurant.

e. Comment était-elle à cette époque ?
   1. ☐ Elle s'est bien habillée.   **2.** ☐ Toujours très bien habillée.

f. Ta grand-mère, elle avait les yeux bleus ?
   1. ☐ Oui, comme moi.   **2.** ☐ Non, bleus.

g. Quand êtes-vous passés à l'euro ?
   1. ☐ Oui, c'était en 2001.   **2.** ☐ En 2001.

h. Où étais-tu allé ?
   1. ☐ Non, je n'y étais pas.   **2.** ☐ J'étais au grenier.

416 **Notez de 1 à 8 pour mettre les phrases du dialogue dans l'ordre chronologique.**

a. – Sur le parking, juste en bas de chez moi. ( )

b. – Non, je n'ai pas encore eu le temps de le faire. Justement, j'y vais maintenant. Tu m'accompagnes ? ( )

c. – Non ! J'en ai vraiment assez ! On m'a encore volé ma voiture ! ( )

d. – Et tu la garais où exactement ? ( )

e. – Oui, je ne comprends pas, elle n'était pas toute neuve ! ( )

f. – Ça n'a pas l'air d'aller très fort, ce matin... *(1)*

g. – Tu es allé au commissariat de police ? ( )

h. – Ta voiture ? Mais c'est la troisième fois cette année ! ( )

417 **Écoutez et cochez ce que vous entendez.**

Exemple : **1.** ☒ Il l'a invitée la veille de son départ.

   2. ☐ Il a invité la vieille dame à son départ.

a. **1.** ☐ Nous avons traversé Lyon pour y aller.
   2. ☐ Nous avons renversé Lyon pour y aller.

b. **1.** ☐ Sa femme est venue le rejoindre.
   2. ☐ Sa femme est parvenue à le joindre.

c. **1.** ☐ Et qu'est-ce qu'elle a fait Raphaëlle ?
   2. ☐ Et qu'est-ce qu'il avait Raphaël ?

d. **1.** ☐ J'étais la seule à m'en rendre compte.
   2. ☐ J'ai été la seule à m'en rendre compte.

e. **1.** ☐ Elles s'attendaient à Marseille.
   2. ☐ Elles s'entendaient à merveille.

f. **1.** ☐ Tu t'assois, tu es sûr ?
   2. ☐ Tu as soif, tu es sûr ?

g. **1.** ☐ L'avion a été détourné sur Rome.
   2. ☐ L'avion est retourné à Rome.

h. **1.** ☐ Il a été arrêté cet été à Bordeaux.
   2. ☐ Il s'est arrêté cet été à Bordeaux.

Mettez les mots dans l'ordre pour faire des phrases.

Exemple : vais/paternelle/de/Je/-/grand/ma/raconter/./vous/histoire/mère/l'

→ *Je vais vous raconter l'histoire de ma grand-mère paternelle.*

a. dans/du/fin/village/née/un/la/Elle/petit/est/à/./19ᵉ/siècle

→ ....

b. s'/plutôt/elle/Rachelle/belle/appelait/était/et/Elle/.

→ ....

c. Unis/début/travailler/États/du/siècle/Elle/allée/est/aux/-/./au

→ ....

d. père/parisien/-/./Puis/mariée/était/elle/mon/s'/qui/est/avec/grand

→ ....

e. parti/noces/Son/de/guerre/à/mari/voyage/est/la/après/leur/juste/.

→ ....

f. qui/s'/Ils/père/un/c'/Calixte,/mon/appelait/ont/garçon/./était/eu

→ ....

g. à/revenus/./la/Ils/Paris/campagne/sont/ont/et/quitté/habiter

→ ....

h. son/./beaucoup/J'/me/aimais/histoire/mère/quand/grand/racontait/ma/-

→ ....

 Rayez ce qui ne convient pas.

Exemple : J'étais dans la rue quand je t'ai vu / ~~te voyais~~.

a. Ils ne pouvaient pas avoir d'enfants, ils adoptaient / ont adopté Virginie.

b. Le 3 juin 1980, elle est née / naissait à midi.

c. Hier, j'ai déjeuné avec ma mère, elle a été / était en forme.

d. Je discutais avec ma sœur quand tu es entrée / entrais.

e. Il était fatigué alors il faisait / a fait une sieste.

f. Je t'ai attendu / t'attendais plus d'une heure, qu'est-ce que tu faisais ?

g. Tu faisais encore tes études quand tu l'as rencontré / le rencontrais ?

h. J'ai attendu le train, il n'est jamais venu / ne venait jamais.

420 **Donnez l'infinitif des verbes.**

Exemple : À cette époque-là, je ne voyais personne. *voir*

a. Je te croyais à Paris. ....

b. Vous faisiez quoi avant ? ....

c. Je disais souvent du mal de lui. ....

d. Je mangeais très bien à Lisbonne. ....

e. Vous buviez souvent du vin en Espagne ? ....

f. Vous étiez déjà à Paris en 1993 ? ....

g. Je faisais les courses au marché d'Aligre. ....

h. Vous alliez souvent à Nevers ? ....

421 Complétez les phrases en utilisant les éléments entre parenthèses, conjugués au passé composé ou à l'imparfait.

Exemple : Quand *j'ai commencé* mes études, *je ne savais pas* me servir d'un ordinateur. *(je / commencer, je / ne pas savoir)*

a. Hier, ... de t'appeler mais .... là. *(je / essayer, tu / ne pas être)*

b. La semaine dernière, ... très contente parce que .... *(je / être, je / sortir beaucoup)*

c. .... juste un an quand .... à parler. *(il / avoir, il / commencer)*

d. La dernière fois que .... au cinéma, c'........................... avec elle. *(je / aller, être)*

e. .... à qui quand ....: dans la rue ? *(tu / parler, je / te voir)*

f. .... par la fenêtre quand .... à la porte. *(je / regarder, tu / sonner)*

g. .... le journal quand .... la nouvelle. *(je / lire, tu / m'apprendre)*

h. .... au moment où .... *(tu / arriver, je / partir)*

422 Dites si la phrase exprime un événement terminé au moment où l'on parle ou un événement qui continue.

Exemple : Il a mangé à midi.
       1. ☒ événement terminé   **2.** ☐ événement qui continue

a. J'ai passé trois ans en Chine !
    1. ☐ événement terminé   **2.** ☐ événement qui continue

b. Cela fait une heure que tu téléphones !
    1. ☐ événement terminé   **2.** ☐ événement qui continue

c. Il y a un mois j'étais encore chez toi.
    1. ☐ événement terminé   **2.** ☐ événement qui continue

d. Il y a une heure que nous roulons, c'est encore loin ?
    1. ☐ événement terminé   **2.** ☐ événement qui continue

e. J'ai dîné avec lui il y a une semaine.
    1. ☐ événement terminé   **2.** ☐ événement qui continue

f. Il m'a apporté des fleurs.
    1. ☐ événement terminé   **2.** ☐ événement qui continue

g. C'était le bon temps !!
    1. ☐ événement terminé   **2.** ☐ événement qui continue

h. Je le connais depuis longtemps.
    1. ☐ événement terminé   **2.** ☐ événement qui continue

423 Notez de 1 à 8 pour mettre les phrases du dialogue dans l'ordre chronologique.

a. – Évidemment ! Mais moi, en attendant, je ne vois rien, ni derrière moi ni sous la table. (   )

b. – Allez, laisse-moi t'inviter, pour une fois. **(1)**

c. – Euh, je ne vois pas de sac... Tu es sûre de l'avoir laissé là ? (   )

d. – D'accord, c'est vraiment gentil de m'inviter, la prochaine fois, c'est mon tour. (   )

e. – Évidemment... (   )

f. – Comme tu voudras. Tiens, tu peux me passer mon sac, il est juste derrière toi. (   )

g. – En entrant dans le restaurant, rappelle-toi, j'avais bien mon sac à la main. (   )

h. – Je ne sais pas, je ne m'en souviens pas. Écoute, on va le retrouver ton sac ! Je vais aller payer, puis je te ramène chez toi, ton sac est peut-être dans ma voiture. (   )

B SITUER UNE ACTION DANS LE TEMPS

424 Reliez pour faire des phrases.

a. Les choses ont beaucoup   1. que nous ne sommes pas sortis.

b. Elle a fait ce travail   2. changé depuis que tu es partie.

c. Il travaillait dans cette banque   3. puis il est parti.

d. Il a été très malade mais   4. en un mois.

e. Dans les mois qui viennent,   5. il va beaucoup mieux.

f. Ça fait trois jours   6. dans un mois.

g. Il lui a dit au revoir,   7. il y a six mois.

h. Nous viendrons te voir   8. nous partirons d'ici.

425 Dites si la phrase exprime un événement terminé au moment où l'on parle ou un événement qui continue.

Exemple : Nous travaillons depuis trois jours.
      1. ☐ événement terminé   **2.** ☒ événement qui continue

a. Elle est descendue il y a une heure.
    1. ☐ événement terminé   **2.** ☐ événement qui continue

b. Il est midi et il dort encore.
    1. ☐ événement terminé   **2.** ☐ événement qui continue

c. Nous n'avons rien fait depuis deux jours.
    1. ☐ événement terminé   **2.** ☐ événement qui continue

d. Il habite à Toulouse.
    1. ☐ événement terminé   **2.** ☐ événement qui continue

e. Ça fait un mois que je n'ai pas eu de nouvelles.
    1. ☐ événement terminé   **2.** ☐ événement qui continue

f. Nous y sommes allés l'année dernière.

1. ☐ événement terminé   **2.** ☐ événement qui continue

g. Je l'ai rencontré il y a 15 jours.

1. ☐ événement terminé   **2.** ☐ événement qui continue

h. Nous ne nous sommes pas vus depuis un an.

1. ☐ événement terminé   **2.** ☐ événement qui continue

426 **Écoutez et cochez la phrase entendue.**

Exemple :   **1.** ☒ Il arrose avec de l'eau.   **2.** ☐ Il s'arrose avec de l'eau.

a. **1.** ☐ Elle est levée à sept heures.   **2.** ☐ Elle s'est levée à sept heures.

b. **1.** ☐ Vous savez ça ?   **2.** ☐ Vous avez ça ?

c. **1.** ☐ Ils attendent toujours.   **2.** ☐ Ils s'attendent toujours.

d. **1.** ☐ Elle s'est habituée à ça ?   **2.** ☐ Elle est habituée à ça ?

e. **1.** ☐ Elle aime les fleurs.   **2.** ☐ Elle sème les fleurs.

f. **1.** ☐ Elles s'entendent à merveille.   **2.** ☐ Elles entendent à merveille.

g. **1.** ☐ Ils sont embarrassés.   **2.** ☐ Ils se sont embrassés.

h. **1.** ☐ Elle oblige à continuer.   **2.** ☐ Elle s'oblige à continuer.

427 **Notez de 1 à 8 pour mettre les phrases du dialogue dans l'ordre chronologique.**

a. – Et bien, tu vois, je suis toujours comptable chez Sunny ! (   )

b. – Euh, salut Sabine, oui, tu as raison j'habitais à Montmartre, mais il y a dix ans maintenant.
(   )

c. – Dix ans déjà ! ! Et alors, qu'est-ce que tu deviens ? (   )

d. – Salut Boris, qu'est-ce que tu fais là ? Je croyais que tu habitais à Montmartre ! *(1)*

e. – Comment, tu n'as pas évolué ? (   )

f. – Oh la la ! Mais je plaisante... (   )

g. – Non, je n'ai pas évolué, et toi, Sabine, tu n'as pas changé à ce que je vois ! Toujours
aussi diplomate, toujours aussi sympathique ! (   )

h. – Finalement, dix ans sans te voir, sans tes plaisanteries, c'était le bonheur ! (   )

428 **Complétez avec les mots suivants :** *il y a, depuis, cela fait* **(attention aux majuscules !).**

Exemple :   Je ne suis pas sortie ***depuis*** deux jours.

a. .... une heure que je l'attends.

b. .... une heure qu'il cuit, ton gâteau.

c. Il marche .... une heure.

d. Il est au Sri Lanka .... un mois.

e. .... longtemps que je n'ai pas eu de nouvelles.

f. .... déjà une heure que je t'ai demandé d'éteindre la télévision.

g. J'ai commencé mon régime .... deux mois.

h. On a discuté .... une demi-heure.

429 **Reliez les questions et les réponses.**

a. Depuis quand es-tu à Lille ?

b. Cela fait longtemps que tu la connais ?

c. Qu'est-ce que tu faisais à cette époque-là ?

d. Où étais-tu la semaine dernière ?

e. On peut se voir mercredi ?

f. Qu'est-ce que tu comptes faire ensuite ?

g. Tu iras à ce mariage ?

h. Quand pars-tu ?

1. Oui, un certain temps

2. De la musique. Je vais créer une école de musique.

3. J'étais à Lille.

4. Oui, j'ai déjà dit oui et j'ai réservé l'hôtel !

5. J'y suis depuis mercredi.

6. Demain matin très tôt.

7. Oui, pourquoi pas, mais pas à l'heure du déjeuner, je ne suis pas libre.

8. De la musique, je faisais partie d'un groupe.

 430 **Complétez les mots.**

Exemple : C'était bien av**an**t le commence**ment** de cette expé**rien**ce.

a. De............ quand est-ce que vous vous connai............ tous les deux ?

b. Il y a b............tôt quatre ans ....elle n'a pas revu ses parents.

c. D'............itude, il rentre d............ travail v............ huit ou neuf heures le s............r.

d. Quand elle es............ entr............, tout le ....nde s'est retourn............

e. .... week-end der............, nous sommes ....lés r............dre vi............te à Éloïse.

f. Il a d............ aller .... la préfecture pour dem............der une carte de s............our.

g. À ce............ époque-l............, les f............mes ne p............vaient pas encore vote............

h. Avant il fum............ beaucoup, ...ais mainte............t, c'est ....ni.

 431 **Rayez ce qui ne convient pas.**

Exemple : Je ne l'ai pas vu depuis / ~~Il y a~~ deux jours.

a. Je ne l'ai pas vu depuis / avant longtemps.

b. À cette époque-là, / En ce moment, on se voyait tous les jours.

c. Aujourd'hui, / Dans le passé, tout va bien.

d. La semaine prochaine, / En ce moment, il sera en Italie.

e. Il y a / Dans un mois, il est parti en vacances.

f. Je déjeune puis / maintenant je sors.

g. Il m'a salué puis / la semaine prochaine il est parti.

h. La semaine dernière, / En ce temps-là, il a fait très beau.

 432 **Notez de 1 à 8 pour mettre les phrases du dialogue dans l'ordre chronologique.**

a. – Peut-être qu'ils ont presque le même âge, mais Donatien a un frère qui s'appelle Julien... ( )

b. – Oui, c'est ça. En d'autres termes, Donatien est l'oncle de Laurent. ( )

c. – Alors, si j'ai bien compris cette blague, Laurent est le neveu de Donatien... ( )

d. – Exactement. Et Laurent est le fils de Julien. Voilà ! Tu vois bien que ce n'était pas une blague ! (   )

e. – Mais Laurent et Donatien ont seulement deux ans de différence ! (   )

f. – Et alors ? Julien est beaucoup plus âgé que Donatien ? (   )

g. – Qu'est-ce que ce que tu racontes encore ? Une nouvelle blague ? *(1)*

h. – Mais, ce n'est pas une blague ! C'est la vérité. (   )

433 **Cochez la phrase correcte.**

Exemple :   **1.** ☒ Ça fait trois ans qu'on se connaît.

   2. ☐ Ça fait trois ans quand on se connaît.

a. **1.** ☐ À cette époque-là, c'était un petit garçon.

   2. ☐ À cette époque-là, il a été un petit garçon.

b. **1.** ☐ Je ne l'ai pas connu en avant.

   2. ☐ Je ne le connaissais pas avant.

c. **1.** ☐ Combien de temps avez-vous vécu là ?

   2. ☐ Quel temps avez-vous vécu là ?

d. **1.** ☐ Quelle est votre date de naissance ?

   2. ☐ Quand est votre date de naissance ?

e. **1.** ☐ À quel temps ?

   2. ☐ À quelle heure ?

f. **1.** ☐ Il fait trois heures pour y aller en voiture.

   2. ☐ Il faut trois heures pour y aller voiture.

g. **1.** ☐ C'était une période très triste pour eux.

   2. ☐ Ça été une période très triste pour eux.

h. **1.** ☐ Des habitudes, on ne fait pas comme ça.

   2. ☐ D'habitude, on ne fait pas comme ça.

434 **Cochez la réponse qui convient.**

Exemple :   Quand êtes-vous allés en Italie ?

   1. ☐ Dans trois mois.   **2.** ☒ Ça fait quelques années.

a. Tu as commandé ce livre sur Internet ?

   1. ☐ Oui, et celui-là aussi.   **2.** ☐ Oui, dans un roman.

b. Tu veux la revoir quand ?

   1. ☐ Si elle est libre.   **2.** ☐ Le plus vite possible.

c. Elle y est allée seule ?

   1. ☐ Non, je ne crois pas.   **2.** ☐ Non, je n'y pense pas.

d. Qu'est-ce que tu faisais dans cette école ?

   1. ☐ Rien de très passionnant.   **2.** ☐ Rien à faire.

e. Elle s'est mariée à quel âge ?

   1. ☐ Non, elle était trop jeune.   **2.** ☐ Très jeune, je crois.

f. Elle ne va pas tarder, c'est vrai ?

   1. ☐ Oui, elle va être en retard.   **2.** ☐ Oui, elle arrive tout de suite.

g. Vous ne savez pas ce que j'ai lu dans le journal ?

   1. ☐ Non, mais tu vas nous le dire.   **2.** ☐ Non, tu nous l'as déjà dit.

h. Les hommes font souvent la vaisselle en France ?

   1. ☐ De temps en temps.   **2.** ☐ Non, c'est interdit.

435 **Rayez ce qui ne convient pas.**

   Exemple :   La semaine dernière / ~~prochaine~~ il a commencé un nouveau travail.

a. J'ai eu une 'semaine / semaine prochaine terrible.

b. Ce matin / Cette matinée elle est partie très agacée.

c. Maintenant / À cette époque, on ne se voit plus du tout.

d. Il y a / Depuis longtemps que tu es parti.

e. Elle vit à Taiwan depuis / il y a 4 mois.

f. Je l'ai croisé dans la rue en ce moment / une fois.

g. Elle a eu depuis longtemps / longtemps peur de l'avion.

h. Je le connais depuis / il y a longtemps.

436 **Notez de 1 à 8 pour mettre les phrases du dialogue dans l'ordre chronologique.**

a. – Hier, hier j'étais chez moi, c'est bizarre le téléphone n'a pas sonné ! ( )

b. – Euh… attends, hier matin j'ai travaillé : j'étais bien chez moi et puis l'après-midi, Pierre est passé me voir. Tu vois, comme je te l'ai dit, j'étais bien chez moi. ( )

c. – Écoute… je t'assure : je t'ai appelé au moins 10 fois et pas de réponse. ( )

d. – Tu étais où hier ? J'ai essayé de t'appeler toute la journée. *(1)*

e. – Peut-être que le téléphone était débranché ou que quelqu'un était sur Internet. ( )

f. – Euh… pour m'inviter aujourd'hui chez toi ! ( )

g. – C'est sûrement Internet, mais au fait pourquoi tu m'as appelé hier ? ( )

h. – Pour t'inviter chez moi ? C'est nouveau ! C'est bien la première fois que tu as besoin de me téléphoner avant de venir ! ! ( )

C SE PLAINDRE, SE RÉJOUIR

437 **Soulignez les phrases qui expriment le contentement.**

   Exemple :   <u>Voilà enfin un travail intéressant !</u>

a. Ce n'est pas très réjouissant.

b. C'est vraiment une bonne nouvelle.

c. Je suis très heureuse de vous entendre.

d. Ah non ! Pas lui !

e. Ça va marcher, j'en suis sûre !

f. C'était fabuleux !

g. J'ai réussi à l'avoir, ce permis !

h. Tu vois, ça finit toujours mal.

438 Notez de 1 à 8 pour mettre les phrases du dialogue dans l'ordre chronologique.

a. – Si, c'est de ta faute. Alors, qu'est-ce que c'est, ce truc dans ton sac ? ( )

b. – Tu es vraiment désagréable, ce matin. On peut savoir pourquoi ? ( )

c. – Quel truc ? Il y a plein de choses dans mon sac ! ( )

d. – Oui, je suis de mauvaise humeur et tu sais pourquoi. J'ai très mal dormi cette nuit. ( )

e. – C'était un petit cadeau pour toi. Mais je ne sais pas si tu le mérites toujours... ( )

f. – Oui, beaucoup trop de choses, c'est pour ça que tu n'y trouves jamais rien ! ( )

g. – Désolée, mais ce n'est pas de ma faute si tu dors mal. ( )

h. – Qu'est-ce que c'est le truc que tu viens de mettre dans ton sac ? *(1)*

439 Écoutez les phrases et cochez si elles expriment une plainte ou un contentement.

Exemple : **1.** ☒ plainte   **2.** ☐ contentement

a. **1.** ☐ plainte   **2.** ☐ contentement

b. **1.** ☐ plainte   **2.** ☐ contentement

c. **1.** ☐ plainte   **2.** ☐ contentement

d. **1.** ☐ plainte   **2.** ☐ contentement

e. **1.** ☐ plainte   **2.** ☐ contentement

f. **1.** ☐ plainte   **2.** ☐ contentement

g. **1.** ☐ plainte   **2.** ☐ contentement

h. **1.** ☐ plainte   **2.** ☐ contentement

440 Reliez les questions et les réponses.

a. À quoi ça sert un tire-bouchon ?   1. C'est pas terrible, en ce moment.

b. Il se plaint souvent, ton copain ?   2. Tu appuies sur le bouton « marche ».

c. Ce n'est pas vous qui l'avez choisie ?   3. Toutes ses affaires.

d. Vous avez vu mon portable ?   4. Oui, toute la journée.

e. Ça s'allume comment ?   5. Oui, devant toi, sur l'étagère.

f. Ça va, toi, au travail ?   6. Oui, hier il est allé au commissariat.

g. Il a porté plainte ?   7. Non, j'aurais honte.

h. Qu'est-ce qu'elle a perdu ?   8. À ouvrir les bouteilles.

441 Écoutez le dialogue et cochez les éléments d'information que vous avez entendus.

Exemple : **1.** ☒ Excusez-moi, j'ai un problème.

          2. ☐ Excusez-moi, j'avais un problème.

a. **1.** ☐ Je ne veux pas mes bagages.

   2. ☐ Je ne vois pas mes bagages.

b. **1.** ☐ J'avais une valise rouge, assez grande.

   2. ☐ J'avais une balise rouge, assez grande.

c. **1.** ☐ Mais non, c'est Fontaine.

   2. ☐ Mon nom, c'est Fontaine.

d. **1.** ☐ Et qu'est-ce que je fais maintenant ?

   2. ☐ Et qu'est-ce que j'ai fait maintenant ?

e. **1.** ☐ Nous avons recherché vos bagages.

   2. ☐ Nous allons rechercher vos bagages.

f. **1.** ☐ Si nous le retrouvons, je vous préviendrai.

   2. ☐ Si nous les retrouvons, je vous préviendrai.

g. **1.** ☐ Mais je ne peux pas attendre.

   2. ☐ Mais je ne peux pas l'attendre.

h. **1.** ☐ Alors, un peu de science, s'il vous plaît.

   2. ☐ Alors, un peu de patience, s'il vous plaît.

442 **Soulignez les phrases qui expriment une plainte.**

   Exemple : <u>Arrête un peu de te plaindre, ça ne sert à rien !</u>

a. C'est toujours le même problème !

b. C'est fantastique si tu peux partir !

c. Ça ne va pas, mais alors pas du tout !

d. Je ne la supporte plus, le voyage avec elle, ça va être l'enfer !

e. Oh non ! Encore lui !

f. Qu'est-ce que tu as encore, tu te plains tout le temps !

g. Quelle bonne nouvelle, tu as réussi ton concours !

h. Oh non, ce n'est pas vrai, tu es où ?

443 **Cochez si la phrase exprime une idée positive ou négative.**

   Exemple : Je n'en peux plus !   **1.** ☐ positive   **2.** ☒ négative

a. J'en ai assez !   **1.** ☐ positive   **2.** ☐ négative

b. Oh non ! Ce n'est pas possible ! ! Tu as trop de chance ! !   **1.** ☐ positive   **2.** ☐ négative

c. C'est super ! Quelle surprise !   **1.** ☐ positive   **2.** ☐ négative

d. Je suis fatigué. Demande à quelqu'un d'autre.   **1.** ☐ positive   **2.** ☐ négative

e. Tu le fais exprès ?   **1.** ☐ positive   **2.** ☐ négative

f. Oh non ! Ce n'est pas possible ! Quelle horreur !   **1.** ☐ positive   **2.** ☐ négative

g. Je suis vraiment content pour toi !'   **1.** ☐ positive   **2.** ☐ négative

h. Vraiment, tu exagères !   **1.** ☐ positive   **2.** ☐ négative

444 **Écoutez et complétez le dialogue.**

   Exemple : – Ça n'a pas l'air d'aller aujourd'hui ! ***Qu'est-ce qui t'arrive ?***

a. – Rien de spécial, ..., c'est tout.

b. – Mais de quoi ? La vie, ...

c. – Ah non ! ....

d. – Horrible, ... !

e. – Évidemment, pour toi, ...

f. – Et bien oui, tu vois, moi, ...

g. – .... ! J'en ai assez des gens qui ne se plaignent jamais.

h. – Moi, j'en ai assez des gens qui n'arrêtent jamais de .... !

Rayez ce qui ne convient pas.

Exemple : C'est / ~~Ce n'est pas~~ marrant ce film, ça m'a beaucoup plu.

a. J'ai vraiment besoin / plaisir de me reposer.

b. J'en ai marre, / C'est super, le métro est toujours plein de monde le matin.

c. Je me réjouis / Je me plais de partir en voyage.

d. Ça fait du bien / du mal d'aller nager. J'adore la natation.

e. Elle a raté son examen, elle n'a pas de chance / de la chance.

f. Je l'ai croisé dans la rue en ce moment / une fois.

g. Elle est vraiment pénible, elle se réjouit / se plaint tout le temps.

h. C'est génial / l'horreur, j'ai perdu mes papiers.

 Complétez les mots.

Exemple : Oh non ! Ce n'est pas mar**rant** !

a. C'est cho.........te !

b. Ça fait plai.........r !

c. Arrête de te pl.........dre !

d. Elle exag......... !

e. Ça fait du b......... de boire un peu !

f. C'est formi......... !

g. J'en ai as..........

h. J'en ai mar..........

 Reliez les phrases de même sens (plusieurs solutions possibles).

a. Il en a marre !

b. C'est formidable !

c. Ce n'est pas marrant !

d. C'est marrant !

e. C'est dur !

f. C'est triste !

g. Il s'ennuie !

h. Il est fatigant !

1. C'est super !

2. Ce n'est pas amusant !

3. C'est rigolo !

4. Il s'embête !

5. Il en a assez !

6. C'est difficile !

7. Il est pénible !

8. Ce n'est pas drôle !

 Mettez les mots dans l'ordre pour faire des phrases.

Exemple : de/?/famille/Ils/à/sont/fête/se/amusés/beaucoup/cette

→ *Ils se sont beaucoup amusés à cette fête de famille ?*

a. ne/revus/./Ça/pas/ans/fait/trois/que/ans/je/les/ai

→ ....

b. faire/./expliqué/m'/le/Ils/sera/que/ont/ce/possible/ne/pas/de

→ ....

c. que/Maintenant,/oublier/est/tu/c'/histoire/une/vieille/vas/.

→ ....

d. cette/?/./ce/-/avez/personne/Est/que/vous/retrouvé

→ ....

e. longtemps/avons/pas/./Ça/ensemble/fait/dîné/nous/très/que/n'

→ ....

f. il/deux/a/a/Elle/histoire/une/./ou/raconté/m'/cette/y/semaine

→ ....

g. aimiez/indien/?/ce/ce/-/est/restaurant/vous/Pourquoi/que/n'/pas

→ ....

h. pays/J'/idée/un/./lointain/apprécie/partir/beaucoup/l'/de/dans

→ ....

Bilans

449 Passé, présent, futur ? Écoutez et cochez la bonne réponse.

Exemple : **1.** ☒ passé   **2.** ☐ présent   **3.** ☐ futur

a. **1.** ☐ passé   **2.** ☐ présent   **3.** ☐ futur
b. **1.** ☐ passé   **2.** ☐ présent   **3.** ☐ futur
c. **1.** ☐ passé   **2.** ☐ présent   **3.** ☐ futur
d. **1.** ☐ passé   **2.** ☐ présent   **3.** ☐ futur
e. **1.** ☐ passé   **2.** ☐ présent   **3.** ☐ futur
f. **1.** ☐ passé   **2.** ☐ présent   **3.** ☐ futur
g. **1.** ☐ passé   **2.** ☐ présent   **3.** ☐ futur
h. **1.** ☐ passé   **2.** ☐ présent   **3.** ☐ futur

450 Lisez l'article et cochez les bonnes réponses.

Courrier des lecteurs de Franjournal

Je vous écris pour vous raconter ce qui est arrivé à une amie parce que je trouve cela très injuste. Elle est espagnole et elle s'appelle Dulce. Quand elle est arrivée en France, elle ne parlait pas du tout français. Elle a pris le TGV pour venir me rejoindre à Bordeaux. Elle a d'abord acheté un billet puis elle est montée dans le train. Mais elle n'a pas composté son billet, elle ne savait pas que c'était obligatoire et le contrôleur lui a fait payer une amende. Il n'était pas du tout compréhensif. Elle était très surprise et déçue. Sa première impression de la France n'a pas été agréable. Heureusement, maintenant cela va mieux. Elle a été accueillie chez nous et nous lui avons fait visiter notre région, elle a rencontré nos amis. À partir de maintenant, elle n'oubliera plus jamais de composter son billet !

Juliette de Bordeaux

Exemple :   On peut lire cette lettre dans un journal ?
        1. ☒ Oui.   **2.** ☐ Non.

a. Comment s'appelle la personne qui a écrit la lettre ?
    1. ☐ Dulce.   **2.** ☐ Juliette.

b. Dulce parlait bien français quand elle est arrivée ?
    1. ☐ Bien sûr.   **2.** ☐ Pas un mot.

c. Où a eu lieu le problème ?
    1. ☐ Dans la gare.   **2.** ☐ Dans le train.

d. Dulce a-t-elle acheté un billet ?
    1. ☐ Non, elle a oublié de l'acheter.   **2.** ☐ Oui, avant de prendre le train.

e. Que doit-on faire avec un billet de train ?
    1. ☐ On doit le composter.   **2.** ☐ On doit le contrôler.

f. Qu'a fait le contrôleur du train ?
    1. ☐ Il a été gentil et compréhensif.   **2.** ☐ Il a donné une amende à Dulce.

g. Le séjour de Dulce s'est-il bien poursuivi ?
    1. ☐ Non, elle déteste la France.   **2.** ☐ Oui, parce que Juliette s'est bien occupée d'elle.

h. Est-ce que Dulce a compris comment voyager en TGV ?
    1. ☐ Oui, maintenant, elle compostera son billet.   **2.** ☐ Non, elle n'aime pas les contrôleurs.

INDEX

Les chiffres renvoient aux numéros d'exercices

LE NOUVEL ENTRAÎNEZ-VOUS

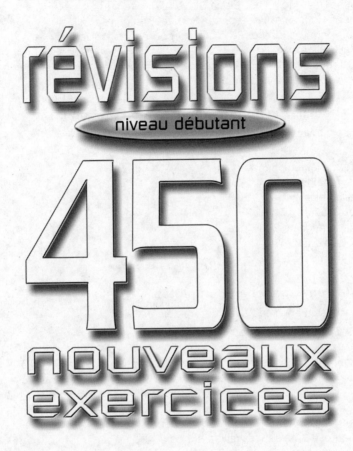

révisions

niveau débutant

450

nouveaux
exercices

15 Écoutez le dialogue et notez si les affirmations sont vraies (V) ou fausses (F).

« – Bonjour madame. Je m'appelle Christian Gajac, je viens de Paris et je suis Directeur de l'Institut de langue française.
– Ah ! Enchantée. Moi, c'est Elena Slava. J'habite à Irkoutz. Je suis professeur de français pour le tourisme. Vous parlez le russe, monsieur Gajac ?
– Euh... un peu. J'apprends le russe au cours du soir. Je préfère parler en français ou en anglais, et vous ?
– Moi ? Oh, nous sommes en France, à Nice, alors parlons en français !
– Merci. On commence la réunion ?»

17 Écoutez et cochez la bonne prononciation : [s] ou [z] ?

Exemple : Nous avons trois enfants.

a. Vous aimez l'opéra ?
b. Tu entends les éléphants ?
c. C'est sympathique, ça !
d. Vous allez bien ?
e. Vous êtes belges ?
f. Ils sont américains ?
g. Ils ont la télévision ?
h. Elles aiment aller au casino ?

39 Écoutez la conversation et complétez.

Exemple : Je suis épuisée. Vivement ce *soir* !

a. Tu finis *à* quelle heure ce soir ?
b. *À* 21 heures.
c. À 21 heures ? Mais c'est bien *tard*. Vous travaillez *de* quelle heure *à* quelle heure ?
d. Eh bien, le *matin*, on commence à travailler *à* 11 h et on termine à 21 h avec une petite pause.
e. Et elle dure *combien* de temps cette petite pause ?
f. Oh ! Pas *longtemps*, une heure, deux heures...
g. Deux heures ! ! Mais tu travailles *quand* ?
h. Eh bien, *maintenant* justement. Salut !

40 Écoutez et soulignez les nombres que vous entendez.

Exemple : 93, 63

a. 32, 82
b. 119, 99
c. 106, 66
d. 95, 75
e. 95, 75
f. 86, 56
g. 70, 90
h. 12, 72

41 **Écoutez et rayez l'intrus qui se distingue phonétiquement des autres.**

Exemple : 10 - 2 - 6

a. *3* - 13 - 16
b. 20 - 80 - *60*
c. *90* - 30 - 40
d. 12 - *82* - 72
e. 1 - *11* - 21
f. 20 - *16* - 1
g. 70 - *80* - 90
h. 25 - 75 - 55

44 **Écoutez et rayez l'intrus qui se distingue phonétiquement des autres.**

Exemple : *te*, être, est

a. été, parler, *italienne*
b. peu, Monsieur, *laid*
c. neuf, jeune, *belle*
d. jeu, je, *j'ai*
e. vrai, *me*, avez
f. *euh*, j'ai, restaurant
g. être, mettre, *leur*
h. *ce*, les, mes

49 **Écoutez la conversation au téléphone et complétez le texte.**

Exemple : *Allô*, bonjour, c'est Julie…

a. Ah ! *Non*, ce n'est pas *Julie*, moi c'est Lili.
b. Non, non. Je suis Julie, et je *voudrais* parler à Jules, s'il vous plaît ?
c. Ne *quittez* pas. Jules, téléphone, c'est pour toi.
d. *Qui* est-ce ?
e. *C'est* Julie.
f. Julie ? Mais je ne *connais* pas de Julie ! Passe-moi le téléphone !
g. *Allô*, vous êtes ?
h. Julie, *Julie* Beburu.

51 **Écoutez et complétez les sigles.**

Exemple : répondez s'il vous plaît.

a. République Française.
b. Société Nationale des Chemins de Fer.
c. s'il vous plaît.
d. s'il te plaît.
e. questionnaire à choix multiples.
f. président directeur général.
g. contrat à durée déterminée.
h. revenu minimum d'insertion.

55 **Écoutez. Vous entendez [s] ou [z] ? Cochez la bonne réponse.**

Exemple : C'est son anniversaire, il a cent ans !

a. Elles aiment le chocolat ou pas ?
b. Elles n'aiment pas ça, et toi ?
c. Ils n'habite pas ici, c'est une erreur.
d. Ils habitent à Paris ou à Choisy ?

e. Ici, c'est chez moi !

f. Non, pas ça ! Tout, mais pas ça !

g. Oui, nous avons un passeport européen

h. Ah bon ? Vous êtes anglaise ?

62 **Écoutez. Singulier ou pluriel ? Cochez la bonne réponse.**

Exemple : Ils aiment cette ville.

a. Je ne sais pas.

b. Elle a vingt ans, je crois.

c. Ce sont des amis à toi ?

d. C'est mon père, Albert.

e. Ils arrivent toujours à l'heure ?

f. Qu'est-ce que tu fais donc, Oscar ?

g. Oui, c'est encore nous.

h. Qu'est-ce qu'il a, Philippe ?

63 **Écoutez les questions et notez de 1 à 8 pour indiquer l'ordre dans lequel vous les entendez.**

Exemple : C'est à toi, ce cédérom ?

– Comment tu t'appelles ?

– Qui est-ce ? Ophélie ?

– C'est où, Angers ?

– Qu'est-ce que tu dis ?

– C'est toi, Sophie ?

– C'est à quelle heure, le film ?

– Il est quelle heure ?

68 **Écoutez les phrases. Cochez si vous entendez *ne... pas* ou *n'... pas*.**

Exemple : Non, il n'est pas là.

a. Monsieur Choublanc n'arrive pas à l'heure.

b. Il ne va jamais au supermarché.

c. Vous n'habitez pas à Paris ?

d. C'est facile, n'est-ce pas ?

e. Il ne parle pas de langue étrangère.

f. Ils ne sont pas européens.

g. La soupe, il n'aime pas ça ?

h. Il n'y a pas de place dans ce restaurant.

70 **Singulier ou pluriel ? Écoutez et cochez la bonne réponse.**

Exemple : Qu'est-ce qu'ils lisent ?

a. Elles habitent à Toulouse ?

b. Ils lisent *Le Monde* au petit-déjeuner.

c. Votre passeport, s'il vous plaît !

d. Ils sont très gentils, ces gens-là.

e. Qu'est-ce qu'ils font ici, ces enfants ?

f. Ils disent non au professeur.

g. Elle va vers la rue Monge.

h. Est-ce qu'elles sont sympathiques, ces filles ?

80 Écoutez. Cochez si vous entendez *est-ce que* ou *qu'est-ce que* ?

Exemple : Mais qu'est-ce que tu fais, Julien ?

a. Qu'est-ce que tu veux pour ton anniversaire ?
b. Qu'est-ce qu'elle fait, Anne ?
c. Est-ce que c'est facile, le japonais ?
d. Qu'est-ce que c'est, ça ?
e. Est-ce que c'est ça ?
f. Qu'est-ce tu cherches, là ?
g. Est-ce que c'est tout ?
h. Est-ce qu'elle fait du sport, Anne ?

84 Écoutez et cochez la phrase que vous entendez.

Exemple : Elle se baigne.

a. Il l'aime, Julie.
b. Sa maman s'habille.
c. Elle se pose des questions.
d. Il déjeune.
e. D'ou êtes-vous ?
f. Elle sort à midi, elle range à minuit.
g. Il déteste lire.
h. Il pleure.

85 Écoutez. Combien y a-t-il de personnes ? Une ? Plusieurs ? On ne sait pas ? Cochez la bonne réponse.

Exemple : Messieurs, s'il vous plaît ?

a. Elle lit tout le temps.
b. Elle(s) s'habille(nt).
c. Il(s) s'habille(nt) pour sortir.
d. Elles déjeunent ensemble le lundi.
e. Ils adorent la radio.
f. Il adore ce film.
g. Ils ont quel âge ?
h. Monsieur, s'il vous plaît ?

89 Écoutez. C'est une question ou une exclamation ? Cochez la bonne réponse.

Exemple : Allô, tu m'entends bien ?

a. Bravo ! Vous avez gagné !
b. J'en ai assez de ces exercices !
c. Elle va bien, ta sœur ?
d. Je ne trouve pas ça drôle !
e. C'est de la part de qui ?
f. Je ne comprends pas, vous pouvez épeler ?
g. Il est fou, ce type !
h. Qu'est-ce qu'il y a dans ce colis ?

96 **Écoutez. Vous entendez le son [ã] ou le son [õ] ? Cochez la bonne réponse.**

Exemple : pendant

a. maintenant

b. pas le temps

c. avant

d. natation

e. sa réponse

f. ses questions

g. vraiment

h. le ping pong

98 **Écoutez. Combien y a-t-il de personnes ? Une ? Plusieurs ? On ne sait pas ? Cochez la bonne réponse.**

Exemple : Elle(s) se réveille(nt) à midi.

a. Elles dînent toujours ensemble.

b. Elle prend un petit déjeuner.

c. Elles prennent un petit déjeuner.

d. Elle dort pendant la journée.

e. Elles dorment à l'hôpital.

f. Vous vous levez à 6 h ?

g. Elles habitent à Moscou.

h. Elle habite à Toulouse.

104 **Écoutez et répétez de plus en plus vite !**

a. Raphaëlle retrouve René Rateau rue du restaurant russe.

b. Pardon, Pierre répète ton prénom pour de bon !

c. Tes deux dames détestent danser, dis donc !

d. Bonjour, bonsoir, c'est bien bizarre !

e. Tout dépend de ton adresse.

f. Une minuscule virgule sur un mur.

g. Tiens, Thomas Truc traverse la rue tout droit.

h. Je joue du jazz jeudi dans la journée.

105 *La vie quotidienne.* **Écoutez et soulignez les formes que vous entendez dans le texte.**

« Qu'est-ce que je fais chaque jour qui fait ce jour comme les autres jours ? Chaque jour *je me réveille* et après *je me lève*. Parfois, je me lève avant de me réveiller et alors je sais, je sais que ce jour est un jour différent, et il n'y en a pas beaucoup dans la vie des jours différents. Après le réveil, je pense déjà à manger, à manger mon petit déjeuner. (C'est pour cela que je me réveille, je sais que chaque jour apporte au moins trois merveilles, le petit déjeuner, le déjeuner, le dîner.) Pendant le petit déjeuner, *je bois* mon café, et c'est là que tout commence, que la journée commence. Je *comprends* alors qu'on est lundi, mardi, mercredi, jeudi ou vendredi, et que la vie m'appelle. Je me lave, je sors, j'attends le bus, je monte dans le bus, je cherche une place. J'arrive à mon travail, je travaille, je dis bonjour, je dis au revoir. Je reprends le bus, *je rentre* chez moi, je dîne, je mets mon pyjama, je regarde la télévision pour oublier la journée. Puis *je me couche*. Je me réveille et tout recommence.»

132 Écoutez et complétez les phrases.

Exemple : La *pharmacie*, c'est bien la première à *droite* ?

a. Pour aller à la *mairie*, tournez à *gauche* puis continuez la rue. Vous tombez juste dessus.

b. La *boulangerie*, c'est un peu plus loin sur votre *gauche*.

c. L'*hôpital* est à *droite*, droit devant vous.

d. Le *pont* ? Prenez la deuxième à *gauche*.

e. Le *cinéma*, ce n'est pas loin, la ville est petite, c'est au feu à *droite*.

f. Le *restaurant*, je crois qu'à cette heure-ci il est fermé, mais prenez la deuxième à *gauche*.

g. L'*école*, alors, euh…, juste après le feu à *gauche*.

h. Alors, pour aller au *café*, vous prenez la première à *droite* puis encore la première à *droite*. Vous voulez que je répète ?

135 Écoutez et cochez si la personne demande une direction ou une confirmation.

Exemple : Donc, première à gauche, deuxième à droite, je te remercie.

a. La gare, c'est où ?

b. La gare, c'est bien par là ?

c. Pour aller à l'hôpital, s'il vous plaît ?

d. Pour l'hôpital, c'est deux fois à droite puis tout droit, c'est bien cela ?

e. Pourriez vous m'indiquer la mairie s'il vous plaît ?

f. Je répète, pour la mairie, c'est à droite puis encore à gauche, c'est bien cela ?

g. Madame, excusez moi, je cherche l'hôtel de ville ?

h. Je prends la première à gauche rue du pont de Sully, puis la deuxième à droite, tu es sûr ?

136 Écoutez. Cochez si la réponse est positive ou négative.

Exemple : La pharmacie ? Non, je ne sais pas. Désolé.

a. La gare ? Elle est derrière vous.

b. La poste est sur la place de l'hôtel de ville.

c. Une boulangerie ? Il n'y a pas de boulangerie, ici.

d. Le marché ? Non pas aujourd'hui, c'est le vendredi et le mardi et c'est place du marché, pas place St Marc.

e. L'université ? Je ne sais pas.

f. L'église ? Je ne sais pas mais regardez en l'air, les églises, c'est haut !

g. Le cinéma Bellevue, oui je connais, c'est là vous voyez ?

h. La tour Montparnasse ? Juste en face de vous.

146 Écoutez les annonces et cochez si elles expriment le présent ou le futur.

Exemple : Le vol 234 d'Air France pour Bombay va partir…

a. Chers clients, les portes de notre magasin vont bientôt fermer.

b. Vous êtes à l'aéroport Charles de Gaulle, la température extérieure est de 10° C.

c. Bienvenue en France avec Eurotourisme !

d. Ici Rio de Janeiro. C'est Miguel qui vous parle !

e. Le train Bordeaux Paris Montparnasse va partir voie 8 !

f. Le nouveau savon « Toupropre » ! Vous allez le trouver dans votre supermarché !

g. Ici, radio Barcelonette. Avec nous, vous allez danser toute la nuit !

h. Attention, attention, c'est votre capitaine qui vous parle !

160 **Écoutez le dialogue et notez si les affirmations sont vraies (V) ou fausses (F).**

– Voilà, c'est une photo de mes enfants. Tu vois, ici c'est Antoine et à côté c'est Lise, sa sœur.

– Il est grand Antoine, il a quel âge ?

– Il a 18 ans. Mais tu vois, Lise, sa sœur est aussi grande que lui.

– C'est vrai. Elle a seulement 16 ans, c'est ça ?

– Oui. Elle est aussi brune que son père.

– Oui, elle a de superbes cheveux longs et bouclés. Elle a les yeux verts, comme toi ?

– Non, elle a les yeux noirs, comme son père. Mais Antoine a les yeux verts, comme moi !

– Il a aussi tes cheveux roux. Et il va être médecin, comme sa mère !

162 **Écoutez et notez si les affirmations sont vraies (V) ou fausses (F).**

Félix : Tu sais, je crois que je suis amoureux.

Nicolas : Encore ! Ce n'est pas nouveau, ça ! C'est qui cette fois ?

Félix : En fait, tous les matins, je passe par la rue Diderot en voiture pour aller travailler, et je vois régulièrement une jeune femme blonde, belle, très élégante. Elle promène son chien. Je voudrais parler avec elle, comment je peux faire ?

Nicolas : Tu n'as pas beaucoup d'imagination… Tu peux peut-être marcher un peu, non ? Et trouver un sujet de conversation.

Félix : J'ai une idée ! Tu peux me prêter ton chien demain matin ?

Nicolas : Ah, je comprends ! Tu vas lui dire que son chien est plus beau que le mien ! J'hésite…

Félix : S'il te plaît… Je dois absolument parler avec elle. Je ne dors pas, je ne mange pas.

Nicolas : Bon, d'accord. Mais c'est seulement pour demain matin…

176 **Écoutez et cochez ce que vous entendez.**

Exemple : Ah ! Mon beau sapin !

a. Quelle belle prune !

b. Encore une nouvelle voiture !

c. Qu'est-ce que tu portes aujourd'hui ?

d. Je plie ma veste.

e. Il voit tout rouge.

f. Un maillot de bain.

g. Un petit garçon.

h. Un beau cerisier.

178 **Écoutez le reportage et notez si les affirmations sont vraies (V) ou fausses (F).**

Mona Denfer pour Franjournal :

Chers auditeurs, je viens de suivre pour vous le défilé de chez Saint-Liosse, pour la nouvelle collection printemps-été. Cette année, mesdames, nous allons porter beaucoup de jupes longues à grandes fleurs et des chemisiers blancs très simples et sans manches. On voit aussi beaucoup de robes très courtes et très colorées. Elles sont vraiment magnifiques ! Ah ! Maintenant, voici les modèles pour hommes. Voilà, c'est le retour du short et de la veste en toile à carreaux ! Sans oublier le chapeau en paille ! Les couleurs à la mode l'été prochain sont le rouge, le jaune et le orange. Fantastique ! Vivement les beaux jours !

186 Écoutez et rayez ce qui ne convient pas.

Samedi prochain, je suis invitée à une soirée déguisée. Le thème de la soirée, c'est « en rouge on bouge ! » Donc, je dois m'habiller tout en rouge et je n'ai rien de rouge. Je pense faire mes achats chez Papi, car c'est le magasin le moins cher de Paris. C'est vraiment pas cher, chez Papi, mais on ne s'occupe pas de vous. J'arrive chez Papi, je cherche du rouge. Pas de rouge.
- Madame, s'il vous plaît, je cherche des vêtements rouges : un chapeau ou un bonnet, une robe, des chaussettes et des chaussures. Et puis aussi un sac.
- Le rouge, ce n'est plus la saison. On a du rouge pour Noël, mais après c'est fini. Et puis c'est démodé !
- Démodé ? Quelle drôle d'idée !

192 Marine et Étienne préparent leurs bagages. Qui emporte ces objets dans sa valise ? Écoutez et cochez la bonne réponse.

(Marine) : Qu'est-ce que je prends pour aller à Nice ? D'abord, mon maillot de bain et ma crème solaire. C'est le plus important. Ensuite, il me faut une jolie robe pour sortir le soir. La noire ou la verte ? La noire est plus élégante mais la verte est beaucoup plus à la mode. Allez, je prends les deux. Et les chaussures… alors, voici les sandales pour la plage et les chaussures à talons pour sortir le soir…

(Étienne) : Qu'est-ce que je vais mettre dans cette valise ? Bon, je vais prendre des jeans et un short. Il me faut aussi des tee-shirts et deux ou trois chemises… une blanche, une bleue et une jaune. Les lunettes de soleil et la casquette… indispensables ! Une ceinture, des chaussures de sport et des chaussures de ville. Ah ! Ne pas oublier les cadeaux pour mes amis brésiliens, bien sûr !

192 Écoutez les dialogues et cochez si la personne accepte ou refuse l'invitation.

Exemple :
- Salut Stéphane, ça te dit d'aller au cinéma ce soir ?
- Au cinéma ce soir, mais très volontiers !

a. – Allez, viens je t'emmène déjeuner au restaurant.
   – Quand ? Tout de suite ? Ah ! Non, je ne peux pas, j'ai rendez-vous avec Isabelle.
b. – Nous pourrions aller au théâtre samedi ?
   – Avec plaisir.
c. – Tu veux un café ?
   – Non merci, pas maintenant.
d. – Je te sers un thé ?
   – Sans façon, je ne supporte pas le thé.
e. – Je vous invite pour le premier janvier.
   – C'est dommage, nous sommes déjà pris.
f. – Ça te ferait plaisir de passer quelques jours à la campagne ?
   – Ah ! Oui, c'est une très bonne idée.
g. – J'ai envie d'aller à la piscine, pas toi ?
   – Ah, si ! Pourquoi pas ?
h. – Vous voulez venir déjeuner dimanche
   – Ah ! Non, je vous remercie mais le dimanche je préfère rester chez moi.

200 Écoutez et cochez la phrase entendue.

Exemple : C'est un gâteau extraordinaire, merci.

a. Il rentre dans son garage.
b. Elle va l'inviter à son mariage ?

c. Il pleut encore comme l'hiver dernier.

d. Elle rit souvent comme ça ?

e. C'est encore à voir !

f. C'est la vie de Paul.

g. Vous avez une très belle vue.

h. C'est son père ?

209 Écoutez le dialogue puis notez si les affirmations sont vraies (V) ou fausses (F).

– Bonjour, nous avons réservé une table pour deux personnes au nom de Morin.

– Oui, c'est cette table, là à droite.

– Il y a un petit problème : nous sommes trois et nous voudrions une table près de la fenêtre pour voir la mer.

– Attendez un instant, je vais demander.

– À Paris, je ne vois pas la mer. Je veux la voir quand je suis ici, en Bretagne.

– Il y a une seule table libre pour trois personnes. C'est cette table près du bar.

– Ah non ! C'est impossible ça ! Près du bar, c'est trop bruyant !

– Désolé, je ne peux pas changer les réservations maintenant, c'est trop tard. Au revoir, messieurs-dames !

230 Écoutez et complétez le reportage.

En direct de Monte-Carlo, voici l'histoire des « crêpes Suzette ». Henri Charpentier, *cuisinier* à Monte-Carlo dans un *grand* hôtel reçoit un invité *célèbre* : le prince de Galles, futur *roi* d'Angleterre Edouard VII. Il va *commander* le dîner et demande à parler au cuisinier. Il veut un *dessert* original et Henri Charpentier *pense* tout de suite à des crêpes. Mais pas *de* simples crêpes. Il *imagine* des crêpes aux *fruits*. Il ajoute des *oranges* à la recette traditionnelle. Le Prince de Galles *apprécie* beaucoup la recette et décide d'appeler *ces* crêpes « Suzette ». Ce soir-là, son invitée *s'appelle* en effet Suzette !

235 Écoutez le dialogue puis notez si les affirmations sont vraies (V) ou fausses (F).

– Qu'est-ce qu'ils ont fait, les Leroi, ce week-end ?

– Ils sont allés à l'île de Ré, sur la côte atlantique. Tu connais ?

– Oui. C'est très joli. Il a fait beau ?

– Oui, assez. Le samedi, il y a eu quelques averses, mais le dimanche, il y a eu du soleil.

– Et qu'est-ce qu'ils ont visité ?

– Rien. Ils se sont promenés, ils ont marché sur la plage et dans la forêt...

– C'est tout ?

– Non. Ils ont aussi fait du vélo et ils ont trouvé un très bon petit restaurant.

– Et ils ont mangé des fruits de mer ?

– Bien sûr ! Et aussi beaucoup de poisson. Ils adorent ça !

240 Écoutez et cochez la phrase entendue.

Exemple : C'est une carte postale.

a. C'est le Mont Saint-Michel !

b. C'est une région touristique.

c. Quelle belle vache !

d. Ta cuisine est magnifique.

e. Je fais une bêtise.

f. Son humour est fantastique.

g. Ton accord d'abord.

h. J'ai fait trop d'erreurs.

256 Écoutez le reportage et complétez le texte.

Ici, Mona Denfer, en direct du *festival* de Canuche pour Franjournal. Ce soir, chers auditeurs, nous *attendons* tous avec impatience la réponse à cette question vitale : qui va remporter la baguette d'or cette année ? Un réalisateur *européen* ou américain ? Pourquoi pas un *Français* ? Quel suspense ! Je crois que j'aperçois la *célèbre* actrice Jessie Naturelle. Elle s'avance vers nous. Quelle *émotion* ! Jessie ! Pensez-vous *gagner* la baguette d'or ? Répondez ! S'il vous plaît ! Elle ne m'a pas *répondu*. Elle n'a sûrement pas *entendu*. Avec ce brouhaha ! Quel dommage ! Nous allons revenir plus tard. Bonne *soirée* à tous !

261 Écoutez et cochez la phrase entendue.

Exemple : Tu as vu cette coupe extraordinaire ?

a. Ce groupe passe au Rex Club tous les soirs.

b. Le chef d'orchestre a été longuement applaudi.

c. Cette pièce, c'est une horreur !

d. C'est complet, il n'y a plus de places.

e. Et l'exposition, tu l'as vue ?

f. Il filme beaucoup en ce moment.

g. C'est un livre sur l'art roman.

h. C'est une ancienne gare.

268 Écoutez l'histoire du « musicien magicien », et complétez les phrases.

C'est une *histoire* incroyable : l'histoire du musicien magicien. D'habitude, quand je vais au concert, je *pleure*. Je vous l'ai déjà dit. Hier, j'y suis allé et la musique m'a *emporté* très très loin. J'ai vu ma voisine *disparaître* aussi à cause de la musique. Parfois la musique vous fait disparaître ou *apparaître*, ça dépend. Le musicien a *joué* très longtemps, et à la fin il a *pleuré*. Tout le public a alors disparu *mystérieusement*. Quand le musicien s'est *arrêté* de pleurer, tout le monde est *revenu*. Que *s'est*-il passé ?

278 Écoutez le message et notez si les affirmations sont vraies (V) ou fausses (F).

Allô, agence du centre ? C'est Madame Lauret. Voilà je vous appelle parce que je vais m'installer dans la région au mois d'août et je cherche une grande maison à louer. Je préfère les maisons aux appartements. Il me faudrait environ 200 m², un salon, une salle à manger, trois chambres, deux salles de bains, un jardin et un garage pour mes deux voitures, la mienne et celle de mon ami. Je voudrais habiter au centre-ville près de la Mairie parce que je vais y travailler. Vous pouvez me contacter au 01 43 42 45 46 à partir de 18 heures.

281 Écoutez le dialogue et complétez.

Exemple : Bonjour, Pernette Richard, votre *agent* immobilier.

a. – Bonjour, je cherche un *logement*, un grand, un très *grand* appartement.

b. – *Vraiment* ? Et vous le voulez pour quand ?

c. – Rapidement, *maintenant*.

d. – J'ai besoin de plus de *renseignements*...Vous avez beaucoup d'argent ?

e. – Non, pas *tellement*...

f. – Un moment... Pas *d'argent*... un grand appartement... évidemment il va falloir attendre *longtemps*.

g. – Ce n'est pas grave, j'ai tout mon *temps*.

h. – Mais, je pensais que vous le vouliez *rapidement*...

287 Écoutez le dialogue et notez si les affirmations sont vraies (V) ou fausses (F).

– Bonjour mesdemoiselles, je peux vous aider ?

– Bonjour, nous sommes étudiantes et nous cherchons un appartement. En fait, un deux-pièces, pas trop cher, près du centre.

– C'est assez difficile à trouver en octobre. J'en ai un de libre, dans un immeuble neuf. Il est à 400 euros sans les charges, mais il est assez loin du centre... J'ai également un joli deux-pièces, dans le centre, dans une maison ancienne avec jardin. Il est à 650 euros toutes charges comprises.

– Le deuxième est plus cher, mais c'est plus près de la fac de médecine. Qu'est-ce que tu en penses ?

– Il faut demander à nos parents. Ils seront peut-être d'accord. Et puis, les charges sont comprises.

– Attendez, ce n'est pas fini ! Il faut aussi régler un mois de caution et deux mois de loyer d'avance !

294 Écoutez le dialogue et notez si les affirmations sont vraies (V) ou fausses (F).

– Allô, Sabine, c'est Léa, tu as une minute ?

– Oui... enfin, j'ai un rendez-vous bientôt. Qu'est-ce qui se passe ?

– Je suis dans le magasin Peinturama. Je vais repeindre ma cuisine mais je ne sais pas quelle couleur choisir. Qu'est-ce que tu en penses ?

– Moi, tu sais, la peinture... Je n'ai pas vraiment d'idée. Pourquoi pas orange ?

– Orange ? Tu es sérieuse ? C'est un peu bizarre, non ?

– Non, c'est très à la mode cette année.

– Pour les vêtements, oui, mais pour les cuisines ?

– Écoute, je ne sais pas. Tu pourrais dessiner des poireaux et des tomates sur les murs ?

– Écoute, Sabine, je te remercie. J'ai trouvé un vendeur. Je vais lui poser la question, d'accord ?

304 Écoutez et cochez la phrase entendue.

Exemple : Je travaille, c'est difficile.

a. Je ne sais pas lire en français.

b. Je n'ai pas pu tout comprendre dans cette annonce.

c. Tu as vu cette proposition ?

d. Cette conviction est importante.

e. Cet emploi, c'est intéressant, non ?

f. Ils sont en vacances à la poste ?

g. Il n'y a pas beaucoup de choix dans ces annonces.

h. Au plaisir de vous revoir !

306 Écoutez et cochez si la phrase exprime une idée positive ou négative.

Exemple : Je ne veux pas rester dans cette entreprise !

a. Tu trouveras du travail facilement avec tes qualifications.

b. La nouvelle assistante de Michel est vraiment très compétente.

c. Ton CV est très mal rédigé, recommence s'il te plaît !

d. Cette petite annonce n'est pas très claire.

e. Il y a une bonne ambiance dans cette entreprise.

f. Nous partageons le même point de vue.

g. Son contrat se termine malheureusement la semaine prochaine.

h. Vous êtes la personne idéale pour ce poste.

336 Écoutez le dialogue et cochez les phrases entendues.

– Monsieur Lafond, vous avez postulé pour l'emploi de directeur commercial. Pourquoi voulez-vous travailler pour nous ?

– J'ai une formation de commercial et je travaille dans la même entreprise depuis dix ans. Maintenant, j'aimerais changer, évoluer. Et votre entreprise a une bonne réputation. J'ai obtenu des informations sur Internet.

– Quelles langues parlez-vous ?

– Je parle assez bien l'anglais et un peu l'allemand.

– Et vous êtes prêt à apprendre l'espagnol et à vous déplacer souvent ?

– Oui. Je pourrai suivre les cours du soir et j'adore voyager.

– Bon… On vous téléphonera d'ici le 12 février pour vous donner une réponse. A bientôt.

353 Cochez les phrases entendues.

Exemple : Ali se soigne.

a. Je tousse.

b. Quel joli corps !

c. Je te le recommande.

d. Elle souffre.

e. Il gonfle.

f. Son bras va mieux.

g. C'est son petit doigt.

h. Il est tombé sur la tête.

357 Écoutez et cochez si la phrase exprime une idée positive ou négative.

Exemple : Tu as vraiment bonne mine !

a. Tu manges trop de gâteaux.

b. Il faudrait faire un petit régime.

c. Vous avez l'air en pleine forme.

d. Ça ne fait pas mal du tout.

e. Il va beaucoup mieux maintenant.

f. Fumer nuit gravement à la santé.

g. Vous avez fait le mauvais choix.

h. Ce n'est pas possible, ça !

358 Écoutez le dialogue puis notez si les affirmations sont vraies (V) ou fausses (F).

– Bonjour Michel, qu'est-ce qui se passe ? Tu as l'air vraiment très fatigué ! Tu es très pâle !

– Salut, Damien. Je ne sais pas. Je ne me sens pas très bien depuis quelques jours.

– Tu as pris rendez-vous avec ton médecin ?

– Ce n'est pas nécessaire, je ne suis pas malade, seulement fatigué.

– Alors, il faut prendre des vacances, changer d'air, quitter la ville.

– Oui, c'est une bonne idée. Je dois me changer les idées. J'ai envie d'aller à la montagne.

– Et, bien sûr, tu vas suivre mes conseils : tu vas vraiment te reposer, te coucher tôt...

– Tu plaisantes ? À la montagne ? Je vais faire du ski toute la journée et sortir le soir dans les petits restaurants... Pourquoi ?

369 Écoutez le reportage et complétez.

Mona Denfer pour Franjournal.

En direct du stade de France pour la finale de la coupe d'*Europe* de football. Je remplace aujourd'hui Jean Dufour, le spécialiste du *football* qui a la *grippe*. Je vais essayer de vous expliquer la *situation*. C'est la mi-temps du match entre la France et la *Belgique*. La France mène 3 à zéro. Euh... non, je me suis *trompée*. Les joueurs en *jaune*, ce sont les Belges... Je reprends : les Belges mènent 3 à zéro. Ils ont l'air très en *forme* aujourd'hui. Je vous repasse l'antenne et vous *rappelle* dans deux heures. Non, dans une heure...

374 Écoutez le dialogue et notez si les affirmations sont vraies (V) ou fausses (F).

– Docteur Piben, pouvez-vous conseiller nos auditeurs qui veulent retrouver ou garder la forme ?

– Oui, avec plaisir. D'abord il est très important de ne pas fumer. La cigarette et l'alcool détruisent la santé.

– Mais c'est difficile d'arrêter de fumer...

– C'est vrai, mais maintenant, il y a des méthodes qui marchent très bien. Demandez à votre pharmacien. Bien sûr, il faut aussi de la volonté.

– Et puis, faut-il faire obligatoirement du sport ? On n'a pas toujours le temps !

– Ce n'est pas une bonne raison. Vous pouvez aussi marcher une heure par jour.

– Et que devons-nous manger ? Pas de sucre, pas de graisse ?

– Si. Il faut manger de tout. Mais en quantité raisonnable. Le principe est très simple : ne pas fumer, bouger, surveiller son assiette. Bref, avoir une bonne hygiène de vie !

383 Cochez les phrases que vous entendez.

Exemple : Il adore la vanille.

a. Ma fille a beaucoup d'humour.

b. Elle a bon caractère.

c. Les nerfs vont craquer.

d. Je l'aime ma compagne !

e. Vous avez des filles ?

f. L'écorce est dure.

g. Ses parents me rendent fou.

h. Ma cuisine est bien agréable.

390 Écoutez et cochez la phrase entendue.

Exemple : J'étais chez Laurence, hier soir.

a. Il aimait cette personne tendrement.

b. J'ai refusé d'y aller avec cette voiture.

c. Il a été complètement bouleversé.

d. J'ai aimé passer une soirée avec vous.

e. J'ai trouvé un vieil album de photos.

f. Elle visitait l'Europe de l'est en train.

g. Il détestait voir les animaux maltraités.

h. Il a parlé avec elle de toi et des autres.

392 Écoutez et cochez si la phrase exprime un sentiment positif ou négatif.

Exemple : Je n'oublierai jamais cette soirée formidable !

a. Je ne supporte plus la jalousie de cette fille.
b. On ne pouvait malheureusement rien faire.
c. Je n'arrive pas encore à y croire ! On a réussi !
d. Elle n'a jamais été très chaleureuse, non ?
e. Nous n'en pensons rien de bon.
f. Je suis satisfait de cette nouvelle proposition.
g. Enfin, il a éprouvé un sentiment de liberté.
h. Elle a très peur de partir là-bas seule.

401 Écoutez et cochez si la phrase exprime une idée positive ou négative.

Exemple : La soirée chez Thomas était super ! !

a. J'ai très envie de venir à ta fête.
b. Les fêtes de famille, quel ennui !
c. Nous sommes très heureux d'être invités à votre mariage.
d. Ton invitation est très drôle, j'ai éclaté de rire.
e. Encore une soirée déguisée, ce n'est pas possible !
f. Moi porter un costume de panthère rose, jamais !
g. Sans vouloir te vexer, je n'ai vraiment pas envie d'inviter tout le monde.
h. La fête de la musique a un succès fou.

404 Écoutez et cochez la phrase entendue.

Exemple : Il fait la fête tous les soirs.

a. Pardon, d'ici je ne vois rien.
b. J'ai des bouteilles dans ma voiture.
c. Bonne fête, mon chéri !
d. C'était un banc en pierre.
e. Il a pris un bon pain.
f. Il a passé le fax.
g. Non, pas tout le banc.
h. Il sent bon le matin.

417 Écoutez et cochez ce que vous entendez.

Exemple : Il l'a invitée la veille de son départ.

a. Nous avons traversé Lyon pour y aller.
b. Sa femme est parvenue à le joindre.
c. Et qu'est-ce qu'il avait Raphaël ?
d. J'étais la seule à m'en rendre compte.
e. Elles s'entendaient à merveille.
f. Tu as soif, tu es sûr ?
g. L'avion a été détourné sur Rome.
h. Il s'est arrêté cet été à Bordeaux.

426 Écoutez et cochez la phrase entendue.

Exemple : Il arrose avec de l'eau.

a. Elle est levée à sept heures.
b. Vous savez ça ?
c. Ils s'attendent toujours.

d. Elle est habituée à ça ?

e. Elle sème les fleurs.

f. Elles s'entendent à merveille.

g. Ils se sont embrassés.

h. Elle s'oblige à continuer.

439 Écoutez les phrases et cochez si elles expriment une plainte ou un contentement.

Exemple : J'en ai vraiment assez de ce problème !

a. Quel plaisir de vous revoir ici !

b. Oh non ! Ce n'est pas possible !

c. Mais… tu mens toujours autant !

d. Super ! Nous avons gagné un voyage !

e. C'est faux ça ? Hein ? C'est faux ?

f. Oui, parfaitement, je n'aime pas ça du tout !

g. Ça fait du bien de t'entendre au téléphone.

h. L'incompétence, ça suffit !

441 Écoutez le dialogue et cochez les éléments d'information que vous avez entendus.

– Excusez-moi, j'ai un problème…Je ne vois pas mes bagages.

– Ah ? Vous êtes arrivée par le vol 7534 de Los Angeles ?

– Oui, c'est ça. J'avais une valise rouge, assez grande. Et aussi un sac vert.

– Bien. Il y avait une étiquette avec votre nom et votre adresse sur ces bagages ?

– Oui, bien sûr ! Mon nom c'est Fontaine. Laure Fontaine. Et qu'est-ce que je fais maintenant ?

– Et bien… vous attendez. Nous allons rechercher vos bagages. Si nous les retrouvons, je vous préviendrai.

– Mais je ne peux pas attendre ! C'est inadmissible ! Je travaille, moi !

– Moi aussi, je travaille, mademoiselle. Alors, un peu de patience, s'il vous plaît.

444 Écoutez et complétez le dialogue.

– Ça n'a pas l'air d'aller aujourd'hui ! *Qu'est-ce qui t'arrive* ?

– Rien de spécial, *j'en ai marre*, c'est tout.

– Mais de quoi ? La vie, *c'est plutôt marrant.*

– Ah non ! *La vie, c'est horrible.*

– Horrible, *tu exagères* !

– Évidemment, pour toi, *tout est toujours parfait.*

– Et bien oui, tu vois, moi, *je n'aime pas me plaindre.*

– *Arrête* ! J'en ai assez des gens qui ne se plaignent jamais.

– Moi, j'en ai assez des gens qui n'arrêtent jamais de *se plaindre* !

449 Passé, présent, futur ? Écoutez et cochez la bonne réponse.

Exemple : – Alors, raconte ! Ce dîner, c'était comment ?
        – Je me suis ennuyé toute la soirée.

a. – Il est où Valentin ?
   – Il vient juste de sortir.

b. – Tu crois qu'il va être prêt pour son examen ?
   – Mais oui, c'est dans trois semaines !

c. – On se voit demain vers 20 heures ?
  – D'accord. Devant le théâtre.

d. – Ça y est. Il a quitté sa femme.
  – Ça fait longtemps qu'il y pensait.

e. – C'est quand le printemps ?
  – Un peu de patience. C'est dans une semaine.

f. – Quand est-ce qu'il arrive, Aurélien ?
  – Le 23 mars, à 17 h 56.

g. – Il fait quel temps chez vous ?
  – Il neige depuis ce matin.

h. – Il date de quand, ce film ?
  – Il est sorti l'année dernière.

CORRIGÉS

I. BONJOUR, VOUS ALLEZ BIEN ?

1 *Conviennent :* **a.** il **b.** vas **c.** appelez **d.** est **e.** m' **f.** Quel **g.** italien **h.** je suis

2 **a.** 4. **b.** 1. **c.** 8. **d.** 3. **e.** 7. **f.** 2. **g.** 5./6. **h.** 6.

3 **a.** canadienne **b.** dame **f.** amusante **g.** elle **h.** désolée

4 **a.** Comment tu t'appelles ? **b.** Je suis Bernard, et vous ? **c.** Moi, je m'appelle Ophélie, et toi ? **d.** Pardon, vous êtes bien monsieur Lemaire ? **e.** Oui, je suis italienne, et vous ? **f.** Ouí, ça va, et toi ? **g.** Oui, je suis bien Carl Legrand. **h.** Elle parle anglais, madame Chauvine ?

5 **a.** 1. **b.** 2. **c.** 3. **d.** 1. **e.** 3. **f.** 3. **g.** 2. **h.** 3.

6 **a.** (3) **b.** (6) **c.** (2) **d.** (1) **e.** (7) **f.** (5) **g.** (8) **h.** (4)

7 **a.** 7. **b.** 1. **c.** 4. **d.** 8. **e.** 2. **f.** 3. **g.** 6. **h.** 5.

8 **a.** 1. **b.** 2. **c.** 2. **d.** 1. **e.** 2. **f.** 1. **g.** 2. **h.** 2.

9 *Conviennent :* **a.** — Oui, un peu. **b.** — Non, pas du tout. **c.** — Suisse. **d.** — De Paris. **e.** — Enchanté. **f.** — lui **g.** — Oui, ils sont de Rome. **h.** — C'est Laurent.

10 **a.** 3. **b.** 2. **c.** 1. **d.** 1. **e.** 2. **f.** 2. **g.** 1. **h.** 1.

11 *Conviennent :* **a.** italienne **b.** turc **c.** anglais **d.** grecque **e.** chinois **f.** belge **g.** chinoise **h.** suisses

12 **a.** C'est monsieur Marteau, il est boulanger. **b.** Nous sommes célibataires. **c.** Elle habite dans une maison à Marseille. **d.** Est-ce que vous avez des cartes postales ? **e.** Quel âge avez-vous ? **f.** Un ami étranger visite la France. **g.** Brian parle bien l'anglais et un peu le français. **h.** Oh, pardon ! Excusez-moi.

13 **a.** 3. **b.** 1. **c.** 7. **d.** 5. **e.** 6. **f.** 2. **g.** 4. **h.** 8.

14 **a.** C'est **b.** Il est **c.** C'est **d.** c'est/il est **e.** C'est **f.** Il est **g.** il est **h.** C'est... il est

15 **a.** (F) **b.** (F) **c.** (V) **d.** (F) **e.** (V) **f.** (F) **g.** (V) **h.** (F)

16 **a.** J'adore l'opéra et vous ? **b.** Moi, je préfère aller au cinéma. **c.** Et moi, j'aime aller au restaurant chinois. **d.** Je déteste les publicités à la télévision. **e.** Amélie Poulain, c'est l'héroïne d'un film. **f.** J'aime aussi beaucoup lire. **g.** Elle aime bien les musées, mais elle préfère les expositions. **h.** Il adore le sport à la télévision !

17 **a.** 2. **b.** 2. **c.** 1. **d.** 2. **e.** 2. **f.** 1. **g.** 2. **h.** 2.

18 **a.** (F) **b.** (F) **c.** (F) **d.** (V) **e.** (F) **f.** (F) **g.** (V) **h.** (V)

19 *Intrus :* **a.** je déteste **b.** parler **c.** nationalité **d.** écrire **e.** une radio **f.** Je ne suis pas Sophie. **g.** non **h.** Italie

20 **a.** de **b.** aussi **c.** ne **d.** aimez **e.** beaucoup **f.** mieux **g.** déteste **h.** dommage

21 **a.** (F) **b.** (V) **c.** (F) **d.** (F) **e.** (V) **f.** (F) **g.** (V) **h.** (F)

22 **a.** 3. **b.** 7. **c.** 5./7. **d.** 8. **e.** 1. **f.** 6. **g.** 2. **h.** 4.

23 **a.** 2. **b.** 1. **c.** 2. **d.** 1. **e.** 2. **f.** 1. **g.** 1. **h.** 1.

24 **a.** est... et **b.** On **c.** ont **d.** et **e.** ont **f.** et **g.** On... et **h.** et

25 **a. b. e. g. h.**

26 **a.** (3) **b.** (7) **c.** (1) **d.** (8) **e.** (6) **f.** (5) **g.** (2) **h.** (4)

27 *La dernière lettre ne se prononce pas dans :* **c.** l'enfant **g.** est **h.** allemand

28 **b. c. d. f. h.**

29 a. (3) **b.** (7) **c.** (1) **d.** (5) **e.** (2) **f.** (4) **g.** (8) **h.** (6)

30 a. Alma **b.** rue des Vins, Beaune **c.** italienne **d.** Naples, le 23 juillet 1969 **e.** 03 25 42 04 36 **f.** danse, piano **g.** théâtre, peinture **h.** anglais, allemand, italien

31 *Bilan :* Bonjour, je m'appelle Lisa. Je suis italienne et j'étudie le français à Paris. Je parle aussi l'anglais et un peu l'espagnol. J'aime bien le théâtre et la cuisine chinoise. Je déteste les escargots et la bière. Comment vous 'appelez-vous ? Manuel ? Vous aimez les spaghettis ? C'est ma spécialité.

32 *Bilan :* **a.** (F) **b.** (V) **c.** (F) **d.** (V) **e.** (F) **f.** (V) **g.** (F) **h.** (F)

II. MON NUMÉRO DE TÉLÉPHONE, C'EST LE...

33 *Conviennent :* **a.** ta **b.** veux **c.** C'est **d.** à **e.** en **f.** minuit **g.** elle n'a **h.** vers

34 a. 1. **b.** 1. **c.** 2. **d.** 2. **e.** 1. **f.** 1. **g.** 2. **h.** 1.

35 a. est **b.** matin **c.** est **d.** Une **e.** il **f.** minuit. **g.** cet **h.** sais

36 a. 3. **b.** 6. **c.** 8. **d.** 1. **e.** 2. **f.** 4. **g.** 7. **h.** 5.

37 *Les lettres qui ne se prononcent pas sont soulignées :* **a.** troi<u>s</u> **b.** quarante-deu<u>x</u> **c.** ving<u>t</u>-quatre **d.** trente-sep<u>t</u> **e.** *toutes les lettres se prononcent dans :* cinquante-six **f.** soixante-deu<u>x</u> **g.** soixante-dix-sep<u>t</u> **h.** quatre-vin<u>gt</u>-treize

38 a. matin **b.** matin/nuit **c.** midi **d.** après-midi **e.** nuit **f.** après-midi **g.** soir **h.** après-midi

39 a. à **b.** À **c.** À... tard... de... à **d.** matin... à... à **e.** combien **f.** longtemps **g.** quand **h.** maintenant

40 a. 32 **b.** 99 **c.** 66 **d.** 75 **e.** 95 **f.** 56 **g.** 70 **h.** 12

41 *Les intrus :* **a.** 3 **b.** 60 **c.** 90 **d.** 82 **e.** 11 **f.** 16 **g.** 80 **h.** 75

42 a. 1. **b.** 2. **c.** 1. **d.** 2. **e.** 2. **f.** 2. **g.** 1. **h.** 1.

43 a. aller **b.** C'est **c.** est **d.** Et **g.** est

44 *Les intrus :* **a.** italienne **b.** laid **c.** belle **d.** j'ai **e.** me **f.** euh **g.** leur **h.** ce

45 a. (7) **b.** (5) **c.** (1) **d.** (4) **e.** (2) **f.** (8) **g.** (3) **h.** (6)

46 *Conviennent :* **a.** Bonjour **b.** votre **c.** Désolé **d.** ce soir **e.** fax **f.** sa **g.** est **h.** parler

47 a. habite **b.** n'... pas **c.** parler **d.** ont **e.** comprends **f.** s'appelle **g.** bien **h.** suis

48 a. 3. **b.** 6. **c.** 8. **d.** 1./8. **e.** 2. **f.** 4. **g.** 7. **h.** 5.

49 a. Non ... Julie **b.** voudrais **c.** quittez **d.** Qui **e.** C'est **f.** connais **g.** Allô **h.** Julie

50 a. (4) **b.** (7) **c.** (1) **d.** (8) **e.** (2) **f.** (5) **g.** (6) **h.** (3)

51 a. *RF* **b.** *SNCF* **c.** *SVP* **d.** *STP* **e.** *QCM* **f.** *PDG* **g.** *CDD* **h.** *RMI*

52 a. lentement **b.** connaissance **c.** voiture... ville **d.** rue/ville **e.** plaît **f.** monnaie **g.** indicatif **h.** renseignement

53 a. (7) **b.** (3) **c.** (4) **d.** (1) **e.** (5) **f.** (8) **g.** (6) **h.** (2)

54 a. Excusez-moi, je voudrais changer de l'argent en euros. **b.** Ce ne sont pas ses coordonnées. **c.** C'est amusant ou c'est ennuyeux pour vous d'apprendre une langue ? **d.** Je m'appelle François... attendez, j'épelle. **e.** Mon adresse e-mail, c'est tout en minuscules. **f.** Dites, c'est votre livre, là ? **g.** Vous n'avez pas le téléphone ? **h.** Ça s'écrit comment « vous êtes » ?

55 a. 2. **b.** 1. **c.** 1. **d.** 2. **e.** 1. **f.** 1. **g.** 1. et 2. **h.** 2.

56 a. rue **b.** 44 **c.** coordonnées **d.** répéter... lentement **e.** pouvez **f.** à... Au **g.** nom... prénom **h.** habite

57 a. *Non, nous* n'avons pas de bandes dessinées. **b.** *Non, il* n'y a pas de boulangerie ici. **c.** *Désolé, je* n'ai pas de baguette. **d.** *Non, il* n'a pas d'enfant. **e.** *Non, il* n'y a pas de théâtre ici. **f.** *Non, je* n'ai pas de vacances. **g.** *Non, je* n'ai pas de temps. **h.** *Non, je* n'ai pas d'argent.

58 a. 1. **b.** 1. **c.** 1. **d.** 1. **e.** 1. **f.** 1. **g.** 2. **h.** 1.

59 *Conviennent :* **a.** coordonnées **b.** mon **c.** venir **d.** minute **e.** restaurant **f.** mon **g.** Mon **h.** sa

60 a. 6. **b.** 7. **c.** 1. **d.** 8. **e.** 3. **f.** 5. **g.** 2. **h.** 4.

61 a. Cet **b.** Ce **c.** C'est **d.** Cet **e.** C'est **f.** C'est **g.** Ce **h.** Cet

62 a. 1. **b.** 1. **c.** 2. **d.** 1. **e.** 2. **f.** 1. **g.** 2. **h.** 1.

63 a. (4) **b.** (7) **c.** (1) **d.** (6) **e.** (3) **f.** (8) **g.** (2) **h.** (5)

64 *Bilan :* **a.** (V) **b.** (F) **c.** (F) **d.** (V) **e.** (F) **f.** (V) **g.** (F) **h.** (F)

65 *Bilan :* **(1)** bonjour **(2)** ça **(3)** peux **(4)** je **(5)** épeler **(6)** ne **(7)** pas **(8)** Comment **(9)** comme **(10)** prononce **(11)** de **(12)** c' **(13)** même **(14)** là **(15)** vos **(16)** merci **(17)** revoir

III. ON SORT, CE SOIR ?

66 a. 3. **b.** 7./8. **c.** 1. **d.** 6. **e.** 8. **f.** 4./2. **g.** 2. **h.** 5.

67 a. Élodie, quelle est sa profession ? **b.** Manuel, il vient du Mexique ? **c.** Tu penses à Marion souvent ? **d.** Il vient de partir. **e.** Est-ce que tu sors, ce soir ? **f.** Tu veux noter le numéro ? **g.** Il est de quelle nationalité ? **h.** Est-ce intéressant ?

68 a. 2. **b.** 1. **c.** 2. **d.** 2. **e.** 1. **f.** 1. **g.** 2. **h.** 2.

69 a. Quand est-ce que tu vas en Islande ? **b.** Tu étudies quelle matière à l'université ?

c. Il va souvent au café boire un verre./Il va souvent boire un verre au café. **d.** Je peux vous poser une question ? **e.** Est-ce qu'elle vient d'arriver en France ? **f.** Il y a des légumes frais dans le frigo. **g.** Qu'est-ce que tu penses de ce roman ? **h.** Je peux te demander quelque chose ?

70 a. 2. **b.** 2. **c.** 1. **d.** 2. **e.** 2. **f.** 2. **g.** 1. **h.** 2

71 a. 1. **b.** 2. **c.** 1. **d.** 1. **e.** 1. **f.** 2. **g.** 1. **h.** 2.

72 a. (4) **b.** (1) **c.** (8) **d.** (3) **e.** (7) **f.** (2) **g.** (5) **h.** (6)

73 a. 7. **b.** 6. **c.** 4. **d.** 5. **e.** 2. **f.** 1. **g.** 8. **h.** 3./8.

74 a. L'étudiante achète un dictionnaire. **b.** Que dites-vous ? **c.** Je ne comprends pas son attitude. **d.** Il préfère Michelle. **e.** Ils veulent aller en Bretagne. **f.** Amédé et Désiré achètent du thé. **g.** Un peu de lait, s'il vous plaît. **h.** Où est ce numéro de téléphone ?

75 a. Qu'est-ce que vous voulez encore ? **b.** Je voudrais des informations sur cette activité. **c.** Nous préférons aller à pied. **d.** Ils viennent du Sénégal. **e.** Là, je viens de terminer l'activité. **f.** Mais où est-ce qu'elle est, cette clé ? **g.** Après cette visite, je préfère me reposer. **h.** Le café de Flore, c'est un café célèbre ?

76 a. 4. **b.** 5./7. **c.** 1. **d.** 2. **e.** 2./5./7. **f.** 8. **g.** 6. **h.** 3.

77 a. (F) **b.** (F) **c.** (V) **d.** (V) **e.** (F) **f.** (V) **g.** (F) **h.** (V)

78 a. 2. **b.** 5. **c.** 6./7. **d.** 3. **e.** 6./7. **f.** 1. **g.** 8. **h.** 4.

79 a. quand **b.** Quels **c.** Qui **d.** d'où **e.** comment **f.** Où **g.** Quelles **h.** Quand

80 a. 2. **b.** 2. **c.** 1. **d.** 2. **e.** 1. **f.** 2. **g.** 1. **h.** 1.

81 a. 1. **b.** 1. **c.** 3. **d.** 3. **e.** 2. **f.** 3. **g.** 1. **h.** 1.

82 *Les intrus :* **a.** facile **b.** doucement **c.** le sel **d.** du vin **e.** le parapluie **f.** un désert **g.** de l'eau **h.** ici

83 *Les* **p, h, s, t, d** *qui ne se prononcent pas sont soulignées :* Que fait Éric ? Le matin, il se lève à sept heures. Il fait sa toilette, il boit un petit café. Ensuite, il part au travail. À midi, il mange dans le restaurant « L'atelier gourmand ». Vers dix-huit heures, il se promène sur les boulevards ou il fait du sport. Puis il rentre chez lui pour le dîner. Il va souvent au théâtre ou au concert. Il adore la musique, surtout classique. Le week-end, Éric sort tard et va quelquefois au cinéma le dimanche après-midi.

84 a. 2. **b.** 2. **c.** 1. **d.** 2. **e.** 1. **f.** 2. **g.** 2. **h.** 2.

85 a. 1. **b.** 3. **c.** 3. **d.** 2. **e.** 2. **f.** 1. **g.** 2. **h.** 1.

86 a. 6 **b.** réveille **c.** s'habillent… petit déjeuner… bains **d.** l'école **e.** maison… fait **f.** cours **g.** école… goûter… devoirs… piano… danse **h.** travail… dînent

87 a. 4. **b.** 7. **c.** 1. **d.** 8. **e.** 2. **f.** 6. **g.** 3. **h.** 5.

88 a. Il travaille la nuit à l'hôpital. **b.** Qu'est-ce que tu fais ce week-end ? **c.** Il se lève tous les jours à 7 heures. **d.** Il n'y a pas de bus ici. **e.** Cette pièce de théâtre est très surprenante. **f.** Elle prend le métro pour aller au travail. **g.** Ma secrétaire parle très bien le hongrois. **h.** Ce film comique est très amusant, non ?

89 a. 2. exclamation **b.** 2. exclamation **c.** 1. question **d.** 2. exclamation **e.** 1. question **f.** 1. question **g.** 2. exclamation **h.** 1. question

90 a. (4) **b.** (1) **c.** (7) **d.** (2) **e.** (6) **f.** (3) **g.** (8) **h.** (5)

91 a. Nous **b.** On **c.** Nous **d.** On **e.** Nos **f.** on **g.** On **h.** On

92 a. 7. **b.** 2. **c.** 3. **d.** 8. **e.** 5. **f.** 4. **g.** 1. **h.** 6.

93 a. Chaque matin il chante sous la douche. **b.** Tu prends du thé ou du café au petit déjeuner ? **c.** Elle sort de l'hôpital à six heures et elle prend le bus. **d.** Monsieur Bonvan est réceptionniste à l'hôtel des voyageurs. **e.** Désolée, mais il n'habite pas à cette adresse. **f.** Madame Morin fait le ménage tous les jours. **g.** Il ne veut pas dire son âge. **h.** C'est une surprise très agréable.

94 a. Il est médecin ? Non, dentiste. **b.** Il y a la télévision dans cette chambre ? **c.** Je cherche un restaurant italien. **d.** C'est un professeur américain. **e.** Il peut dépenser 1200 euros par mois. **f.** Qu'est-ce que vous faites après les cours ? **g.** Oui, pour vous, c'est gratuit. **h.** J'ai une bonne adresse pour toi.

95 *Conviennent :* **a.** ce soir **b.** du poulet **c.** le **d.** À **e.** la **f.** se **g.** du **h.** me

96 a. 1. **b.** 1. **c.** 1. **d.** 2. **e.** 2. **f.** 2. **g.** 1. **h.** 2.

97 a. 2. **b.** 2. **c.** 1. **d.** 1. **e.** 2. **f.** 2. **g.** 1. **h.** 2.

98 a. 2. **b.** 1. **c.** 2. **d.** 1. **e.** 2. **f.** 3. **g.** 2. **h.** 1.

99 *Mots possibles :* **a.** aller, allemand **b.** parler, partir **c.** maison, mais **d.** téléphone, télévision **e.** travailler, traverser **f.** venir, vendredi **g.** appeler, apprendre **h.** demain, demander

100 *Conviennent :* **a.** lundi **b.** en **c.** au **d.** au mois de janvier **e.** pendant **f.** dans **g.** les **h.** depuis

101 a. 2. **b.** 1. **c.** 2. **d.** 2. **e.** 1. **f.** 2. **g.** 1. **h.** 1.

102 a. finis **b.** dure **c.** pause **d.** pendant **e.** à **f.** commence **g.** depuis **h.** temps

103 *Conviennent :* **a.** Il y a **b.** depuis **c.** depuis **d.** depuis **e.** Ça fait **f.** Il y a **g.** quand **h.** Il y a

105 *Bilan :* **a. d. e. g. h.**

106 *Bilan :* « Qu'est-ce qu'il fait chaque jour qui fait ce jour comme les autres jours ? Chaque jour il se réveille et après il se lève. Parfois, il se lève avant de se réveiller et alors il sait, il sait que ce jour est un jour différent, et il n'y en a pas beaucoup dans la vie des jours différents. Après le réveil, il pense déjà à manger, à manger son petit déjeuner. (C'est pour cela qu'il se réveille, il sait que chaque jour apporte au moins trois merveilles, le petit déjeuner, le déjeuner, le dîner.) Pendant le petit déjeuner, il boit son café, et c'est là que tout commence, que la journée commence. Il comprend alors qu'on est lundi, mardi, mercredi, jeudi ou vendredi, et que la vie l'appelle. Il se lave, il sort, il attend le bus, il monte dans le bus, il cherche une place. Il arrive à son travail, il travaille, il dit bonjour, il dit au revoir. Il reprend le bus, il rentre chez lui, il dîne, il met son pyjama, il regarde la télévision pour oublier la journée. Puis il se couche. Il se réveille et tout recommence. »

IV. C'EST OÙ LE MUSÉE PICASSO ?

107 **a.** 2. **b.** 1. **c.** 1. **d.** 2. **e.** 1. **f.** 1. **g.** 2. **h.** 1.

108 **a.** Le livre est sur la télévision. – Oui, il est dessus. **b.** Où est mon agenda ? Dans ta voiture. **c.** Son petit déjeuner est sur la table ? **d.** Beijing est loin de Paris. **e.** À la télévision, il y a un film intéressant. **f.** Claude passe ses vacances en Bretagne. **g.** D'où viens-tu ? – De Rome. **h.** En Allemagne et en Angleterre, on boit de la bière.

109 **a.** Comment je fais pour aller à la pharmacie ? **b.** Pour aller de l'école à l'usine, s'il vous plaît ? **c.** Où se trouve le nouveau cinéma ? **d.** Ø **e.** Où est la boulangerie ? **f.** Est-ce que vous savez où est la mairie ? **g.** Le café, c'est bien la deuxième à gauche ? **h.** L'hôtel de ville, c'est à gauche ou à droite ?

110 **a.** 4. **b.** 1. **c.** 8. **d.** 7. **e.** 5. **f.** 2. **g.** 6. **h.** 3.

111 **a.** 7. **b.** 1. **c.** 8. **d.** 2. **e.** 6. **f.** 3. **g.** 4. **h.** 5.

112 **a.** 6. **b.** 2. **c.** 8. **d.** 1. **e.** 4. **f.** 7. **g.** 5. **h.** 3.

113 **a.** 2. **b.** 2. **c.** 1. **d.** 1. **e.** 2. **f.** 2. **g.** 2. **h.** 2.

114 **a.** (2) **b.** (3) **c.** (7) **d.** (6) **e.** (1) **f.** (4) **g.** (8) **h.** (5)

115 **a.** 5. **b.** 4. **c.** 6. **d.** 3. **e.** 2. **f.** 3. **g.** 3. **h.** 1.

116 **a.** vous <u>ê</u>tes **b.** C'est <u>u</u>ne **c.** prochain arrêt **d.** Dans <u>u</u>ne **e.** On <u>est</u> (pas obligatoire : est <u>ex</u>actement) **f.** ces <u>a</u>venues **g.** Ces <u>h</u>ommes **h.** e<u>n</u> Irlande

117 **a.** quatre mille **b.** mille **c.** deux cent mille **d.** deux millions cent quinze mille sept cent cinquante-sept **e.** sept cent quatre-vingt-dix-sept mille sept cent un **f.** quatre cent quarante-cinq mille deux cent soixante-trois **g.** quinze mille **h.** cinquante-huit

118 **a.** 5. **b.** 3. **c.** 6. **d.** 4./8. **e.** 1. **f.** 7. **g.** 2./3. **h.** 4./8.

119 **a.** Comment **b.** Où **c.** Qu' **d.** Comment **e.** Pourquoi **f.** Quel **g.** Quelle **h.** Qu'

120 **a.** 1. **b.** 2. **c.** 1. **d.** 2. **e.** 2. **f.** 2. **g.** 1. **h.** 2.

121 **a.** *de* la banque *à* la poste. **b.** *du* lundi *au* vendredi. **c.** *de* quand *à* quand ? **d.** *de* juin *à* août. **e.** *du* métro *à* la gare. **f.** *de* Brest *à* Nantes. **g.** *De* la poste *au* restaurant **h.** *de* quelle heure *à* quelle heure ?

122 **a.** prends **b.** tournes **c.** habite **d.** habite **e.** se trouve/est **f.** tourner **g.** suis/prends **h.** arriver/aller

123 **a.** 4. **b.** 1./5. **c.** 1./3. **d.** 1./5./7./8. **e.** 6. **f.** 2./4. **g.** 8. **h.** 4./7.

124 **a.** (4) **b.** (1) **c.** (6) **d.** (5) **e.** (2) **f.** (8) **g.** (3) **h** (7)

125 **a.** Le *bureau de tabac* est en face de la *mairie*. **b.** La *boulangerie* est à côté du *bureau de tabac* et en face du *musée*. **c.** Derrière le *musée*, se trouve le *restaurant*. **d.** À droite du *restaurant* se trouve l'*hôtel*. **e.** À droite de l'*hôtel*, il y a un *cinéma*. **f.** Le *café* est devant le *cinéma*. **g.** L'*hôtel* est derrière la *mairie*. **h.** La *mairie* est entre le *musée* et le *café*.

126 **a.** (3) **b.** (8) **c.** (1) **d.** (4) **e.** (6) **f.** (7) **g.** (5) **h.** (2)

127 **a.** droite **b.** près **c.** sur **d.** face **e.** devant **f.** tout droit **g.** y **h.** centre

128 **a.** (6) **b.** (4) **c.** (1) **d.** (8) **e.** (2) **f.** (5) **g.** (3) **h.** (7)

129 **a.** Allô, connaître **b.** enquête, répondre **c.** sûr **d.** près, théâtre **e.** à côté **f.** théâtre, août **g.** théâtre, déteste **h.** sûr, à, êtes

130 **a.** (7) **b.** (4) **c.** (6) **d.** (2) **e.** (8) **f.** (3) **g.** (1) **h.** (5)

131 Pour venir nous voir à la campagne, ce n'est pas compliqué. Quand vous arrivez dans le village, vous traversez le pont. Puis, vous allez voir la place avec l'église et l'hôtel des voyageurs. À droite de l'hôtel, il y a une petite rue. Vous prenez cette rue et vous marchez pendant environ dix minutes. Vous allez voir une maison avec un jardin devant. C'est là. Vous êtes arrivés.

132 **a.** mairie... gauche **b.** boulangerie... gauche. **c.** hôpital... droite **d.** pont... gauche. **e.** cinéma... droite. **f.** restaurant... gauche. **g.** école... gauche. **h.** café... droite... droite

133 **a.** (7) **b.** (2) **c.** (5) **d.** (1) **e.** (4) **f.** (6) **g.** (3) **h.** (8)

134 **a.** 1. **b.** 1. **c.** 2. **d.** 3. **e.** 2. **f.** 1. **g.** 1. **h.** 1.

135 **a.** 1. **b.** 2. **c.** 1. **d.** 2. **e.** 1. **f.** 2. **g.** 1. **h.** 2.

136 **a.** 1. **b.** 1. **c.** 2. **d.** 2. **e.** 2. **f.** 2. **g.** 1. **h.** 1.

137 **a.** (5) **b.** (1) **c.** (6) **d.** (3) **e.** (2) **f.** (4) **g.** (8) **h.** (7)

138 **a.** Elle va prendre le train. **b.** Elle va arriver à Lyon. **c.** Elle va déjeuner au restaurant avec un ami. **d.** Elle va se promener en ville. **e.** Elle va rentrer à la maison. **f.** Elle va se reposer. **g.** Elle va sortir dans un bar. **h.** Elle va travailler.

139 **a.** joli **b.** loin **c.** très **d.** comment **e.** pas **f.** quoi **g.** promener... va **h.** venir

140 **a.** (3) **b.** (6) **c.** (5) **d.** (4) **e.** (7) **f.** (1) **g.** (8) **h.** (2)

141 *Conviennent :* **a.** vers **b.** environ **c.** à partir du **d.** jusqu'à **e.** de **f.** Entre **g.** chez moi **h.** Dès

142 **a.** 3. **b.** 3. **c.** 3. **d.** 1. **e.** 2. **f.** 2. **g.** 3. **h.** 3.

143 **a.** 2. **b.** 1. **c.** 2. **d.** 1. **e.** 2. **f.** 2. **g.** 1. **h.** 2.

144 **a.** 2. **b.** 2. **c.** 1. **d.** 2. **e.** 1. **f.** 1. **g.** 2. **h.** 2.

145 **a.** 1. **b.** 2. **c.** 1. **d.** 1. **e.** 2. **f.** 1. **g.** 2. **h.** 2.

146 **a.** 2. **b.** 1. **c.** 1. **d.** 1. **e.** 2. **f.** 2. **g.** 2. **h.** 1.

147 **a.** (V) **b.** (F) **c.** (F) **d.** (F) **e.** (V) **f.** (F) **g.** (V) **h.** (F)

148 **a.** du... au **b.** prochaine... faire **c.** prend **d.** de... à **e.** tout **f.** Quels **g.** jusqu'à/direction **h.** après

149 *Bilan :* **a.** 7. **b.** 2. **c.** 3. **d.** 8. **e.** 4. **f.** 1. **g.** 6. **h.** 5.

150 *Bilan : Conviennent :* **a.** Avant **b.** À **c.** dans **d.** de **e.** à **f.** au mois de **g.** au **h.** par

V. C'EST MOINS CHER ICI...

151 **a.** 2. **b.** 1. **c.** 1. **d.** 2. **e.** 2. **f.** 1. **g.** 2. **h.** 2.

152 **a.** 3. **b.** 4. **c.** 2. **d.** 1./6. **e.** 1./8. **f.** 7. **g.** 1. **h.** 5.

153 *Conviennent :* **a.** c'est **b.** a **c.** est **d.** autant **e.** plus **f.** autant **g.** aussi **h.** comme

154 **a.** 6. **b.** 4. **c.** 1. **d.** 2. **e.** 7. **f.** 3. **g.** 8. **h.** 5.

155 **a.** J'aime beaucoup les deux premiers films d'Almodovar. **b.** Ghandi est un grand homme. **c.** C'est une grande brune qui a de beaux yeux bleus. **d.** Il a de longs cheveux châtains et de beaux yeux noirs. **e.** Tu viens chez moi, mardi prochain ? **f.** Cette jeune actrice est superbe. **g.** Elle a une jolie robe. **h.** C'est une femme rousse qui boit de la bière rousse.

156 **a.** (5) **b.** (8) **c.** (4) **d.** (2) **e.** (7)
f. (1) **g.** (6) **h.** (3)

157 **a.** 2. **b.** 2. **c.** 1. **d.** 1. **e.** 3. **f.** 2.
g. 1. **h.** 3.

158 **a.** 3. **b.** 6. **c.** 8. **d.** 1. **e.** 2. **f.** 4.
g. 7. **h.** 5.

159 **a.** (6) **b.** (3) **c.** (8) **d.** (1) **e.** (4)
f. (2) **g.** (7) **h.** (5)

160 **a.** (F) **b.** (F) **c.** (V) **d.** (F) **e.** (F)
f. (V) **g.** (V) **h.** (F)

161 *Conviennent :* **a.** frisés / longs
b. allongé / carré **c.** courts **d.** brun / de
couleur **e.** 15 ans **f.** 30 ans **g.** un petit
garçon **h.** chauve

162 **a.** (V) **b.** (F) **c.** (F) **d.** (V) **e.** (V)
f. (V) **g.** (V) **h.** (F)

163 **a.** cheveux **b.** rond **c.** que... que
d. lunettes **e.** brun **f.** blanc **g.** grande
h. jeune

164 Prénom : Marie - Taille : *petite* - Yeux :
bleus - Cheveux : *blonds, courts* -
Caractère : *charmante*
Prénom : Sarah - Taille : *moyenne* - Yeux :
verts - Cheveux : *bruns, courts* - Caractère :
calme
Prénom : Charlotte - Taille : *moyenne* -
Yeux : *bleus* - Cheveux : *bruns, longs,
bouclés* - Caractère : *un peu nerveuse*

165 **a.** Qu'est-ce que tu mets pour la soirée
de Florence ? **b.** Vous voulez essayer ce joli
pantalon noir avec une ceinture ? **c.** Elle
n'aime pas les jupes trop étroites, et toi ?
d. Ce manteau vert est très à la mode, tu ne
trouves pas ? **e.** Comment vous habillez-
vous pour la soirée chez les Delatour ?
f. Ses nouvelles chaussures rouges sont
absolument magnifiques ! **g.** Sa chemise
est complètement démodée ! **h.** J'adore
ton nouveau pantalon, il te va très bien !

166 **a.** (F) **b.** (V) **c.** (V) **d.** (V) **e.** (V)
f. (F) **g.** (F) **h.** (F)

167 **a.** plus **b.** démodées **c.** magasins
d. long **e.** précise **f.** cuir... marron
g. ou... veux **h.** acheter... et... marron

168 *Conviennent :* **a.** en coton / en lin
b. de l'orange **c.** du vert **d.** à carreaux / à
fleurs **e.** à pois **f.** à rayures **g.** du rose
h. du bleu clair / du bleu ciel

169 **a.** 1. **b.** 2. **c.** 2. **d.** 1. **e.** 2. **f.** 1.
g. 2. **h.** 2.

170 **a.** très **b.** beaucoup **c.** beaucoup
d. Beaucoup **e.** très **f.** beaucoup **g.** très
h. très

171 **a.** (7) **b.** (6) **c.** (2) **d.** (5) **e.** (3)
f. (8) **g.** (1) **h.** (4)

172 *Intrus :* **a.** chapeau **b.** lunettes
c. pantalon **d.** chaussettes **e.** pied
f. jeune **g.** rouge **h.** orange

173 **a.** (4) **b.** (8) **c.** (1) **d.** (3) **e.** (6)
f. (7) **g.** (5) **h.** (2)

174 **a.** Cet été, on va voir beaucoup de
petits chemisiers à fleurs. **b.** Qu'est-ce que
vous préférez ? Les jupes courtes ou les
jupes longues ? **c.** Les chaussures en cuir,
c'est plus solide que les chaussures en
plastique. **d.** Il est très bizarre, tous ses
vêtements sont violets. **e.** Il a soixante-dix
cravates en soie dans son placard ! **f.** Je ne
sais pas quoi mettre pour aller à cette fête
chez les Mauriac. **g.** Paul, je ne veux plus te
voir avec ce tee-shirt sale ! **h.** Je ne
comprends pas : ces vêtements sont moins
beaux mais aussi chers !

175 *Conviennent :* **a.** en laine **b.** à lunettes
c. en jeans **d.** paire **e.** brun **f.** claires
g. bien **h.** sourire

176 **a.** 1. **b.** 2. **c.** 1. **d.** 2. **e.** 1. **f.** 1.
g. 2. **h.** 2.

177 **a.** (3) **b.** (8) **c.** (5) **d.** (2) **e.** (4)
f. (7) **g.** (6) **h.** (1)

178 **a.** (V) **b.** (F) **c.** (F) **d.** (F) **e.** (V)
f. (V) **g.** (F) **h.** (V)

179 **a.** 4. **b.** 1. **c.** 8. **d.** 2. **e.** 5. **f.** 3.
g. 7. **h.** 6.

180 *Conviennent :* **a.** On **b.** robe **c.** veux
d. Nous **e.** la **f.** magasin **g.** bonne qualité
h. chemise

181 **a.** 2. **b.** 3. **c.** 1. **d.** 3. **e.** 3. **f.** 2.
g. 1. **h.** 3.

182 **a.** 7. **b.** 1. **c.** 6. **d.** 4. **e.** 3. **f.** 5.
g. 8. **h.** 2.

183 a. combien **b.** total... en **c.** carte **d.** code **e.** marche **f.** recommencer **g.** de... taille **h.** ticket... voulez

184 a. 8. **b.** 4. **c.** 1. **d.** 2. **e.** 7. **f.** 5. **g.** 3. **h.** 6.

185 a. 1. **b.** 1. **c.** 2. **d.** 1. **e.** 1. **f.** 2. **g.** 1. **h.** 2.

186 *Conviennent :* **a.** samedi prochain **b.** déguisée **c.** « en rouge, on bouge » **d.** Papi **e.** n'est pas cher **f.** ou **g.** chaussures **h.** saison

187 a. 2. **b.** 2. **c.** 2. **d.** 2. **e.** 1. **f.** 1. **g.** 2. **h.** 2.

188 a. (8) **b.** (3) **c.** (5) **d.** (4) **e.** (7) **f.** (2) **g.** (6) **h.** (1)

189 a. 2. **b.** 1. **c.** 2. **d.** 2. **e.** 1. **f.** 1. **g.** 1. **h.** 2.

190 a. (2) **b.** (6) **c.** (3) **d.** (1) **e.** (4) **f.** (5) **g.** (7) **h.** (8)

191 *Bilan :* **a.** (2) **b.** (8) **c.** (1) **d.** (3) **e.** (4) **f.** (5) **g.** (7) **h.** (6)

192 *Bilan :* **a.** 1. **b.** 1. **c.** 2. **d.** 2. **e.** 1. **f.** 2. **g.** 2. **h.** 2.

VI. VOUS ÊTES LIBRES POUR DÎNER ?

193 a. 3. **b.** 4. **c.** 2. **d.** 6. **e.** 8. **f.** 7. **g.** 1. **h.** 5.

194 a. b. f. h.

195 b. e. h.

196 a. (3) **b.** (8) **c.** (1) **d.** (5) **e.** (2) **f.** (7) **g.** (4) **h.** (6)

197 a. 2. **b.** 1. **c.** 2. **d.** 2. **e.** 2. **f.** 1. **g.** 1. **h.** 2.

198 a. joie **b.** ferait **c.** tente **d.** Très **e.** libre **f.** possible **g.** venez **h.** Plus ou moins

199 a. Où est-ce que tu veux aller en vacances ? **b.** Vous n'avez pas envie d'aller à l'opéra ? **c.** Je suis prête pour partir à la piscine, et toi ? **d.** Ça vous dirait d'aller faire du ski pour Noël ? **e.** Non merci, je déteste les films violents. **f.** Vous êtes tous invités au repas du quartier. **g.** N'oubliez pas de venir pour l'anniversaire de tante Agnès ! **h.** Qu'est-ce qu'on pourrait faire pour les prochaines vacances ?

200 a. 1. **b.** 2. **c.** 1. **d.** 2. **e.** 2. **f.** 1. **g.** 2. **h.** 1.

201 *Conviennent :* **a.** Faire / accepter une proposition. **b.** Refuser / donner un avis. **c.** Boire / casser un verre. **d.** Célébrer / préparer une fête. **e.** Un bateau navigue / vogue. **f.** Regarder / admirer quelqu'un. **g.** Poser / trouver une question. **h.** Demander / chercher une information.

202 Chère Pascale,
Je voudrais t'inviter pour l'anniversaire de mon cher petit Léo. Il va avoir trois ans le 31 janvier prochain, mais je ne sais pas si tu seras là. Pourrais-tu m'écrire et me le dire ? J'aimerais beaucoup te voir à cette occasion à la maison et Léo aussi. Comme cadeau, il aimerait des bonbons, comme d'habitude. Ce n'est pas très difficile. J'attends ta réponse avec impatience. Nous t'embrassons très fort Léo et moi.
À bientôt. Agathe.

203 *Conviennent :* **a.** Bonne idée ! **b.** Pourquoi pas ? **c.** On va **d.** exposition **e.** jusqu'à **f.** Paris **g.** notre **h.** Avant

204 a. 4. **b.** 8. **c.** 1. **d.** 5. **e.** 2. **f.** 7. **g.** 3. **h.** 6.

205 a. (6) **b.** (2) **c.** (5) **d.** (4) **e.** (8) **f.** (3) **g.** (7) **h.** (1)

206 a. 2. **b.** 1. **c.** 2. **d.** 3. **e.** 2. **f.** 2. **g.** 1. **h.** 3.

207 a. 2. **b.** 1. **c.** 1. **d.** 2. **e.** 2. **f.** 2. **g.** 2. **h.** 1.

208 a. 1. **b.** 2. **c.** 1. **d.** 1. **e.** 2. **f.** 1. **g.** 2. **h.** 1.

209 a. (F) **b.** (F) **c.** (F) **d.** (V) **e.** (V) **f.** (F) **g.** (V) **h.** (V)

210 a. Un peu de **b.** pas de **c.** trois ou quatre **d.** une douzaine **e.** Combien de **f.** moins de **g.** Le kilo de **h.** une bouteille d'

211 a. 4. **b.** 6. **c.** 1. **d.** 2. **e.** 8. **f.** 3. **g.** 5. **h.** 7.

212 a. C'est_un déjeuner d'affaires. **b.** On va chez_eux ou chez_elles ? **c.** C'est de plus_en plus cher, ce restaurant ! **d.** C'est_un grand_homme ou un_homme grand ? **e.** Le bistro gourmand ouvre à neuf_heures. **f.** C'est tout_à fait délicieux. **g.** Aurore, c'est son premier_amour. **h.** Ils_arrivent en retard, comme d'habitude !

213 a. Avez-vous une petite table en terrasse ? **b.** Dans quelle rue se trouve ce restaurant ? **c.** Nous mangeons ici trois fois par semaine./Nous mangeons trois fois par semaine ici. **d.** Je voudrais la carte, s'il vous plaît. **e.** Merci beaucoup, mais je ne mange pas de lapin. **f.** Qu'est-ce qu'on prend pour le pique-nique ? **g.** C'est plus intéressant de choisir le menu que la carte. **h.** Que boit-on avec le plateau de fruits de mer ?

214 *Les intrus :* **a.** les carottes **b.** une tarte aux fruits **c.** le poulet **d.** la banane **e.** le kiwi **f.** le couscous **g.** l'omelette **h.** le pain au chocolat

215 a. viande... cuite **b.** prennent... l'apér*itif* **c.** boivent... petit... repas **d.** S*es* enfants... *aux* fraises... *aux* pommes **e.** Quel*les* s*ont... restaur*ant **f.** mangez... de p*â*tes chez **g.** près... fenêtre... occup*ée* **h.** cuis*inier... cuis*in*e... cuisin*ière*

216 a. 2. **b.** 2. **c.** 1. **d.** 1. **e.** 2. **f.** 2. **g.** 1. **h.** 1.

217 a. 2. **b.** 1. **c.** 7. **d.** 4. **e.** 5. **f.** 3. **g.** 8. **h.** 6.

218 *Conviennent :* **a.** Un verre de vin **b.** un morceau / une tranche de pain **c.** Une douzaine (d'œufs) **d.** du sucre en morceaux / en poudre **e.** kilos de pommes de terre **f.** tranches de jambon **g.** Un litre / Une bouteille de lait **h.** une pincée / une cuillerée de sel

219 a. 3. **b.** 2. **c.** 4. **d.** 8. **e.** 6. **f.** 1. **g.** 5. **h.** 7.

220 a. spécial*ité* **b.** com*me* plat **c.** *préférez... jus... ou...* pomme **d.** Sav*ez...* une... fru*its* **e.** choisiss*ez...* poisso*n... la* **f.** végétari*ens...* mange*ons...* de **g.** mang*er* ... carottes crues... cuites **h.** c'est... Ça

221 *Conviennent :* **a.** poisson **b.** pleure **c.** mets **d.** bon **e.** c'est **f.** nom **g.** une glace **h.** très

222 a. 4. **b.** 8. **c.** 7. **d.** 1. **e.** 2. **f.** 3. **g.** 6. **h.** 5.

223 a. de la **b.** un demi-litre de **c.** Une bouteille d' **d.** trop **e.** Une douzaine d' **f.** un morceau de **g.** moins de **h.** une livre de

224 a. (4) **b.** (5) **c.** (6) **d.** (8) **e.** (1) **f.** (2) **g.** (7) **h.** (3)

225 *Conviennent :* **a.** Écoute **b.** Vas **c.** Verse **d.** Sortez **e.** Pars ! **f.** -moi **g.** Va **h.** Mangeons

226 a. 1. / 2. **b.** 1. **c.** 2. **d.** 1. / 3. **e.** 1. **f.** 3. **g.** 2. **h.** 2.

227 a. (7) **b.** (3) **c.** (8) **d.** (5) **e.** (1) **f.** (4) **g.** (2) **h.** (6)

228 a. fromages **b.** dans **c.** besoin **d.** la... le **e.** douzaine **f.** cuire **g.** une... cuisine **h.** peser

229 a. une demi-douzaine d'œufs **b.** juste 500 grammes **c.** une cuillerée de sucre **d.** un verre de vin **e.** d'un litre d'eau **f.** un kilo de tomates **g.** une part de pizza **h.** 100 g de fromage

230 *Bilan :* **(1)** cuisinier **(2)** grand **(3)** célèbre **(4)** roi **(5)** commander **(6)** dessert **(7)** pense **(8)** de **(9)** imagine **(10)** fruits **(11)** oranges **(12)** apprécie **(13)** ces **(14)** s'appelle

231 *Bilan :* **a.** (8) **b.** (4) **c.** (7) **d.** (1) **e.** (3) **f.** (2) **g.** (5) **h.** (6)

232 a. (5) **b.** (2) **c.** (6) **d.** (1) **e.** (4)
f. (7) **g.** (3) **h.** (8)

233 a. Tu as besoin de vacances. **b.** J'ai passé d'excellentes vacances. **c.** Tu as passé de bonnes vacances'? **d.** Qu'est-ce que tu as fait pendant les vacances ? **e.** Quand est-ce que tu prends tes vacances ? **f.** Moi, je ne prends jamais de vacances. **g.** J'aime les vacances en famille. **h.** Il me reste quinze jours de vacances à prendre.

234 a. 5. **b.** 1. **c.** 8. **d.** 2./3. **e.** 6.
f. 2. **g.** 4. **h.** 6.

235 a. (F) **b.** (V) **c.** (F) **d.** (F) **e.** (V)
f. (V) **g.** (F) **h.** (V)

236 a. 2. **b.** 6. **c.** 5. **d.** 3. **e.** 7. **f.** 8.
g. 4. **h.** 1.

237 *Conviennent :* **a.** Le lendemain **b.** J'ai trouvé **c.** Le premier jour **d.** Chaque soir **e.** Tous les matins **f.** Demain **g.** Demain **h.** L'année prochaine

238 a. Qu'est-ce que la francophonie ? **b.** C'est l'ensemble des pays où on parle le français. **c.** Par exemple, en Europe, la Suisse, le Luxembourg et la Belgique. **d.** Mais il ne faut pas oublier le Québec, province du Canada. **e.** Les habitants s'appellent les Québécois et parlent aussi français. **f.** Bien sûr, il y a aussi des pays africains où le français est encore beaucoup parlé. **g.** Dans le Pacifique, il existe quelques îles où on parle français. **h.** En France, les Français parlent le français mais aussi d'autres langues régionales comme le breton, le basque, l'occitan.

239 a. 2. **b.** 1. **c.** 1. **d.** 1. **e.** 2. **f.** 1.
g. 1. **h.** 2.

240 a. 2. **b.** 2. **c.** 1. **d.** 1. **e.** 2. **f.** 1.
g. 2. **h.** 2.

241 a. 7. **b.** 2./6. **c.** 2./4. **d.** 1. **e.** 5.
f. 8. **g.** 4. **h.** 3.

242 a. (6) **b.** (8) **c.** (4) **d.** (2) **e.** (5)
f. (3) **g.** (1) **h.** (7)

243 *Conviennent :* **a.** délicieuse **b.** chaleureux / rudes **c.** douces **d.** élevés **e.** sale **f.** polluée / limpide **g.** surpeuplée **h.** fraîcheur

244 *Phrases possibles :* **a.** Ne fais pas tes courses à pied, c'est trop fatigant. **b.** Ne pars pas en avion demain, il y a des grèves. **c.** Ne va pas à la plage, il fait beaucoup trop chaud. **d.** Ne rentre pas à vélo, il fait froid. **e.** Ne voyage pas en première classe, c'est beaucoup trop cher. **f.** N'emporte pas ta carte d'identité, pour les États-Unis tu as besoin de ton passeport. **g.** N'achète pas mon billet, je l'ai déjà. **h.** Ne prends pas tes skis, il n'y a pas de neige.

245 a. 6. **b.** 1. **c.** 4. **d.** 8. **e.** 2. **f.** 7.
g. 5. **h.** 3.

246 *Conviennent :* **a.** deuxième **b.** réduction **c.** tarif réduit **d.** tickets **e.** l'aéroport **f.** un plan **g.** réservation **h.** ma place

247 a. billets **b.** instant **c.** rangés **d.** trouve… souviens **e.** terre **f.** enfin **g.** composté **h.** composter

248 a. 6. **b.** 1. **c.** 8. **d.** 5. **e.** 3. **f.** 7.
g. 4. **h.** 2.

249 a. (V) **b.** (F) **c.** (F) **d.** (F) **e.** (V)
f. (F) **g.** (F) **h.** (F)

250 a. Il va travailler à vélo tous les jours. **b.** Il prend l'avion plusieurs fois par mois. **c.** J'ai réservé mes billets par Internet. **d.** Cette agence de voyages est très efficace. **e.** Il est préférable de réserver pour ce circuit en Égypte. **f.** C'est une croisière organisée en mer Méditerranée. **g.** On se promène dans des rues tranquilles. **h.** Je connais bien cette station de sports d'hiver.

251 a. (5) **b.** (2) **c.** (1) **d.** (6) **e.** (4)
f. (8) **g.** (7) **h.** (3)

252 a. 2. **b.** 1. **c.** 1. **d.** 1. **e.** 2. **f.** 2.
g. 1. **h.** 1.

253 a. Tu peux courir pour l'attraper ? **b.** Tu peux encore rater ce bus ? **c.** Tu peux encore rêver ? **d.** Tu peux perdre la tête ? **e.** Tu peux boire un peu d'eau ? **f.** Tu peux lire un peu trop longtemps ? **g.** Tu peux attendre pendant deux heures ? **h.** Tu peux disparaître ?

254 **a.** (7) **b.** (1) **c.** (3) **d.** (5) **e.** (6)
f. (2) **g.** (4) **h.** (8)

255 *Conviennent :* **a.** programme **b.** siffle
c. films policiers **d.** dessins animés
e. d'horreur **f.** très bon **g.** dit **h.** plu

256 **(1)** festival **(2)** attendons **(3)** européen
(4) Français **(5)** célèbre **(6)** émotion
(7) gagner **(8)** répondu **(9)** entendu
(10) soirée

257 **a.** 1. **b.** 2. **c.** 1. **d.** 1. **e.** 1. **f.** 2.
g. 2. **h.** 2.

258 *Les intrus :* **a.** un photographe **b.** un
appareil photo **c.** la nature **d.** exposer
e. l'agriculture **f.** un tableau **g.** déçu
h. dire

259 **a.** 3. **b.** 1. **c.** 1. **d.** 3. **e.** 1. **f.** 2.
g. 1. **h.** 2.

260 **a.** (2) **b.** (8) **c.** (3) **d.** (1) **e.** (4)
f. (6) **g.** (5) **h.** (7)

261 **a.** 1. **b.** 1. **c.** 2. **d.** 1. **e.** 2. **f.** 1.
g. 2. **h.** 2.

262 **a.** 1. **b.** 2. **c.** 2. **d.** 2. **e.** 1. **f.** 1.
g. 2. **h.** 2.

263 *Intrus :* **a.** film **b.** couture **c.** chanson
d. danse **e.** choriste **f.** tableau **g.** acteur
h. modeste

264 **a.** Elle a la forme d'un très grand disque
incliné vers la mer. **b.** Les trois langues
représentées sont l'arabe, le français et
l'anglais. **c.** 450 ordinateurs ont été
installés pour le public. **d.** Il y a aussi des
salles pour les expositions et les séminaires.
e. On peut aussi y trouver un musée de la
calligraphie. **f.** Dans le passé, l'ancienne
bibliothèque a possédé jusqu'à 700 000
rouleaux de papyrus. **g.** L'ancienne bibliothèque a été le premier lieu d'échange des
cultures. **h.** La nouvelle est construite pour
accueillir cinq millions de livres.

265 **a.** 7. **b.** 3. **c.** 1. **d.** 8. **e.** 5. **f.** 2.
g. 4. **h.** 6.

266 **a.** (3) **b.** (1) **c.** (2) **d.** (5) **e.** (4)
f. (8) **g.** (7) **h.** (6)

267 **a.** *festival... langues... cultures*
b. *ans... automne... province* **c.** *suivre...*

cours... gratuits... débutants **d.** possible...
goûter... exotiques... délicieux **e.** Cette...
essayé... grec contemporain **f.** donné...
russe... appréciés **g.** prochaine...
essayer... polonais **h.** intéressant... découvrir... mélanger les...

268 *Bilan :* **(1)** histoire **(2)** pleure
(3) emporté **(4)** disparaître **(5)** apparaître
(6) joué **(7)** pleuré **(8)** mystérieusement
(9) arrêté **(10)** revenu **(11)** s'est

269 *Bilan :* **a.** Nom/titre : « *L'inspecteur
Henry mène l'enquête* » - Type : *Cinéma :
film policier* - Lieu : *Cinéma Baumont Palace*
- Date et heure : *tous les jours à 20
heures* **b.** Nom/titre : *L'Abbaye du Mont-
Saint-Michel* - Type : *Visite* - Lieu : *Mont-
Saint-Michel* - Date et heure : *tous les jours*
c. Nom/titre : « *L'Avare* » - Type : *Théâtre* -
Lieu : *Théâtre des Champs-Élysées* - Date et
heure : *à 20 heures précises sauf le lundi*
d. Nom/titre : « *La petite girafe* » - Type :
Cinéma : film pour les enfants - Lieu : *Ciné-
toile* - Date et heure : *à 15 heures* **e.** Nom/
titre : *Festival des impitoyables* - Type :
Concert rock et techno - Lieu : *La Cigale* -
Date et heure : *à 17 heures* **f.** Nom/titre :
Michèle Sort - Type : *Concert* - Lieu : *Palais
des glaces* - Date et heure : *le 17 mars à 21
heures* **g.** Nom/titre : *Bédélires* - Type :
Festival de la bande dessinée - Lieu :
Angoulême - Date et heure : *février, tous les
ans* **h.** Nom/titre : « *Voyages* » *de Gilles
Discret* - Type : *exposition de photos* - Lieu :
Galerie des artistes - Date et heure : *jusqu'à
samedi*

VIII. TROIS-PIÈCES À LOUER

270 **a.** charges comprises **b.** chambre
c. salle de bains **d.** cuisine **e.** garage
f. immeuble **g.** proximité **h.** 2 pièces

271 *À louer,* appartement de 100 m^2, à
proximité de nombreux commerces, dans un
immeuble de haut standing avec ascenseur,
au 3e étage. Appartement de 4 pièces
comprenant une entrée, un séjour-salon, une
salle de bains, deux chambres et une cuisine.

272 *Seule annonce qui correspond :* **h.**

273 a. (4) **b.** (8) **c.** (6) **d.** (1) **e.** (3)
f. (5) **g.** (2) **h.** (7)

274 a. (F) **b.** (F) **c.** (F) **d.** (V) **e.** (V)
f. (F) **g.** (F) **h.** (V)

275 a. salle de bains **b.** chambre **c.** salle de bains **d.** salle de bains **e.** cuisine **f.** cuisine **g.** salon **h.** salle à manger / cuisine

276 a. (5) **b.** (1) **c.** (2) **d.** (4) **e.** (6)
f. (8) **g.** (7) **h.** (3)

277 a. Cette agence immobilière est plus efficace que l'autre. **b.** Ta chambre est la plus grande pièce de la maison. **c.** Le salon est la plus belle pièce de l'appartement. **d.** Cette rue est la rue la plus calme de la ville. **e.** Cet appartement est plus grand mais il est plus cher. **f.** Cette salle de bains est plus jolie mais moins pratique que l'autre. **g.** C'est le quartier le plus cher de la ville. **h.** Un appartement c'est bien, mais une maison c'est mieux.

278 a. (F) **b.** (F) **c.** (V) **d.** (V) **e.** (V)
f. (F) **g.** (F) **h.** (F)

279 *Conviennent :* **a.** de bains **b.** cuisine **c.** sombre **d.** à **e.** bruyante **f.** froid **g.** le plus souvent **h.** au deuxième / au second

280 a. 3. **b.** 4. **c.** 2. **d.** 6. **e.** 8. **f.** 7.
g. 1. **h.** 5.

281 a. logement... grand **b.** Vraiment **c.** maintenant **d.** renseignements **e.** tellement **f.** d'argent... longtemps **g.** temps **h.** rapidement

282 *Conviennent :* **a.** Un carton fragile / encombrant **b.** Soulever un meuble **c.** Charger / conduire un camion **d.** Un carton complet / vide **e.** Casser un vase **f.** Copier / soulever un meuble **g.** Recevoir / poster un paquet **h.** Déménager une bibliothèque

283 a. 1. **b.** 2. **c.** 2. **d.** 2. **e.** 1. **f.** 1.
g. 1. **h.** 2.

284 a. Je vais t'offrir l'appartement de tes rêves. **b.** On les a appelés hier mais ils n'ont pas répondu. **c.** Je vais leur raconter toute cette histoire. **d.** Je lui ai dit non pour cet appartement. **e.** Nous allons leur envoyer un cadeau pour leur nouvelle maison. **f.** Vous lui avez parlé de ce nouvel immeuble ? **g.** Tu lui as posé la bonne question ? **h.** Je lui ai conseillé d'aller voir une agence immobilière.

285 a. 3. **b.** 4. **c.** 2. **d.** 6. **e.** 8. **f.** 7.
g. 1. **h.** 5.

286 a. (4) **b.** (6) **c.** (7) **d.** (5) **e.** (3)
f. (8) **g.** (2) **h.** (1)

287 a. (F) **b.** (F) **c.** (V) **d.** (V) **e.** (F)
f. (V) **g.** (F) **h.** (V)

288 a. Les déménageurs ont cassé le vase bleu de ma tante. **b.** C'est un grand appartement orienté plein sud avec une terrasse. **c.** C'est une maison blanche de deux étages avec un jardin. **d.** Nous recherchons un appartement dans le quatorzième arrondissement. **e.** C'est près du centre ou c'est en banlieue ? **f.** Je veux absolument un appartement ancien avec du parquet. **g.** Il a acheté une maison de vacances en face de la mer. **h.** Il y a une petite annonce très intéressante dans ce journal.

289 a. habiter... centre-ville... banlieue **b.** signer... bail... clés **c.** êtes propriétaire ou... **d.** pièces... elles... vraiment **e.** d'abord... s'installer... puis... une grande **f.** l'étranger... veux vendre **g.** Cette agence... efficace **h.** croyez... quartier... calme

290 a. 3. **b.** 4. **c.** 2./8. **d.** 7. **e.** 2./8.
f. 6. **g.** 5. **h.** 1.

291 a. 3. **b.** 1. **c.** 2. **d.** 6. **e.** 8. **f.** 7.
g. 4. **h.** 5.

292 a. (2) **b.** (4) **c.** (6) **d.** (7) **e.** (1)
f. (3) **g.** (8) **h.** (5)

293 a. Pour commencer, il a fallu absolument enlever tous les vieux meubles. **b.** Ensuite, j'ai refait toutes les peintures et j'ai commencé par les plafonds. **c.** Nous avons choisi une peinture jaune parce que c'est plus gai. **d.** Après les peintures, j'ai changé la moquette et les éclairages. **e.** J'ai acheté des meubles neufs et j'ai mis des tableaux sur les murs. **f.** J'ai aussi changé toutes les vieilles portes et j'ai repeint les fenêtres. **g.** Enfin, j'ai planté des arbres et j'ai semé des fleurs dans le jardin. **h.** Maintenant, je suis complètement épuisée et je n'ai plus d'argent.

294 a. (V) **b.** (F) **c.** (F) **d.** (V) **e.** (F) **f.** (V) **g.** (V) **h.** (V)

295 *Intrus :* **a.** nager **b.** la baignoire **c.** une assiette **d.** une douche **e.** le plafond **f.** congeler **g.** un escalier **h.** du linge

296 a. 3. **b.** 5. **c.** 8. **d.** 6. **e.** 4. **f.** 7. **g.** 1. **h.** 2.

297 a. 1. **b.** 3. **c.** 1./2. **d.** 1./2. **e.** 2. **f.** 2. **g.** 3. **h.** 3.

298 a. intéressant **b.** maisons **c.** acheter **d.** donne... chez **e.** arrives... loyer **f.** méchante **g.** chers... rêves... vraiment **h.** rêver

299 *Bilan :* **a.** 1. **b.** 2. **c.** 1. **d.** 2. **e.** 1. **f.** 3. **g.** 1. **h.** 1.

300 *Bilan : Conviennent :* **(1)** pour **(2)** j' **(3)** célèbre **(4)** fête **(5)** villa **(6)** aussi **(7)** décrire **(8)** elle **(9)** réellement **(10)** À **(11)** C'est **(12)** dizaine **(13)** de **(14)** c'est le **(15)** vous **(16)** dessus **(17)** ressemblent **(18)** étoiles **(19)** aquariums **(20)** les seules **(21)** auditeurs **(22)** fantastique

IX. C'EST LE NOUVEAU STAGIAIRE

301 a. (V) **b.** (V) **c.** (F) **d.** (F) **e.** (V) **f.** (F) **g.** (F) **h.** (V)

302 a. 5. **b.** 1. **c.** 8. **d.** 3. **e.** 6. **f.** 2. **g.** 4. **h.** 7.

303 a. (F) **b.** (V) **c.** (V) **d.** (V) **e.** (V) **f.** (F) **g.** (V) **h.** (V)

304 a. 2. **b.** 1. **c.** 2. **d.** 1. **e.** 1. **f.** 2. **g.** 1. **h.** 2.

305 a. Tu dois envoyer ton CV et une lettre manuscrite à cette adresse. / Tu dois envoyer une lettre manuscrite et ton CV à cette adresse. **b.** Ce sera un emploi à temps partiel et pour six mois. **c.** Les activités de cette entreprise sont très diversifiées. **d.** Tu ne trouveras pas de travail plus intéressant que ça. **e.** Je ne pourrai jamais avoir un entretien avec lui. **f.** Je garderai cet emploi jusqu'à l'année prochaine. **g.** Madame Lafontaine va vous donner quelques informations sur ce travail. **h.** Est-ce que tu vas proposer ta candidature à cette société ?

306 a. 1. **b.** 1. **c.** 2. **d.** 2. **e.** 1. **f.** 1. **g.** 2. **h.** 1.

307 a. (4) **b.** (1) **c.** (2) **d.** (6) **e.** (8) **f.** (5) **g.** (7) **h.** (3)

308 a. 5. **b.** 1. **c.** 8. **d.** 3. **e.** 6. **f.** 2. **g.** 4. **h.** 7.

309 *Conviennent :* **a.** formation **b.** bac... j'... électromécanique **c.** c'est... avant **d.** Comme... entreprise... dans **e.** début... quand... études **f.** dernière... viens... les... serai... lundi **g.** tiens... et **h.** renseignements

310 a. brevet de technicien supérieur **b.** contrat à durée déterminée **c.** société à responsabilité limitée **d.** Union européenne **e.** contrat à durée indéterminée **f.** Organisation des nations unies **g.** société anonyme **h.** toute taxe comprise

311 a. (2) **b.** (8) **c.** (1) **d.** (4) **e.** (5) **f.** (3) **g.** (6) **h.** (7)

312 *Conviennent :* **a.** candidate **b.** chômage **c.** entretien **d.** stagiaire **e.** CV **f.** de motivation **g.** un poste **h.** occupe

313 a. (6) **b.** (1) **c.** (4) **d.** (2) · **e.** (5) **f.** (3) **g.** (7) **h.** (8)

314 a. (V) **b.** (F) **c.** (V) **d.** (F) **e.** (F) **f.** (F) **g.** (V) **h.** (V)

315 a. mot... bistrot **b.** bureau **c.** collègue... au repos **d.** notes **e.** Allô, alors ce tuyau ? **f.** tableau **g.** chaud au boulot **h.** gros efforts

316 a. 5. **b.** 8. **c.** 1. **d.** 4. **e.** 6. **f.** 2. **g.** 7. **h.** 3.

317 a. 2. **b.** 2. **c.** 1. **d.** 2. **e.** 2. **f.** 1. **g.** 1. **h.** 2.

318 a. 7. **b.** 5. **c.** 1. **d.** 4. **e.** 8. **f.** 2. **g.** 3. **h.** 6.

319 **a.** poste **b.** part **c.** amie **d.** sujet **e.** personnel **f.** message **g.** rappeler... joindre **h.** passe... temps

320 **a.** Il est absent pour le moment, c'est à quel sujet ? **b.** Je regrette, Monsieur Dubon est en réunion. **c.** La ligne est occupée, voulez-vous rappeler ? **d.** Pouvez-vous lui demander de me rappeler s'il vous plaît ? **e.** Un instant, je vous la passe. **f.** Excusez-moi, je me suis trompé, j'ai fait un mauvais numéro. **g.** Désolée, vous faites erreur. **h.** Pouvez-vous me dire quand je peux la joindre ?

321 **a.** partagera son... la... prochaine **b.** l'aidera... répondre **c.** apprendre... documents **d.** bientôt... personnel... l'entreprise **e.** saura... aux **f.** Directeur... contrat **g.** sera... intéressé **h.** s'inscrire... nationale... l'emploi.

322 Conviennent : **a.** présenter **b.** augmenteront **c.** me passer **d.** nécessaires **e.** tout à l'heure **f.** consignes **g.** en retard **h.** commercial

323 **a.** 3. **b.** 4. **c.** 2. **d.** 6. **e.** 8. **f.** 7. **g.** 1. **h.** 5.

324 **a.** embaucher **b.** engager **c.** candidat **d.** entreprise **e.** rendez-vous **f.** entretien **g.** emploi **h.** remplacement

325 **a.** 3. **b.** 2. **c.** 4. **d.** 8. **e.** 6. **f.** 7. **g.** 5. **h.** 1.

326 **a.** 2. **b.** 2. **c.** 2. **d.** 2. **e.** 1. **f.** 2. **g.** 1. **h.** 1.

327 **a.** démission **b.** décision **c.** profession **d.** conversation **e.** missions **f.** ambition **g.** télévision **h.** décision

328 **a.** (V) **b.** (F) **c.** (F) **d.** (V) **e.** (V) **f.** (F) **g.** (F) **h.** (V)

329 **a.** 1. **b.** 2. **c.** 1. **d.** 1. **e.** 2. **f.** 1. **g.** 1. **h.** 1.

330 Conviennent : **a.** Trouver / chercher un emploi **b.** Toucher / recevoir un salaire **c.** Poser sa candidature **d.** Avoir / prendre / déplacer un rendez-vous **e.** Faire faillite **f.** Passer / recevoir une commande **g.** Être convoqué à / passer un entretien **h.** Laisser / prendre / avoir un message

331 **a.** (4) **b.** (2) **c.** (3) **d.** (1) **e.** (5) **f.** (7) **g.** (6) **h.** (8)

332 Conviennent : **a.** à **b.** une nouvelle entreprise **c.** Asie **d.** qui **e.** de **f.** pleure **g.** cette **h.** à

333 **a.** 7. **b.** 1. **c.** 4. **d.** 3. **e.** 8. **f.** 6. **g.** 5. **h.** 2.

334 **a.** 2. **b.** 2. **c.** 1./2. **d.** 1. **e.** 1./2. **f.** 1. **g.** 2. **h.** 1.

335 **a.** (3) **b.** (1) **c.** (7) **d.** (4) **e.** (8) **f.** (5) **g.** (2) **h.** (6)

336 Bilan : **a.** 1. **b.** 2. **c.** 1. **d.** 2. **e.** 1. **f.** 1. **g.** 1. **h.** 2.

337 Bilan : Annonce qui convient : **g.**

X. COMMENT VA LA SANTÉ ?

338 **a.** 2. **b.** 1. **c.** 2. **d.** 1. **e.** 2. **f.** 1. **g.** 1. **h.** 1.

339 **a.** (6) **b.** (8) **c.** (1) **d.** (3) **e.** (4) **f.** (2) **g.** (5) **h.** (7)

340 **a.** 4. **b.** 1. **c.** 8. **d.** 3. **e.** 6. **f.** 2. **g.** 5. **h.** 7.

341 Conviennent : **a.** que **b.** où **c.** qui **d.** que **e.** qui **f.** que **g.** que **h.** que

342 **a.** (F) **b.** (F) **c.** (V) **d.** (V) **e.** (F) **f.** (V) **g.** (V) **h.** (F)

343 **a.** 1. **b.** 1. **c.** 2. **d.** 2. **e.** 1. **f.** 2. **g.** 1. **h.** 1.

344 **a.** (6) **b.** (1) **c.** (3) **d.** (4) **e.** (7) **f.** (5) **g.** (8) **h.** (2)

345 **a.** 5. **b.** 1. **c.** 8. **d.** 3. **e.** 6. **f.** 2. **g.** 4. **h.** 7.

346 Conviennent : **a.** avez **b.** En **c.** dois **d.** docteur **e.** regarder **f.** avez **g.** perce **h.** 40

347 **a.** 2. **b.** 2. **c.** 1. **d.** 1. **e.** 1. **f.** 2. **g.** 2. **h.** 2.

348 a. J'ai mal à la tête, j'ai un peu de fièvre et des courbatures. **b.** Tu as attrapé la grippe comme beaucoup de personnes en hiver. **c.** Le médecin qui te soigne te donnera une ordonnance et peut-être un arrêt de travail. **d.** La pharmacienne délivre ensuite les médicaments que le docteur a prescrits. **e.** Tu as besoin de ta carte de sécurité sociale et de la carte de l'assurance complémentaire. **f.** Il faut absolument prendre les médicaments que tu as achetés comme le médecin l'a ordonné. **g.** Après quelques jours, tu te sentiras beaucoup mieux et tu reprendras ton travail. **h.** Et l'année prochaine, tu te feras vacciner pour ne pas attraper la grippe !

349 a. 1. **b.** 2. **c.** 1. **d.** 1. **e.** 2. **f.** 2. **g.** 1. **h.** 1.

350 a. 3. **b.** 4. **c.** 2. **d.** 6. **e.** 8. **f.** 7. **g.** 1. **h.** 5.

351 a. 1. **b.** 2. **c.** 1. **d.** 1. **e.** 2. **f.** 2. **g.** 1. **h.** 2.

352 Conviennent : **a.** je lui ai dit **b.** y **c.** en **d.** je peux aller la voir ? **e.** leur dire **f.** je n'en **g.** devriez les changer **h.** au

353 a. 2. **b.** 2. **c.** 1. **d.** 1. **e.** 2. **f.** 2. **g.** 1. **h.** 2.

354 a. soleil... souvent... yeux **b.** nez **c.** saigne... blessée **d.** pied **e.** souvent... tête... comme **f.** douleur... supportable **g.** cœur... passer **h.** jeune... attention

355 a. 5. **b.** 8. **c.** 1. **d.** 4./5. **e.** 6. **f.** 2. **g.** 7. **h.** 3.

356 Conviennent : **a.** bonne **b.** seule **c.** peine **d.** grièvement **e.** vous **f.** qui **g.** sonné **h.** les

357 a. 2. **b.** 2. **c.** 1. **d.** 1. **e.** 1. **f.** 2. **g.** 2. **h.** 2.

358 a. (V) **b.** (F) **c.** (V) **d.** (F) **e.** (F) **f.** (V) **g.** (F) **h.** (F)

359 a. 8. **b.** 1. **c.** 5. **d.** 3. **e.** 2. **f.** 6. **g.** 4. **h.** 7.

360 Conviennent : **a.** à ce **b.** très **c.** Caen **d.** éteindre **e.** pratiquer **f.** Renseignez-vous **g.** tes **h.** la

361 a. Une ambulance est venue et l'a emmené à l'hôpital. **b.** Il y a deux autres personnes blessées dans cet accident de la route. **c.** Il faut toujours respecter le code de la route pour éviter les problèmes. **d.** Quand on conduit un véhicule, il ne faut surtout pas boire d'alcool. **e.** Tu as bien compris l'histoire de Rodolphe et tu suivras mes conseils ? **f.** Tu oublies une chose, je n'ai pas encore le permis de conduire. **g.** Suis mes bons conseils et tu l'auras sans aucune difficulté. **h.** J'écoute toujours tes conseils car tu as toujours raison !

362 a. 2. **b.** 2. **c.** 2. **d.** 2. **e.** 1. **f.** 1. **g.** 1. **h.** 2.

363 Conviennent : **a.** Faire du / jouer au football. **b.** Faire du / jouer du violon. **c.** Faire du / jouer au théâtre. **d.** Regarder la télévision. **e.** Faire de la gymnastique. **f.** Pratiquer un / faire du sport. **g.** Avoir du temps libre. **h.** Faire la / organiser une fête.

364 a. Elle profite de son temps libre pour nager. **b.** Pour s'occuper, ils font du bricolage. **c.** Je suis en pleine forme depuis que je fais du sport. **d.** La cuisine est un bon moyen de s'occuper. **e.** Le sport me maintient en pleine forme. **f.** Elle s'est inscrite à un cours de gym pour se distraire. **g.** Pendant les vacances, je vais au cinéma. **h.** Il est très sportif, il court tous les jours.

365 a. (6) **b.** (1) **c.** (4) **d.** (2) **e.** (5) **f.** (3) **g.** (7) **h.** (8)

366 a. (F) **b.** (F) **c.** (F) **d.** (V) **e.** (V) **f.** (V) **g.** (F) **h.** (V)

367 a. 2. **b.** 2. **c.** 2. **d.** 2. **e.** 1. **f.** 1. **g.** 2. **h.** 2.

368 a. (2) **b.** (7) **c.** (3) **d.** (1) **e.** (4) **f.** (6) **g.** (8) **h.** (5)

369 (1) Europe **(2)** football **(3)** grippe **(3)** situation **(5)** Belgique **(6)** trompée **(7)** jaune **(8)** forme **(9)** rappelle

370 a. 1. **b.** 1. **c.** 2. **d.** 2. **e.** 1. **f.** 2. **g.** 1. **h.** 2.

371 a. 3. **b.** 1. **c.** 5. **d.** 8. **e.** 2. **f.** 4. **g.** 6. **h.** 7.

372 a. 1. **b.** 2. **c.** 1. **d.** 2. **e.** 1. **f.** 2. **g.** 1. **h.** 1.

373 a. sport individuel... pratiquer **b.** karaté... des... combat **c.** cet... besoin... détente **d.** piscine... diététique **e.** enfin... semaine en thalassothérapie **f.** détendre... peux... massage... dos **g.** gymnastique relaxante **h.** sommes... magasin... articles

374 Bilan : **a.** (V) **b.** (F) **c.** (V) **d.** (F) **e.** (F) **f.** (V) **g.** (V) **h.** (F)

375 Bilan : **(1)** pendant **(2)** leur **(3)** détente **(4)** randonnée **(5)** par **(6)** bon **(7)** hiver **(8)** beaucoup **(9)** jeunes **(10)** mois **(11)** personnes **(12)** cycliste **(13)** compétition **(14)** moins **(15)** Suédois

XI. HISTOIRES DE FAMILLE

376 a. 7. **b.** 6. **c.** 8. **d.** 3. **e.** 4. **f.** 2. **g.** 5. **h.** 1.

377 a. 1. **b.** 2. **c.** 1. **d.** 2. **e.** 1. **f.** 2. **g.** 1. **h.** 2.

378 Conviennent : **a.** la petite sœur **b.** l'oncle **c.** les parents **d.** la mère **e.** les fils **f.** les cousins **g.** les grands-parents **h.** la sœur

379 a. 5. **b.** 1. **c.** 8. **d.** 3. **e.** 6. **f.** 2. **g.** 4. **h.** 7.

380 a. (F) **b.** (V) **c.** (V) **d.** (V) **e.** (V) **f.** (V) **g.** (V) **h.** (V)

381 a. 5. **b.** 1. **c.** 8. **d.** 3. **e.** 7. **f.** 2. **g.** 4. **h.** 6.

382 a. (4) **b.** (1) **c.** (2) **d.** (6) **e.** (8) **f.** (5) **g.** (7) **h.** (3)

383 a. 1. **b.** 2. **c.** 1. **d.** 2. **e.** 1. **f.** 1. **g.** 1. **h.** 2.

384 Conviennent : **a.** recomposées **b.** est **c.** couple **d.** retraités **e.** bébé **f.** allocations **g.** majorité **h.** librement

385 a. 1. **b.** 1. **c.** 2. **d.** 1. **e.** 2. **f.** 2. **g.** 1. **h.** 1.

386 Phrases correctes : **a. b. e. g. h.**

Corrections : **c.** Chez les Granger **d.** de réunir cette famille **f.** Ils ont divorcé

387 Conviennent : **a.** ont divorcé **b.** adopté **c.** enfant **d.** de famille **e.** allons **f.** fiançailles **g.** passons **h.** d'

388 a. (4) **b.** (6) **c.** (1) **d.** (2) **e.** (8) **f.** (5) **g.** (7) **h.** (3)

389 Conviennent : **a.** Tomber / être amoureux. **b.** Être en colère / méchant. **c.** Avoir de / faire de l'humour. **d.** Être / se sentir triste. **e.** Connaître / comprendre une personne. **f.** Être de bonne / être de mauvaise humeur. **g.** Promener / sortir un chien. **h.** Prendre / développer une photo.

390 a. 1. **b.** 1. **c.** 2. **d.** 1. **e.** 2. **f.** 2. **g.** 1. **h.** 1.

391 a. Les membres de cette famille ne se sont jamais très bien entendus. **b.** Ils se sont disputés puis ils se sont réconciliés. **c.** Pourquoi est-ce que tu ne crois jamais les histoires que je te raconte ? **d.** Avant, on n'imaginait jamais l'avenir de cette façon. **e.** Maintenant, elle est partie et il est vraiment très malheureux. **f.** Si vous pensez toujours à cette personne, il faut lui téléphoner. **g.** Il avait une petite amie, très jolie, mais elle est partie cet été. **h.** Ils se sont rencontrés sur Internet et maintenant ils sont mariés.

392 a. 2. **b.** 2. **c.** 1. **d.** 2. **e.** 2. **f.** 1. **g.** 1. **h.** 2.

393 a. C'était **b.** Il y avait **c.** Il faisait **d.** C'était **e.** Il y avait **f.** il y avait **g.** Il était **h.** C'était

394 a. 5. **b.** 8. **c.** 1. **d.** 4. **e.** 6. **f.** 2. **g.** 7. **h.** 3.

395 a. (V) **b.** (F) **c.** (V) **d.** (F) **e.** (F) **f.** (F) **g.** (V) **h.** (V)

396 a. (7) **b.** (2) **c.** (5) **d.** (3) **e.** (6) **f.** (4) **g.** (8) **h.** (1)

397 a. raison **b.** conflit... longtemps **c.** oncle... Lyon **d.** tante... rencontré **e.** tombe... printemps **f.** tremble... compagnon **g.** temps... conflit **h.** enfants apprécieront les bonbons

398 a. 3. **b.** 4. **c.** 2. **d.** 6. **e.** 8. **f.** 7. **g.** 1. **h.** 5.

399 **a.** 2. **b.** 1. **c.** 1. **d.** 2. **e.** 2. **f.** 1. **g.** 1. **h.** 2.

400 **a.** 3. **b.** 4. **c.** 2. **d.** 6. **e.** 8. **f.** 7. **g.** 1. **h.** 5.

401 **a.** 1. **b.** 2. **c.** 1. **d.** 1. **e.** 2. **f.** 2. **g.** 2. **h.** 1.

402 Conviennent : **a.** Envoyer / répondre à / recevoir une invitation. **b.** Offrir / recevoir un cadeau. **c.** Aller à / avoir une soirée. **d.** Être libre. **e.** Commander / servir une boisson. **f.** Boire / prendre / verser un verre. **g.** Offrir à / préparer à manger. **h.** Servir l'apéritif.

403 **a.** 3. **b.** 6. **c.** 8. **d.** 7. **e.** 4. **f.** 2. **g.** 5. **h.** 1.

404 **a.** 2. **b.** 1. **c.** 2. **d.** 1. **e.** 1. **f.** 1. **g.** 2. **h.** 1.

405 **a.** 2. **b.** 1. **c.** 1. **d.** 2. **e.** 1. **f.** 1. **g.** 1. **h.** 2.

406 **a.** On vend les galettes avec des couronnes en papier doré. **b.** Est-ce que vous avez un déguisement de Pierrot ? **c.** Il y a des manifestations culturelles organisées dans toute la ville. **d.** Les enfants cherchent les bonbons qui sont cachés dans le jardin. **e.** Le muguet, c'est une petite fleur blanche qui porte bonheur. **f.** Le lundi de Pâques, c'est aussi un jour férié ? **g.** Quelle est la fête française que vous préférez ? **h.** Il y a beaucoup de jours fériés en France au mois de mai.

407 Conviennent : **a.** maîtresse **b.** à **c.** d' **d.** tu **e.** tous les ans **f.** l' **g.** ne **h.** savais

408 **a.** réception... organisée... tout... personnel **b.** invitera... ses... lui... plaisir **c.** faisait... rire tout... avait **d.** passait... derrière... maison... campagne **e.** besoin... occasion particulière... réunir **f.** mariage... époux... pas **g.** soixante-cinq... rencontré... femme **h.** chrysanthèmes... fleurs... cimetières

409 **a.** 2. **b.** 1. **c.** 1. **d.** 2. **e.** 1. **f.** 1. **g.** 1. **h.** 2.

410 **a.** (4) **b.** (2) **c.** (3) **d.** (1) **e.** (5) **f.** (7) **g.** (6) **h.** (8)

411 Bilan : **a.** (V) **b.** (F) **c.** (F) **d.** (V) **e.** (V) **f.** (V) **g.** (F) **h.** (V)

412 Bilan : **(1)** famille **(2)** repas **(3)** table **(4)** gâteau **(5)** mange **(6)** printemps **(7)** déguise **(8)** plaisanteries **(9)** mai **(10)** fériés **(11)** 14 **(12)** feux **(13)** automne **(14)** calendrier

XII. ELLE M'A RACONTÉ QUE...

413 **a.** 4. **b.** 1./6. **c.** 7. **d.** 6. **e.** 8. **f.** 2. **g.** 3. **h.** 5.

414 **a.** 1. **b.** 2. **c.** 1. **d.** 2. **e.** 1. **f.** 2. **g.** 1. **h.** 1.

415 **a.** 1. **b.** 1. **c.** 2. **d.** 1. **e.** 2. **f.** 1. **g.** 2. **h.** 2.

416 **a.** (6) **b.** (8) **c.** (2) **d.** (5) **e.** (4) **f.** (1) **g.** (7) **h.** (3)

417 **a.** 1. **b.** 2. **c.** 2. **d.** 1. **e.** 2. **f.** 2. **g.** 1. **h.** 2.

418 **a.** Elle est née à la fin du 19e siècle dans un petit village. **b.** Elle s'appelait Rachelle et elle était plutôt belle. **c.** Elle est allée travailler aux États-Unis au début du siècle. **d.** Puis elle s'est mariée avec mon grand-père qui était parisien. **e.** Son mari est parti à la guerre juste après leur voyage de noces. **f.** Ils ont eu un garçon qui s'appelait Calixte, c'était mon père. **g.** Ils ont quitté Paris et sont revenus habiter à la campagne. **h.** J'aimais beaucoup quand ma grand-mère me racontait son histoire.

419 Conviennent : **a.** ont adopté **b.** est née **c.** était **d.** es entrée **e.** a fait **f.** t'ai attendu **g.** l'as rencontré **h.** n'est jamais venu

420 **a.** croire **b.** faire **c.** dire **d.** manger **e.** boire **f.** être **g.** faire **h.** aller

421 **a.** j'ai essayé... tu n'étais pas **b.** j'étais... je suis beaucoup sortie **c.** Il avait... il a commencé **d.** je suis allé... était **e.** Tu parlais... je t'ai vu **f.** Je regardais... tu as sonné **g.** Je lisais... tu m'a appris **h.** Tu es arrivé... je partais

422 a. 1. **b.** 2. **c.** 1. **d.** 2. **e.** 1. **f.** 1. **g.** 1. **h.** 2.

423 a. (6) **b.** (1) **c.** (4) **d.** (2) **e.** (5) **f.** (3) **g.** (7) **h.** (8)

424 a. 2. **b.** 4. **c.** 7. **d.** 5. **e.** 8. **f.** 1. **g.** 3. **h.** 6.

425 a. 1. **b.** 2. **c.** 2. **d.** 2. **e.** 2. **f.** 1. **g.** 1. **h.** 2.

426 a. 1. **b.** 1. **c.** 2. **d.** 2. **e.** 2. **f.** 1. **g.** 2. **h.** 2.

427 a. (4) **b.** (2) **c.** (3) **d.** (1) **e.** (5) **f.** (7) **g.** (6) **h.** (8)

428 a. Cela fait **b.** Il y a **c.** depuis **d.** depuis **e.** Il y a **f.** Cela fait **g.** il y a **h.** il y a

429 a. 5. **b.** 1. **c.** 8. **d.** 3. **e.** 7. **f.** 2. **g.** 4. **h.** 6.

430 a. De*puis*... connaissez **b.** *bi*entôt... *qu*'elle **c.** D'*habi*tude... *du*... *vers*... *soir* **d.** est entr*ée*... *monde*... retourné **e.** *Le*... dern*ier*... *allés* rendre *visite* **f.** dû... à... demander... séjour **g.** *cette* époque-là... femm*es*... pouv*aient*... voter **h.** fum*ait*... mais mainte*nant*... *fini*

431 *Conviennent :* **a.** depuis **b.** À cette époque-là, **c.** Aujourd'hui, **d.** La semaine prochaine, **e.** Il y a **f.** puis **g.** puis **h.** La semaine dernière,

432 a. (6) **b.** (4) **c.** (3) **d.** (8) **e.** (5) **f.** (7) **g.** (1) **h.** (2)

433 a. 1. **b.** 2. **c.** 1. **d.** 1. **e.** 2. **f.** 2. **g.** 1. **h.** 2.

434 a. 1. **b.** 2. **c.** 1. **d.** 1. **e.** 2. **f.** 2. **g.** 1. **h.** 1.

435 *Conviennent :* **a.** semaine **b.** Ce matin **c.** Maintenant **d.** Il y a **e.** depuis **f.** une fois **g.** longtemps **h.** depuis

436 a. (2) **b.** (4) **c.** (3) **d.** (1) **e.** (5) **f.** (7) **g.** (6) **h.** (8)

437 b. c. e. f. g.

438 a. (7) **b.** (4) **c.** (2) **d.** (5) **e.** (8) **f.** (3) **g.** (6) **h.** (1)

439 a. 2. **b.** 1. **c.** 1. **d.** 2. **e.** 1. **f.** 1. **g.** 2. **h.** 1.

440 a. 8. **b.** 4. **c.** 7. **d.** 5. **e.** 2. **f.** 1. **g.** 6. **h.** 3.

441 a. 2. **b.** 1. **c.** 2. **d.** 1. **e.** 2. **f.** 2. **g.** 1. **h.** 2.

442 a. c. d. e. f.

443 a. 2. **b.** 1. **c.** 1. **d.** 2. **e.** 2. **f.** 2. **g.** 1. **h.** 2.

444 a. j'en ai marre **b.** c'est plutôt marrant **c.** La vie, c'est horrible **d.** tu exagères **e.** tout est toujours parfait **f.** je n'aime pas me plaindre **g.** Arrête **h.** se plaindre

445 *Conviennent :* **a.** besoin **b.** J'en ai marre, **c.** Je me réjouis **d.** du bien **e.** de chance **f.** une fois **g.** se plaint **h.** l'horreur

446 a. chouette **b.** plaisir **c.** plaindre **d.** exagère **e.** bien **f.** formi*dable* **g.** assez. **h.** marre

447 a. 5. **b.** 1. **c.** 2./8. **d.** 3. **e.** 6. **f.** 2./8. **g.** 4. **h.** 7.

448 a. Ça fait trois ans que je ne les ai pas revus. **b.** Ils m'ont expliqué que ce ne sera pas possible de le faire. **c.** Maintenant, c'est une vieille histoire que tu vas oublier. **d.** Est-ce que vous avez retrouvé cette personne ? **e.** Ça fait très longtemps que nous n'avons pas dîné ensemble. **f.** Elle m'a raconté cette histoire il y a une semaine ou deux. **g.** Pourquoi est-ce que vous n'aimiez pas ce restaurant indien ? **h.** J'apprécie beaucoup l'idée de partir dans un pays lointain.

449 *Bilan :* **a.** 1. **b.** 3. **c.** 3. **d.** 1. **e.** 3. **f.** 3. **g.** 2. **h.** 1.

450 *Bilan :* **a.** 1. **b.** 2. **c.** 2. **d.** 2. **e.** 1. **f.** 2. **g.** 2. **h.** 1.

Anne-Marie JOHNSON

Flore CUNY

Chịu trách nhiệm xuất bản
TRẦN ĐÌNH VIỆT

Biên tập	**MINH CHÂU**
Trình bày sách	**CÔNG TY NHÂN TRÍ VIỆT**
Sửa bản in	**MINH CHÂU**

NHÀ XUẤT BẢN TỔNG HỢP THÀNH PHỐ HỒ CHÍ MINH
62 Nguyễn Thị Minh Khai – Quận 1
☎ 8225340 – 8296764 – 8222726 – 8296713 – 8223637
Fax: 8222726   E-mail: nxbtphcm@vnn.vn

Thực hiện liên doanh
CÔNG TY TNHH NHÂN TRÍ VIỆT
83^B Trần Đình Xu, P. Nguyễn Cư Trinh, Q. 1, TP. Hồ Chí Minh
☎ 8379344   Fax: 9200681

In 2.000 cuốn khổ 20x28,5cm tại Xí nghiệp In MACHINCO – 21 Bùi Thị Xuân – Quận 1 – Thành phố Hồ Chí Minh. Số xuất bản 112-07/CXB/270-01/THTPHCM. In xong và nộp lưu chiểu tháng 4–2007.